荔园文创译丛

CULTURAL SCIENCE

文化科学

故事、亚部落、知识与革新的自然历史

〔澳〕约翰·哈特利(John Hartley) 贾森·波茨(Jason Potts) 著

何道宽 译

商务印书馆
The Commercial Press
2017年·北京

CULTURAL SCIENCE: A NATURAL HISTORY OF STORIES, DEMES, KNOWLEDGE AND INNOVATION

Original work copyright© John Hartley and Jason Potts, 2014

This translation is published by arrangement with Bloomsbury Publishing Plc.

布鲁斯伯里出版有限公司将本书中文简体翻译版授权商务印书馆有限公司独家出版并限在中国大陆地区销售。未经出版者书面许可,不得以任何方式复制或发行本书的任何部分。

目　录

译者前言 …………………………………………………………… 1
作者中文版序:寻求文化与科学的通约性 ………………………… 7

绪　论

第一章　奇异的相似现象:文化的性质 ……………………… 3
第一节　每个社群成员应如何行事 ……………………………… 3
第二节　自然进化与文化演化奇异的相似性 …………………… 5
第三节　受宠的语词:社会达尔文主义? ………………………… 8
第四节　本书作者的工具 ………………………………………… 11
第五节　自然与文化对立? ……………………………………… 12
第六节　叩问悠悠地球 …………………………………………… 14

第一部　文化造就群体

第二章　外在论:身份("我"即"我们") …………………… 21
第一节　自创生 …………………………………………………… 23

第二节	交流创生个体	24
第三节	调和文化与知识:文化科学路径	25
第四节	表意功能进化的逻辑展开:众智推荐的十大步骤	27
第五节	联通的大脑和外化的知识	29

第三章 亚部落:普遍-对立的群体属性("我们"与"他们") …… 34

第一节	故 事	34
第二节	亚部落	35
第三节	自我的创造	36
第四节	加里波利登陆战:国民性的塑造	46
第五节	爷爷辈——没有故事的故事	53
第六节	哥贝克力遗址——柴尔德和新石器革命	60
第七节	《太阳报》?讲故事的大炮……哑炮了?	71
第八节	数字故事建构新的社会组织	77

第四章 "抛石机":恶邻原理 …… 80

第一节	大合作——普遍的或对立的?	83
第二节	大文化	86
第三节	抛石机:恶邻	90
第四节	系统暴力	94
第五节	文化规模很大时,什么事情会发生呢?	99

第五章 公民:亚部落的富集创造知识 …… 103

第一节	何谓公民?	103
第二节	理性公民理论	107
第三节	公民身份演化考	108
第四节	创意公民身份	110

第五节 "保健"模式对"欺骗"模式？ …………………………… 114
第六节 艺术家、消费者和系统碰撞 …………………………… 117

第二部 群体创造知识

第六章 表意功能：知识的增长 …………………………… 125
第一节 什么在进化？ …………………………………………… 125
第二节 酷似知识的概念 ………………………………………… 127
第三节 意义和语言、表意功能与文化 ………………………… 134
第四节 知识进化 ………………………………………………… 140
第五节 绅士的文化演化（简短但给人教益的题外话） ……… 146
第六节 文化的性质与生物符号学的超越 ……………………… 147
第七节 表意功能与适婚条件 …………………………………… 151
第八节 激烈争夺的文化秩序 …………………………………… 153

第七章 新颖思想：创新 …………………………………… 155
第一节 文化两面神 ……………………………………………… 155
第二节 文化变革的动态尺度 …………………………………… 157
第三节 随机性造成多样性 ……………………………………… 159
第四节 意识造就创意 …………………………………………… 161
第五节 亚部落创造新颖性 ……………………………………… 163
第六节 创新的经济社会学：新颖会产生"恼人的冲击" ……… 165

第八章 浪费：再生产的成功 ……………………………… 170
第一节 论文化生产的效率 ……………………………………… 170
第二节 数以兆计 ………………………………………………… 172
第三节 文化效率 ………………………………………………… 174

第四节	儿童与浪费	178
第五节	白费的语词？	182
第六节	儿童的文化发明	187

第九章　湮灭：弹性与僵化　196

第一节	趋社会性的结群动物，在冲突和衰减中磨砺	198
第二节	如何保护珍贵遗产	200
第三节	什么是文化湮灭？	202
第四节	作为合作的征服	205
第五节	规则与僵化	208
第六节	大城市是符号指代的生成器	209
第七节	复杂文化系统	215

第三部　结　语

第十章　亚部落富集的自然历史　221

第一节	文化在社会里的用途	221
第二节	文化科学的诸多特殊意义	223
第三节	亚部落富集的自然历史	228
第四节	文化如何运行	233

谢　辞	237
参考文献	240
译者后记	263

译者前言

2016年5月21日，作者哈特利和波茨特意撰写的中文版序到了，令我喜出望外，因为：（1）序文之长异乎寻常，近一万字；（2）论述之严谨不异论文；（3）论争的辨析一目了然；（4）难点的辨析省却了几个月来的心病：如何评介这本奇崛难解的跨学科力作。

然而，真到动笔写译者前言，仍然觉得无从下手，太难，因为这本高大上的书心比天高、开疆辟土、难点太多。所以，容我论述其成就前，先扫清一些阅读障碍。

一、题解

《文化科学：故事、亚部落、知识与革新的自然历史》书名颇长。"文化科学"不难翻译，似乎也不难理解。"文化科学"一词亦非首创，类似的"文化学"似乎也蛮成熟。可是，此"文化科学"（cultural science）并非彼"文化学"（culturology）。

颇长的书名不太符合中国人的阅读习惯，其中的一个关键词"亚部落"也要费一点笔墨，请见"关键词辨析"。

Culturology 源于俄国和东欧，遍及西方，涉及语言学、人类学、民族志，偏重人文。维基百科有其词条，互联网上有其网站。网络书店比如亚马逊上还有中国学者写的书比如《文化学与翻译》。

作者对 culturology 和 cultural science 做了这样的区分："也许，我们应该像俄国人那样，称之为文化学（culturology），而不是文化科学（cultural science），但 culturology 是系统的人类学或社会学意义上的文化的科学研究：文化如何构成，文化的功能元素、宏观基础和宏观生

— 1 —

态——但这不是我们的主要目的。相反，我们构想的文化科学是研究文化的社会用途的科学，文化科学是知识、新颖和革新增长前景的引擎。"（第 221-222 页）

二、关键词辨析

先说"亚部落"（deme）。deme 的翻译旬月踟蹰，我们在"德枚"、"社群"、"群体"、"亚部落"之间反复推敲，最后翻译成"亚部落"，实属无奈。

好在作者在书里的几个地方追溯 deme 的词源，做了一点解释。deme 原指制造特洛伊木马里的人，在生物科学（bioscience）里指智人的一个杂交品种，又使人想到政治学里的"德摩"（demo，城邦平民）。古希腊阿提卡地区的"德摩"组成 139 个"德枚"（demes），再组成 10 个部落（tribes）或宗族（phyles）。

据此，我们最终将其译为"亚部落"。

当然，作者笔下的 deme 绝非古希腊的 deme。作者所谓的"亚部落"是什么意思呢？

现将分散在书里的解释集纳在此，借以表明"亚部落"的所指和意义：（1）"我们"群体；（2）知识造就的群体；（3）知识单位；（4）有意义的群体；（5）文化协调的知识群体。

再引用一句话介绍亚部落的创生和功能："文化造就群体，群体创造知识。"这句话是本书的核心主题，所以第一部的题名是"文化造就群体"，第二部的题名是"群体创造知识"。这里所谓的群体就是亚部落，而不是其他任何群体。

亚部落的概念有多重要？只需扫描目录就一目了然：它贯穿全书，又专辟第三章"亚部落"予以论述。

"亚部落"意义何在？

请见："亚部落概念使我们能绕开个人层次和群体层次的战场，那是经济学家和生物学家两军对垒的战场。亚部落站在两边，既是经济学概念，又是生物学概念。这一突破是人类行为在种群层次上的解释，使我

们能对文化研究的许多概念进行再加工。"(作者中文版序)

再引几句话,借以管窥亚部落的所指和意义:

"在生物学里,亚部落是一个杂交的种群;在政治学里,亚部落是一个投票选举的群体;在文化科学里,亚部落是一个互相认识的人群;他们与其他亚部落争夺新知识。"(作者中文版序)

"文化是群体(亚部落)的'生存载体';故事是文化的生存载体。"(第72页)

"文化是群体身份建构的过程,这个过程使有意义的思想成为知识。这就是亚部落的概念:亚部落是文化协调的知识群体,例子有基本的经济单位比如公司和家庭,还有社交网络市场、公地、受众和节日、科学、文化类别、城市。"(第225页)

"亚部落演化或文化演化促成知识的再生产,而不是促成个人甚至文化群体的再生产。"(第228页)

三、另一个关键词:表意功能

本书的另一个关键词是我们翻译遇到的两大障碍之一。这个词是 meaningfulness,我们在意蕴、深刻意蕴、丰富意蕴中反复徘徊,实在难以用恰当得体的汉语区分 meaning 和 meaningfulness。请教作者哈特利教授时,他的答复是:meaning 和 meaningfulness 的区分类似 value 和 worth(价值和使用价值)、truth 和 truthfulness(真理和真实)的区分。

最后我们决定,用意义和表意功能区分 meaning 和 meaningfulness。

先引几句话管窥表意功能:

"起初,我们准备用书名'表意功能的演化'(The evolution of meaningfulness),可见我们的目标心比天高——我们试图重新发明文化研究。"(作者中文版序)

"我们论述表意功能这个概念,将其作为文化和知识进化动态理论的基本分析单位。"(第126页)

"在文化科学里,文化的演化是表意功能的演化,即亚部落的变化。"(第133页)

四、各章题解

《文化科学》共十章：（1）奇异的相似现象：文化的性质；（2）外在论；（3）亚部落：普遍-对立的群体属性（"我们"与"他们"）；（4）"抛石机"：恶邻原理；（5）公民：亚部落的富集创造知识；（6）表意功能：知识的增长；（7）新颖思想：创新；（8）浪费：再生产的成功；（9）湮灭：弹性与僵化；（10）亚部落富集的自然历史。

我们各用一两句话解释各章的主题。

第一章"奇异的相似现象：文化的性质"讲自然进化和文化演化、自然学科与文化学科、生物进化和文化进化之间奇异的相似性，借此为作者糅合自然科学和人文学科、推出全新的"文化科学"进行铺垫。

第二章"外在论：身份"讲"我"与"他"、"我们"与"他们"的身份区别。"外在论"是文化科学的基本概念，论及人的所知、如何知、自认为是谁等问题。质言之，身份的认定取决于外在因素。

第三章"亚部落"讲"普遍"与"对立"二分的群体属性："我们"群体是"普遍"的，"他们"群体是与自己"对立"的。亚部落是主要的文化载体和祖本（progenitor）。这一章里有两位作者家族和澳大利亚民族许多生动的故事。

第四章"抛石机：恶邻原理"讲述"我们"群体与"他们"群体、内群体（in-group）与外群体（out-group）的对立；既讲述亚部落的生成力，又讲述其"创造性破坏"。"恶邻"问题是社会性演进的基本问题，并成了越来越大、越来越复杂的问题。

第五章"公民"讲亚部落的富集创造知识。本章的"concentration"是又一个令人头疼的关键词。几个月间，我们反复在"密集""集中""富集"间徘徊。此外，作者区分公民福利和文化发展的"保健"模式和"欺骗"模式，指出两者共现和博弈的关系。

第六章"表意功能：知识的增长"将进化论用于人文科学，讲述语言、意义、文化、知识的进化，把"表意功能"作为文化分析的基本概念和基本单位，将知识进化论、文化进化论和语言意义进化论融为一炉，借以研究文化如何通过意义演化、形塑群体、增进知识。

第七章"新颖思想:创新"用许多近义词描绘"创新",要者有:突变(mutation)、变异(variation)、多样性生成(variety-generation)、发源(origination)、创意(creativity)、想象(imagination)、新颖(newness)、新异(novelty)、发现(discovery)和革新(innovation)。这一章从生物科学、行为科学和社会科学、文化科学三条路径检视"新异"。

第八章"浪费:再生产的成功"的重点有:"浪费"是再生产成功的必要代价和必备条件,浪费与创生伴生("创造性浪费现象"),儿童能成为"变革的动因"。

第九章"湮灭:弹性与僵化"的重点有:过多的规则造成僵化;文化、知识的湮灭来自内因及内部的僵化;湮灭是相对的(失之东隅,收之桑榆)。"征服"是"我们"群体和"他们"群体边界的重新划分,是深层形式的合作,正所谓:"社会征服或经济征服一般被理解为是一方的变节投降,实际却是一种文化合作形式。表面看是湮灭,实际上是边界移动的整合。"(第202页)

本章的另一个重点是创意城市和复杂文化系统。"创意城市指数"是作者的发明,借以计量城市符号生产力。复杂文化系统是有序和无序的结合、封闭和开放的结合、"我们"群体和"他们"群体的结合。

第十章"亚部落富集的自然历史"对全书进行梳理和总结。请看译者整理的本章细目。

五、新学科的孕育

这本高大上的书难以归类,既难入人文科学,也难入科学;既不是"文化学",也不是"文化研究",亦不是"文化创意"的书。作者心比天高,有意创建一门崭新的学科,颇具争议,然振聋发聩。

哈特利和波茨向我们展示行为科学和文化研究统一的愿景,粉碎了传统学科的疆界。(见封底赫伯特·金迪斯语)

两位作者综合了跨度可观的若干学科,推出一种新的文化研究方法,

即进化论的研究方法。(见"作者中文版序"采访人导语)

本书巧用达尔文进化论和现代的若干进化学科(文化进化论、进化生物学、进化人类学、进化文化人类学、演化经济学、进化文化动力学),批判、继承、扬弃、发展。

本书借力半个世纪以来风靡英国和欧美其他国家左派的"文化研究",推陈出新。

在此基础上,作者将进化论和文化研究予以整合,意在创建一门全新的"文化科学"。

"文化科学"还借用 21 世纪"文化创意产业与研究"的东风,其发展势头强劲。

我们希望,作者约翰·哈特利和贾森·波茨在学界的"围攻"中再上一层楼。

至此,译者还只能说"文化科学"是"新学科的孕育",不能说它是"新学科的诞生"。

何道宽
于深圳大学文化产业研究院
深圳大学传媒与文化发展研究中心
2016 年 7 月 5 日

作者中文版序：寻求文化与科学的通约性

《文化科学》的中文版问世，令我们十分高兴。我们感谢本书译者深圳大学的何道宽教授。他承担这一任务，面对不熟悉的题材而卓有成效，并不吝赞赏本书的"创意视角"。我们为此而深感荣幸。试图用新的方式说新事物时，难免会遭遇特殊的问题；令我们放心的是，中国读者在何教授的手里"十分安全"。当然，任何可能的误读盖由我们承担。

我们还感谢我们深圳大学文化产业研究院（SICI）的同仁，我们当中一人（哈特利）自2013年以来在此担任客座教授。这里的同仁有：深圳大学副校长、文化产业研究院院长李凤亮教授、该院项目管理主任温雯博士。温雯博士是我们文化与创意经济研究的同事。我们赞赏深圳大学文化产业研究院勇于担当，推出文产研究的一套译丛，并将本书纳入其中，借以促进不同"亚部落"（见第三章）的思想交流。

本书中文版的出版对我们而言是一个重要时刻，不仅因为它使我们的成果送达中国读者手中，而且标示了我们这本书的主题。跨界传播是新信息最重要的意图，也是任何文化创新的源头。在过去的二十年间，全球快速社会经济变革的热点一直是中国。但文化和思想交流往往要慢半拍，发展也不均衡。在充满不确定性的时代，世界各地的人通过社交媒体、通俗文化、贸易和旅游前所未有地连接在一起，但苦于不同的知识和感知，全球性媒介化的意义与地方的群体身份发生冲突。

学术研究承担特殊的责任去理解并转化陌生人的思想和经验。然而，像不同的民族文化一样，学术文化常常抗拒外来影响，就像我们习惯于（颇有道理）逗留在我们的学科边界和专业特长里，习惯于满足本地机构、组织与读者的需求一样。建构一个通用的模式，以显示文化如何运转,何为文化功能,同时又显示如何分析在众多地方差异的语境下分析文化的运行机制,以建构一个通用的模式,这是否可能呢?文化差异往往既意味着群体的合作与交流,又意味着竞争与冲突——在这样的情况下,建构一个通用的模式是否可能?本书对此做出了肯定的回答。

为撰写本书,首先要跨越的边界之一是两位作者之间的学科边界。贾森·波茨的领域是演化经济学和制度经济学,他兼有自然科学和社会科学训练;约翰·哈特利是媒介理论家和文化理论家,兼有文学研究和符号学训练。这些不同专业的方法论迥然殊异,而且常常是相互对立的,它们含有意识形态的附属关系,而这些关系又很容易挑起"我们"和"他们"立场的对立。这类分殊的文化、传播和创意路径如何整合呢?多年来,澳大利亚研究委员会属下的创意产业中心(Australian Research Council's Centre of Excellence for Creative Industries and Innovation/CCI)努力回答这个问题。本书就是这样的研究成果。

如今,我们把思想袒露在世人面前,类似的挑战就摆在我们面前了:面对自有独特思想的社群,如何表达有关文化的新鲜而有用的问题呢?面对中国时,这是一个特别微妙的问题。中国历史很悠久,人口又最多,有五千年绵延不绝的历史和全套独特的治理机构。几百年间,中国与域外人的关系动荡不定,常感到痛苦。难怪它对外来思想的疑虑挥之不去:这不仅是对恶邻的防卫机制,而且是有能力面对任何挑战而感到骄傲的标志。

与此同时,对政治思想和经济实践的西方影响,中国又持开放态度——虽然有时它不太情愿让外来影响覆盖民族文化的现存模式。在目前的语境下,在新兴的网络技术和媒介这些经济建设和文化表达的全球平台上,这个复杂的过程尤其明显。互联网技术是中性的,但中国的互联网使用和规制是独特的。结果,和有些互联网技术发明、思想和革新源头的西方国家相比,中国就产生了非常独特的用户生成内容的创意产业和文化产业。在这样的语境下,历史和政治在互联网故事中发挥了重要的作用,就像经济学家和文化学者对各种过程感兴趣一样。在这样的情况下,像其他学科解释自然(气候、洋流)和文化(贸易、名望)的全球性模式一样,构建一个通用的文化理论,以解释思想和想象的进出口,那就不仅更难,而且更为重要了。

中国的经济已赢得世界的钦慕,但中国文化的国际影响尚不广泛。中国仍然是思想的"净进口国",在科学(在形式知识领域)和审美(在消费文化领域)两方面都要进口。无论在制造和运输系统所需的工程技术方面,还是开发吸引人的时尚品牌方面,中国的声音并不经常在世界市场上响起。无疑,中国各级政府(国家、省、市)大量投资创意产业和文化产业,其原因是:发展经济基础和国内市场;把重点从低成本、模仿-追赶的制造业转向高价值的创意革新,以促进中国的文化产品和创意产品。在这个过程中,中国自己的文化也传播到世界各地,成为中国的"软实力"。这是国家竞争力的至关重要的战略。

也许,这些抱负意味着,中国与世界各国无异:一个"我们"社群需要确保自己与其他任何外部的"他们"社群有所不同,同时它又用自己的历史和文化给人留下深刻的印象。使自己的身份、故事、价值以及产品和服务在世界舞台上流行,还有什么比这更好的结果吗?无疑,这有利于中国的政治经济福利,促进国内外的和谐,使世界各国更好地理解中国,促进未来的合作、减轻有些国家对中国崛起的担心,同时又使世界各国多带上一点点中国味儿。

由此可见,无论看上去多么独特,任何一种文化都是全球体系的一部分。从长时期来看,影响是相互的,就像对话是有来有往地轮换一样。21世纪有可能是"中国世纪",中国正强有力地传播自己的声音,让他人倾听,以前的中国不得不耐着性子听他人说话。但微量分析这个过程时,有必要识别文化和创意生产力的大系统,这样的交流成就于大系统。这个系统是全球性的,其产品各有不同。

(一)全球化与差异的加速

电脑、电讯、媒体和互联网广布全球,全球的知识流布日益广泛,但文化"领域"仍然是撕裂的。我们至今难以把"符号圈"(Lotman 1990)表征为单一的单位,因为其变量要素使用不同的语言、技术和软件去表达不同的信仰或不同的政治,去生成表面上看不可通约的现实;

在这里，"差异"被视为对立的、敌对的。在民族文化层次上，你们的全球性娱乐（美国）被视为对我们的现实的入侵（习近平的中国；激进伊斯兰；记录片《第一批人类》）。在个人层次上，"差异"并非总是受欢迎。它遭遇的可能是强化边界的敌视（常常因制度框架比如新闻业或政党而层层叠加），我们看到一个更大的网络，人们的身份可能各不相同。

目前，全球符号圈处在过渡期，位于"微观"的攻击性狭隘主义和"中观"的全球综合的半途；攻击性狭隘主义需要的是承认差异，使之维持异质的地位；在全球综合的层次上，典型的交流立场不是不制造敌人，而是转变，是跨越文化的（居间的）和知识的（跨系科的）边界。在公司基础设施的层次上（即标准化平台上），这个过程运行良好，至于促进不同人群间共享"互操作性"的文化，人们给予的关注却要少得多。技术进步固然受欢迎，同时又显示，在新思想的社会传播、吸收和普遍使用上，我们还任重而道远。技术壁垒妨碍人的社会交往，使人难以通达全人类不同的群体，这样的障碍仍然使人望而生畏。而文化的防卫机制更加令人望而生畏："我们的"群体要防御"你们的"群体，不惜一切代价。

这一切似乎都影响我们如何考虑社交媒介和数字文化，这是在以美国为中心的英语用户强大环境中产生的媒介和文化。和许多现代科学一样，和全球新闻、小说和娱乐的凯歌高奏的形式一样，在技术（科学-军事）方面和商业方面，互联网都是英语用户的技术，从域名开始直到1990年代开始主宰互联网的公司，互联网都是英语用户的技术。于是，把"我们"（用英语的美国）用来指称"世界上的每个人"的泛化习惯就轻松迁移到社交媒介了，因此，对许多国家的许多用户而言，尤其对有组织的新闻界和评论界而言，"互联网"就意味着谷歌、亚马逊、面谱、亿贝等美国降生的技术巨头。

这是很容易养成的习惯，因为直到不久前，世界上最大的公司往往都是美国公司。1995年，在世界互联网公司15强（以市场资本化为标准）中，只有两家的总部不在美国（图1）。到2015年，市场资本化已从17亿美元增长到2.4万亿美元，但这15强里只剩下一家美国公司，其余的美国公司都被取代了。现在的15强包括4家中国公司：阿里巴巴、腾讯、百度（在中国名为 BAT）和京东。显然，“天”在变！

互联网是世界网，这个意识已经增强，但互联网的表达仍然是陈旧狭隘的民族国家竞争力：“我们的比你们的大。”就公司而言，局面仍然是“白雪公主”（谷歌）对“7 个小矮人”（所有其他公司）。（图 2）

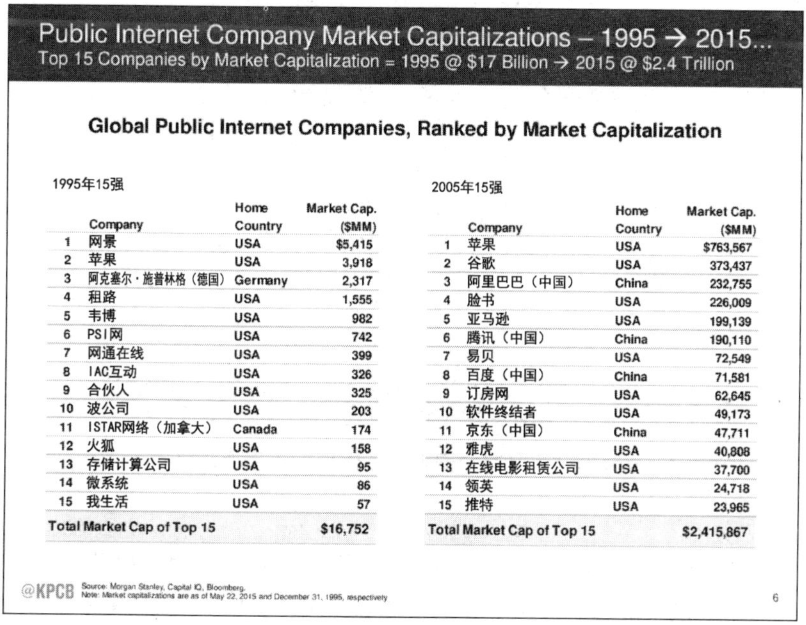

Public Internet Company Market Capitalizations – 1995 → 2015...
Top 15 Companies by Market Capitalization = 1995 @ $17 Billion → 2015 @ $2.4 Trillion

Global Public Internet Companies, Ranked by Market Capitalization

1995年15强

	Company	Home Country	Market Cap. ($MM)
1	网景	USA	$5,415
2	苹果	USA	3,918
3	阿克塞尔·施普林格（德国）	Germany	2,317
4	租路	USA	1,555
5	韦博	USA	982
6	PSI网	USA	742
7	网通在线	USA	399
8	IAC互动	USA	326
9	合伙人	USA	325
10	波公司	USA	203
11	ISTAR网络（加拿大）	Canada	174
12	火狐	USA	158
13	存储计算公司	USA	95
14	微系统	USA	86
15	我生活	USA	57
Total Market Cap of Top 15			$16,752

2005年15强

	Company	Home Country	Market Cap. ($MM)
1	苹果	USA	$763,567
2	谷歌	USA	373,437
3	阿里巴巴（中国）	China	232,755
4	脸书	USA	226,009
5	亚马逊	USA	199,139
6	腾讯（中国）	China	190,110
7	易贝	USA	72,549
8	百度（中国）	China	71,581
9	订房网	USA	62,645
10	软件终结者	USA	49,173
11	京东（中国）	China	47,711
12	雅虎	USA	40,808
13	在线电影租赁公司	USA	37,700
14	领英	USA	24,718
15	推特	USA	23,965
Total Market Cap of Top 15			$2,415,867

图 1　顶尖互联网公司市场总值比较（计量单位：百万美元）**1995—2015**①

注意图 2 的比例尺是对数。《经济学家》（*The Economist*）的解释是：美国的亚马逊和脸书排名第二和第三，除了中国，它们在任何国家都算最大。谷歌大于其余 48 国顶尖的互联网公司巅峰价值的总和。（*The Economist*, July 12, 2014）

然而，商务和新闻话语的记录显示，中国在“赶上”，它还有庞大的未联网的人力资源库去为互联网的发展提供动力。“普通话互联网”的议论在 2010-2012 年间已开始流传。

① Source: “Internet Trends 2015” by Mary Meeker of Kleiner Perkins Caufield & Byers. Published by *Business Insider Australia*: http://www.businessinsider.com.au/mary-meekers-2015-internet-presentation-2015-5#-6.

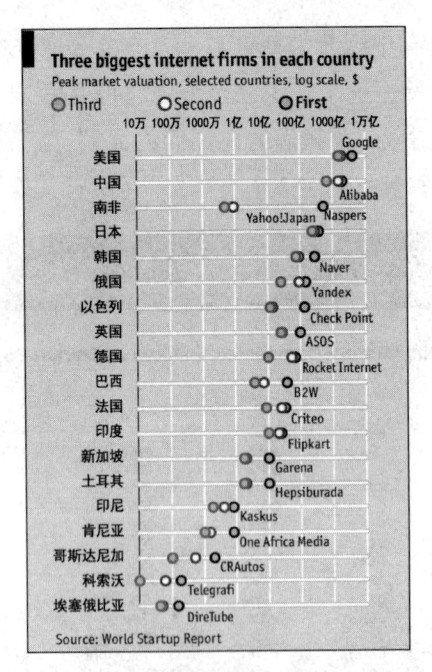

图 2　互联网公司（每个国家前三位）的市值比较（美元）①

  与此同时，中国公司也在国际化，领头的是电子商务巨头阿里巴巴（总部在杭州）和电信公司华为（总部在深圳）。中国互联网公司的规模和实力（图 4）显示，许多中国公司在继踵而至。

  自然，西方守成国对自己的领先和市场份额感到不安。正如总部位于伦敦的《经济学家》（见图 2）所言："令欧洲焦虑的是，在互联网五强中，没有一个是欧洲国家。"对其他英语国家比如澳大利亚和加拿大而言，情况更令人焦虑。它们根本就没有在顶尖的排行榜中露脸。印度尼西亚、肯尼亚、哥斯达黎加、科索沃和埃塞俄比亚都排在他们前面。讯息是清楚的：全球对话的主要参与者在交换位置——新的语言在世界舞台上发声。我们还需要理解这个舞台。

---

① Source: *The Economist*, July 12, 2014: http://www.economist.com/news/business/21606850-biggest-internet-companies.

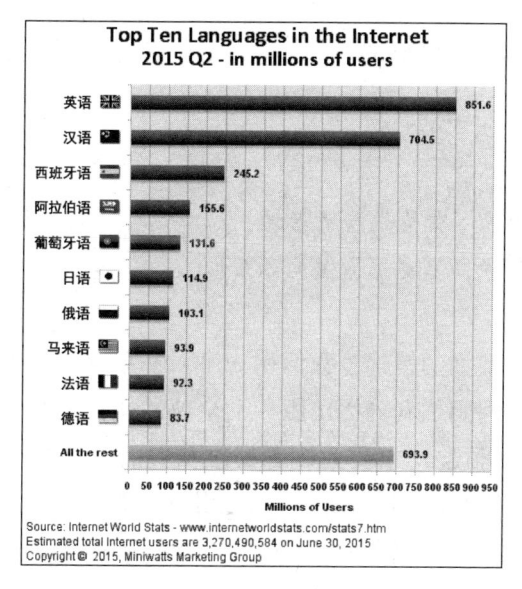

图3 十大网络语言（计量单位：百万用户）（2015）①

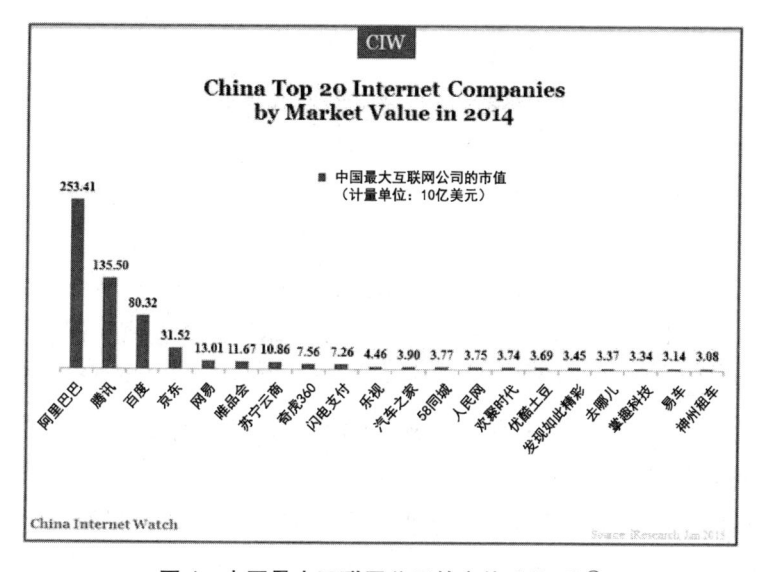

图4 中国最大互联网公司的市值（2014）②

---

① Source：Internet World Stats：http：//www.internetworldstats.com/stats7.htm
② Source：*China Internet Watch*：http：//www.chinainternetwatch.com/13008/top-20-internet-companies-value-2014/.

（二）新时代的新对话

1820年代，贝多芬写道：①

> 朋友啊，不弹奏这样的音调！
> 调换调子，弹奏更愉悦的乐章！

用那个欢快对话的精神，我们用一个对话结束这篇中文版序。我们的英国出版社布鲁姆伯利（因出版轰动全球的文化创意作品《哈利·波特》系列而声名崛起）想要为读者提供我们的洞见，并介绍《文化科学》，因为这个书名可以归入两类书单：媒体类和经济学。于是他们采访我们两位作者，为其布鲁姆伯利学术片《电影与媒体博客》拍一个短片。②以下是我们经过编辑的访谈。

布鲁姆伯利（以下简为"布"）导语：

我们出版社许多论电影和媒介研究的书放进电影研究是非常合适的，它们谈的是导演、电影、样式、国家电影业和跨国电影业；其他一些书适合放进媒介研究，它们探索媒介权力、广告效应、名流麋集的文化都会。然而偶尔之间，我们出的书却摆脱了一切清晰界定的范畴。

无疑，《文化科学：故事、亚部落、知识与革新的自然历史》就是这样一本难以归类的书，显然，它至少是一本论文化的书。但除了把人民、世代、地点等一网打尽之外，文化这个用起来方便的语词究竟意味着什么呢？如果用近乎科学的方式，你如何研究一个如此宏大、难以界定、难以名状的领域呢？

约翰·哈特利、贾森·波茨两位作者综合了跨度可观的若干学科，

---

① 贝多芬的抒情诗，他合唱交响曲里介绍席勒的《欢乐颂》（同时改变古典-浪漫音乐的方向，为下一个世纪的音乐铺路）。Source: *Wikipedia*, "Symphony No. 9（Beethoven）": https://en.wikipedia.org/wiki/Symphony_No._9_%28Beethoven%29.

② See: http://bloomsburyfilmandmedia.typepad.com/continuum_film_and_media/2014/10/author-qa-john-hartley-and-jason-potts-of-cultural-science.html.

推出一种新的文化研究方法,即进化论的研究方法。因为这本书几乎难以归类,所以我们请他们向读者介绍这一开疆拓土的工作。

布:对没有专门知识的读者,你们如何解释本书的概念和轨迹呢?

作者:这本书讲"文化的性质"。那是什么呢?我们怎么知道文化的性质呢?问题就从这里开始!

我们两人在同一研究所(澳大利亚研究委员会的创意产业中心)共事,但我们的学科背景迥然不同,所以研究"文化"问题时,我们很难有共同语言;我们理解文化、探索文化的方式影响我们对知识、创意、权力和增长等当代问题的处理,在这些方面,我们的共同语言少之又少。学科语言和传统对我们帮助有限,阻碍却相当大。

文化研究的基本问题是,它不是科学研究。研究文化建构成进步学术运动,它表征的是政治问题。有一段时间,"政治"遮蔽了"文化"。文化研究被用来抗拒媒介与社会的当代问题,尤其是有关媒介化身份和关系的政治维度问题,至于文化研究里的基本文化观念究竟为何物,反而不清楚了。于是,从外部引进新观念,似乎是好主意,从进化科学和复杂科学(经济学、生物学、网络理论和知识论)引进新观念,尤其是好主意。

但另一条路径——文化的科学研究——也带来问题。比如,进化人类学研究并不是文化研究。这是一个反问题。换言之,文化的自然科学苦于理解"意义",难以理解文化在日常情况下的建构和使用。原则上,这正是文化研究的长处。

起初,我们准备用书名"表意功能的演化"(The evolution of meaningfulness),可见我们的目标心比天高——我们试图重新发明文化研究,我们的意图是:利用科学方法的最佳方面,绕开其弱点(意义研究),将其与文化研究最富有洞见的方面结合起来,同时又抛弃文化研究预先选边站的倾向。

这就使我们开题时遭遇到"问题":知识问题。知识问题也是本书的课题,因为我们断定,用知识系统和技术的进化来解释文化是最好的方式。

"文化用作什么目的？"我们提出不一样的答案。在理科里，文化是社会复制的信息，是一种机制，一类信息借以在社会里传承——正如基因是生物复制信息的单位一样。在文化研究里，文化是权力和较量的场所；文化研究并没有在功能上分析文化。我们提出的答案是，文化造就群体，这就是"文化科学"的路径。这就是文化的功能。创造知识的是群体，通过与其他群体的互动，群体创造知识。文化造就的群体是创造知识的群体，这就是我们所谓的"亚部落"（deme），亚部落由语言和故事等元素组成。

故事的基本特征是，既有主角，又有"我们"（英雄）和"他们"（恶棍）的区分。亚部落也有这两种人。对内部人而言，亚部落是知识之源，能解释世间的一切：其范围遍及寰宇。同时，"我们的"知识是有对手的——原则上"我们的"知识与"他们的"知识对立。在讲故事的系统里，从新闻业到娱乐业，都可以见到这种对立的形态结构。同理，科学也难免这样的"对立主义"。由此可见，文化造就的知识是亚部落的——文化偏爱和复制与他人竞争的群体。因此我们认为，不同的亚部落互动和竞争时，革新和知识增长的力度最大：知识变化，并且在群体之间的边界（又是敌对的边界）上冒出来。

布：循着同一思路，你们如何用一句话解释"亚部落"？

作者：在生物学里，亚部落是一个杂交的种群；在政治学里，亚部落是一个投票选举的群体；在文化科学里，亚部落是一个互相认识的人群；他们与其他亚部落争夺新知识。

布：什么力量吸引你们去论述"亚部落"？

作者：波茨是演化经济学家，这门学科建基于进化生物学；在进化生物学里，"亚部落"概念和总体的种群思维高度发展、司空见惯。哈特利长期研究文化突变、故事、新闻和受众（"民众"）。他注意到自己的领域与演化经济学知识增长概念的关系。我们都欣赏卡尔·波普尔，这把我们联系在一起，这就是本书核心概念孕育的起点！

关键的突破是我们认识到，亚部落概念使我们能绕开个人层次和群体层次的战场,那是经济学家和生物学家两军对垒的战场。亚部落站在两边,既是经济学概念,又是生物学概念。这一突破是人类行为在种群层次上的解释,使我们能对文化研究的许多概念进行再加工,隐含的结果令人吃惊;比如在市民身份、文化奔溃与征服、故事的创作和新闻的意义等概念方面,我们都有了新的发现。这就开辟了一个全新的研究计划。反过来,这就为经济学提出了新的问题;我们挑战经济学的个人主义方法论,以及它对行为(可观察到的选择)的倚重,而不是对知识(群体分享的意义)的倚重。

布:撰写书稿的过程中,你们向谁求助?换句话说,你们发现什么书需要反复参考?为什么?

作者:我们追踪几个典型的跨系科作家,他们楔入的领地与我们类似。何梦笔(Carsten Hermann-Pillath)尤其给我们启迪。他提出文化科学的演化经济学逻辑。他是演化经济学家、汉学家。最近,他把这两方面结合起来,完成了一部重要的著作《中国的经济文化:国家与市场的仪式秩序》(China's Economic Culture: The Ritual Order of State and Markets)。[1]

进化生物学和语言学家马克·培杰尔深深地吸引了我们;他关于语言演化的基本观点与我们提出的观点路子相同。在我们推出合作模型方面,数学家和经济学家赫伯特·金迪斯(Herbert Gintis)起到了推动的作用。我们并不认识培杰尔和金迪斯,无缘谋面,承蒙他们对本书进行评论。

赫伯特·金迪斯是美国圣塔菲研究所外聘教授、匈牙利中欧大学经济系教授,与人合著《合作的物种:人的互惠性及其演化》(A Cooperative Species: Human Reciprocity and its Evolution 2011)。他写道:

---

[1] Routledge "亚洲经济发展研究丛书"(Studies in the Growth Economies of Asia series)(2017):https://www.routledge.com/Chinas-Economic-Culture-The-Ritual-Order-of-State-and-Markets/Herrmann-Pillath/p/book/9780415711272. 何梦笔的个人网站解释他研究中国的路径,我们的研究借鉴这一路径:http://www.cahepil.net/8.html.

人在演化过程中重造文化，亦如鸟类在进化过程中筑巢、蜘蛛在进化过程中结网。更说明问题的是，文化数十万年间演化，使人性如此。在这本雄心勃勃、说服力强的书里，哈特利和波茨向我们展示行为科学和文化研究统一的愿景，粉碎了传统学科的疆界。

马克·培杰尔在英国雷丁大学执教，是进化生物学教授、英国皇家学会会员，著有《联通的文化》（*Wired for Culture* 2012）。他写道：

> 哈特利和波茨的《文化科学》牢牢扎根于达尔文的进化论框架，强调指出：知识、道德、革新甚至个人身份如何在群体或亚部落的力量中兴起，亚部落追求共同的目标，常常与其他类似的亚部落竞争。《文化科学》适合非专业读者，也是现代学术型文化研究的参考文献。[①]

不过，对我们影响最大的也许是语言学家和社会学家尤里·洛特曼（Yuri Lotman）、尼克拉斯·卢曼（Nikolas Luhmann）、大卫·斯塔克（David Stark）的著作。它们研究语言、社会和组织的路径是系统本位的和进化论的。这些著作使群体的形成和冲突建立在坚实的基础上，将群体的形成和冲突视为自然界根本的创造力。

布：请描绘这个思想的形成过程。你们是否始于一个立场、终于另一个立场呢？

作者：我们初始的模式聚焦于社会学习，将其视为文化机制。这是演化人类学家认可的模式，演化经济学家也会认可这一模式。这是标准的文化演化的一步棋。过了一阵子，我们才意识到这个模式（基于个人行为）的局限性，它漏掉了一些东西，尤其漏掉了意义的社会元素和创意元素。于是，我们开始研究亚部落的概念，将其视为系统生成的、划定边界的过程，这个概念最终把我们引向本书的核心理念，一个两阶段

[①] See also: http://www.bloomsbury.com/au/cultural-science-9781849666046/.

的模式：文化造就群体；群体创造知识，知识在（冲突的）群体边界上强劲增长。自此，一切都纲举目张、各得其所了。

布：你们觉得，这本书的探索里有什么其他学术著作里没有充分探究的东西呢？

作者：我们重温英国作家C.P.斯诺1950年代率先提出的"两种文化"理念，他借此描绘他感知到的科学和人文学科的割裂。我们认为，我们这个版本的"文化科学"实际上是科学和人文的调和，是文化的"现代综合"——文化与科学是"一致的"（consilient，爱德华·威尔逊语）。我们兴趣盎然地期待读者对这个问题的想法。

本书的重点是推出革新理论的全新路径，这是源自文化动力学而不是经济环境的研究路径。实际上它探索的是这个全新概念的结果，在一些令人惊异的方向追踪其发展：这些方向瞄准公民身份、城市性质、湮灭、浪费和征服——这些领域是革新的标准模式通常不问津的地方。所以我们认为，我们在这里开启了一种新的对话。

布：写作过程中哪一段最令人愉快？

作者：这本书里有大量的跨界探索，它把文化研究、语义学、符号学、复杂理论和进化论、社会性、人类学、认识论哲学糅合在一起。杂交的东西免不了难看，难以在学界讨人喜欢，学界朋友往往投以怀疑的目光。所以，我们在世界各地的研讨会邂逅了千锤百炼的辩论，比如，经济学家本能地讨厌它，因为它有那么多文化研究的元素；文化研究专家本能地讨厌它，因为他们觉得我们的书有一些新自由主义成分，如此等等，每一群人都有各自的异议。

正如珍视学术界激烈交锋的人所体验的，最令人愉快的是，这些交锋令人深省，亦令人惊叹。本书就是在跨越这些不同方法论和世界观而"获利"的过程中闯荡出来的。我们从中找到核心的概念，并以为，这些概念既简单明了又极富价值。

布：还有其他让我们分享的收获吗？

作者：我们想说，像电影《卡萨布兰卡》（Casablanca）的人物里克（亨弗莱·鲍嘉饰）和路易（克劳德·雷恩斯饰）一样，我们认为，"这是美好友谊的萌芽"——科学与文化的交友。这是电影的最后一句台词，但我们希望这一友谊在"银屏"上继续上映。文化科学如初生婴儿：我们的《文化科学》是第一卷，系列的故事将陆续登场。

其中一些故事将用普通话来讲。

约翰·哈特利（弗里曼特尔）

贾森·波茨（墨尔本）

2016年5月

绪　论

第一章　奇异的相似现象：文化的性质

人类总体上正成为一种强大的地质力。

——Vladimir Vernadsky（1943：19）①

第一节　每个社群成员应如何行事

文化研究常始于个人的才干、灵感、创新活动或表达。但文化本身并非由此而生。达尔文②把文化与进化联系起来：

> 语言能力获得以后，社群就能表达希望了。为了公共福祉，每个成员应该如何行事，自然就有了共同的意见，共同意见就成了最重要的指南。我们对同伴是赞同或非难取决于同情……同情构成社会本能的重要部分，实际上是其基石。（Darwin 1871：99）

这里的因果序列是：（对他人的）同情→社会本能→社群→语言→共同意见→个人行为。首先演化的是种群的特质（同情心）；接着演化的是社会性"本能"及其表达机制（语言和文化）；此后才演化出个人行为的能力，个人行为受群体价值的指引（对同伴的赞同或非难）。

如此观之，我们的身份和行为是社会性产生的结果，而不是其初始

---

① 弗拉基米尔·沃尔纳德斯基（Vladimir Vernadsky，1863-1945），苏联矿物学家、地球化学家，提出地球上的生命三阶段说，代表作《生物圈》。

② 达尔文（Charles Darwin，1809-1882），英国博物学家，进化论的奠基人，代表作有《物种起源》《人类的起源及性选择》等。

因；语言先于个人行为，而不是源于个人行为；语言的起源不是"行为性的"。实际上，语言源于种群内的交流。正如达尔文所言，语言源于种群内如何行事的理念：这个理念源于人们对他人"希望"、"意见"和"赞同"的感知。在这一点上，他写到，"在原始时代，对赞扬的喜爱和对抱怨的恐惧怎么估计也不会过分"。（1871：131-132）接着，他勾勒文化演化模式；在这个过程中，个人的"道德意识"（moral sense）逐渐养成并泛化为社群的"道德标准"（standard of morality）："始于社会本能，很大程度上受同伴赞同的指引，受理性、自利的管束，后来又受宗教情感的管束，受教育和习惯确定。"（132）简言之，文化确定个人行为的规则。进化生物学正在回归这个观点，我们将其作为《文化科学》的出发点。这是跨系科的尝试；我们根据进化理论和复杂理论的最新成就将文化研究系统化。

达尔文认为，这样的道德良心产生的任何进化优势都有利于群体，而不是个人：

> 绝不能忘记，相对于部落里的其他人，虽然高道德标准给个人及其孩子的优势微乎其微，甚至根本就不给他任何优势，然而，天分好的人数的增加、道德标准的进步无疑使一个部落远胜于另一个部落。（Darwin 1871：132）

达尔文认为，文化是共同的良心或道德标准，源于社会性，源于对赞扬的喜爱、对抱怨的恐惧，源于理性、自利、宗教、教育和习惯。文化赋予群体或部落竞争性优势（第三章：亚部落），个人在群体里成长与生活。当然，个人的才干、表达力、想象力、志向也是文化形成的因素，道德和良心相当于社会性才能，生成于"对赞扬的喜爱和对抱怨的恐惧"。通过道德和良心，社群学会在不确定性和冲突的情况下进行合作，以确保群体的生存，而不是个人的生存。

第二节 自然进化与文化演化奇异的相似性

达尔文认为，自然与文化的关系"奇异地相似"。他认为，"语言"（文化）和"物种"（自然）都在进化，而进化凭借相同的"自然选择"机制。在《人类的起源及性选择》（*The Descent of Man, and Selection in Relation to Sex*, 1871）里，他写道：

> 不同语言和物种的形成，以及两者通过渐进过程发展的证据，都奇异地相似……生存斗争中某些受喜爱的语词的生存或保留是自然选择的结果。（Darwin 1871：90－91）

注意，在达尔文笔下，两种进化的"形成"和"证据"，都"奇异地相似"。换言之，他不仅断言，像生物物种一样，文化是进化的，而且认为，我们了解两者进化过程的方式相同。他凭直觉感到，语言变化的解释即因果机制和物种的变化是相同的。他暗示，语言研究和更广泛的文化研究是一门进化科学。

在这本书里，我们将挑战达尔文的直觉，把我们研究的结果称为"文化科学"（cultural science）。我们不仅尝试引用所谓"物种起源"的知识去研究文化，而且更重要的是重新思考作为进化过程的文化。我们不想在文化研究领域宣传更多的教条，也不想宣称预先就知道，"达尔文始终是正确的"，但我们的确认为，从卡尔·波普尔① 所谓的"大胆假设"入手至关重要。这个假设是，进化过程是达尔文式的：文化通过自然选择进化，换言之，我们选用"进化"一词的字面意义，而不是比喻意义。我们设想，通过考察文化与这个假设的关系，文化的性质是可以解释的。许多书谋求解释文化。人类学的重点放在传统社会，文化研究

---

① 卡尔·波普尔（Karl Popper, 1902-1994），英国哲学家，赞同反决定论的形而上学。代表作有《开放社会及其敌人》《科学发现的逻辑》《开放的宇宙》《客观知识：进化论的研究》《猜想与反驳：科学知识的增长》等。

则从考察当代社会入手，尤其从现代竞争性的工业国和帝国入手，故其研究重点是书面文化（literary culture），以及创意艺术和表演艺术。文化研究的目标是在感知的基础上进行定义。这是走在达尔文之前的悠久传统，尤其是德国（Watson 2010）和英国（Williams 1960）的传统。在德意志，这个传统走在德国建国之前；和这个传统伴生的是就文化的性质和角色进行深入而富有激情的理论建构。思想家们想知道，在工业化扩张、竞争的语境中、在现代国家上升的过程中，不同的时期和地方有何特征。他们相信，文化在此扮演关键的角色。这一条探询的路子延续到当代，形成大量的文献，在作家的会话中延续下来，这些作家本身就是重要的文化人物。从歌德①和柯尔律治②，经过马修·阿诺德③、约翰·罗斯金④和艾略特⑤，直到雷蒙德·威廉斯⑥和霍加特⑦（Hartley 2003）。

我们认为，这些文献是前达尔文主义文献，旨在通过研究结果去寻找文化的原因。与之相比，我们在这里重新解释文化，将其视为达尔文式的概念。我们注意到进化科学和复杂性科学（evolutionary and complexity sciences）的新进展，试图生成这两门学科之间所谓的"一致性"（consilience）（E. O. Wilson, 1998），以及它们与人文学科和创意

---

① 歌德（Johann Wolfgang von, Goethe, 1749-1832），德国诗人、作家，青年时代为狂飙运动的代表人物，集文学、艺术、科学、哲学、政治等成就于一身，代表作为诗剧《浮士德》和小说《少年维特之烦恼》。

② 塞缪尔·泰勒·柯尔律治（Samuel Taylor Coleridge, 1772-1834），19世纪初英国最伟大的诗人和思想家之一，留下了英国诗歌当中最伟大的两首：《忽必烈汗》和《古舟子咏》等。

③ 马修·阿诺德（Matthew Arnold, 1822-1888），英国诗人、批评家、教育家，著《多佛滩》《邵莱布与罗斯托》《文化与无政府状态》等。

④ 约翰·罗斯金（John Ruskin, 1819-1900），英国艺术批评家、社会理论家，主张社会改革，反对机械文明，大力支持前拉斐尔派。

⑤ 艾略特（T. S. Eliot, 1888-1965），20世纪伟大的文学家、现代派诗人、剧作家、文学批判家，生于美国，卒于英国，著《普鲁夫洛克情歌》《荒原》《四个四重奏》等，1948年诺贝尔文学奖得主。

⑥ 雷蒙德·威廉斯（Raymond Williams, 1921-1988），伯明翰大学教授，著有《文化与社会》《马克思主义与文学》，编印《传播学》等。

⑦ 理查德·霍加特（Richard Hoggart, 1918- ），伯明翰大学教授，著有《奥登传》《大众社会中的大众传媒》《识字的用途》等。

艺术之间的一致性。我们的雄心是达成某种"现代综合"（modern synthesis），朱利安·赫胥黎[①] 1942 年达成了生物科学的综合。正如梅索迪（Mesoudi 2010，2011）所言，学科的现代综合可以达成，不仅在心理学和人类学这样的社会科学里达成，而且在跨学科的频谱里达成，从艺术和人文开始、经由数学和复杂性学科研究，直达生物学和经济学之类的进化科学。既然如此，文化科学就可以被视为进化科学而确定下来。凭借当代知识的全套设备，而不是依靠 18 世纪德国人对政治现代化的回应时演绎出来的范畴。

达尔文所谓的语言和人类起源"奇异的相似性"是可以系统发展的。彼时的德国人区分两个范畴：文化（Kultur）和文明（Zivilisation）。文化被视为富于幻想的天赋或精神的内心生活，是文明的权力（政治）和有用的生产力（经济）的外表显示（Lepenies 2006：4）。文学界的浪漫主义者和行动主义者比如柯尔律治和阿诺德迫不及待地抓住文化这根棍子，敲打工业化和民主化的资本主义（文明），同时敲打与之伴生的知识和社会（权力）关系。无论你多么狂热地想要批判当代生产生活和社会生活的某些方面，文化都不是在文化和文明这两个范畴的区分中凸现出来的。文化地位的突显是在进化科学和复杂性科学确立的过程中完成的，这些学科运用的是因果关系，而不是决疑法（casuistry）；不过，它们的洞见并没有被引进文化研究。虽然文化批评家、活动分子、实干家和消费者对数字媒介有广泛的兴趣，但数据使用和分析里计算机辅助的方法论意义却没有实现。前达尔文主义的文化研究试图靠批判效应和动因来解释文化，而不是靠批判原因和动态系统——宛若解释电气原理时问"谁开的灯"。然而，了解文化这个进化系统如何运行的手段，以及如何研究这个系统的手段，已然近在咫尺了。

[①] 朱利安·赫胥黎（Julian Huxley, 1887–1975），英国生物学家、作家、人道主义者、第一届联合国教育科学文化组织首长、世界自然基金会创始成员之一，他提倡自然选择和现代综合理论，著有《奇异的蚂蚁》《行为的进化》《人类现象》《教科文组织：宗旨和理念体系》等。

第三节 受宠的语词：社会达尔文主义？

达尔文研究甲壳动物和加拉帕戈斯地雀，颇为著名，但在语言方面，他却没有进行系统的田野考察或实验。虽然他依靠已有的语言研究成果，但有关语言形成和演化已被确认的经验证据，他却没有得到。①彼时，语言学只不过是描述性的学科，根本说不上科学。语言历史变化的研究即语文学主要归因于宗教文献的注解（为宗教目的），也仰赖欧洲语言文学源头的研究（为民族主义和帝国的目的）。自然进化和文化演化中的"奇异的相似性"颇为有趣，时人却没有接受，而且很大程度上已被人忘却，至少在人文学科里已被人忘却，也许原因就在于语言学不成熟吧；如今在人文学科里，达尔文的名字仍然可能因人厌恶而使人不寒而栗，这是 20 世纪中叶拒绝法西斯的"社会达尔文主义"的后遗症吧（Hofstadter 1944）。

达尔文是他那个时代的人，他用那个时代的语言来解释人类（man）从"低等"（lowly）动物进化（descent）而来的历史。他视之为理所当然的是，人是"高等"动物；和他所处的文明社会相比，"野蛮"（前现代）的部落是"低等"（在物质发展的早期）人，比如他乘贝格尔号（图 1.1）考察时在火地岛遇见的土著就低等人，其道德意识就不那么发达。《人类的起源》（*The Descent of Man*）压轴的一节里就有这样几段文字：

> 本书的主要结论是，人起源于低等的有组织形式；对许多人而言，这是令人厌恶的野蛮人——一想到这一点我就感到遗憾。在一个蛮荒而破碎的海岸边初次遇见一群翡及安人（Fuegians）时，我

---

① 他主要参阅赖尔（Charles Lyell, 1797-1875）的《地质学原理》（*Principles of Geology*）和华莱士（Alfred Russel Wallace）独立发现自然选择的《论遗传变异》（*On the Tendency of Varieties to Depart Indefinitely From the Original Type*, 1858）。这些文献促使他发表自己的综合——原注。

第一章 奇异的相似现象：文化的性质

非常震惊，没齿难忘，因为那一刻涌入脑际的念头是——这样的人就是我们的祖先。（Darwin 1871：618-619）

低等……令人厌恶……野蛮人……蛮荒而破碎……祖先——这一逻辑似乎需要一种原始主义和种族主义的解读。但达尔文实际上是在尝试提出相反的观点；换言之，一般认为的"低等"动物可能比人更高贵。他提出人起源于猴子或狒狒的观点，与之相比的是：

……一个野蛮人，他乐于折磨敌人，搞血腥的牺牲，杀婴而不悔恨，把妻子当奴隶，不知羞耻，身陷最粗鄙的迷信。（Darwin 1871：618-619）

图1.1

"这就是我们的祖先"，达尔文乘"贝格尔号"（Beagle）考察时曾遇翡及安人（Fuegians）。这幅画由康拉德·马腾斯（Konrad Martens）作，画中有7人（含一婴儿）、一只狗、一间棚屋、食物、小船和渔猎工具；表现一种文化或一个基本亚部落单位（见第三章"亚部落"），而不是表现一个人。翡及安人状若维多利亚时代的英国家长，突显他的"野蛮"状态。

文化科学：故事、亚部落、知识与革新的自然历史

如果达尔文认为，上述折磨、牺牲、杀婴、奴役妻、淫邪、迷信仅限于翡及安人，不见于开化的文化里，他就大错了。因为自那时以后，一切都很清楚，他在南美"一个野蛮人"身上人格化的暴行其实是人类行为的典型特征，跨越了种族和宗教的边界，战争期间尤其如此（见第四章"抛石机"：恶邻）。

但显而易见的是，达尔文在抗拒这样的设想，"虽然并非通过自己的努力，人还是上升到有机体阶梯的顶端"，还是逃离了这个阶梯的源头：

> 然而，我们必须承认，尽管人有高尚的品质，对低贱者同情，对他人仁慈，对低贱生物慈悲，尽管人的智能渗透到太阳系的运动和构造里——尽管有这一切高尚的力量，人的躯壳上还是承载着不可磨灭的低等源头的印记。（Darwin 1871：619）

这就是《人类的起源》结尾的一席话。如此，尽管他豪言人"高尚的力量"，他还是摒弃了斯宾塞①、马尔萨斯②以及他的表亲弗朗西斯·高尔顿③，不接受他们"社会达尔文主义"的教条。注意该书结尾的两个词"低等源头"。但他相信社会推进的自我改良，这一信念使他设想，"社会本能"是野蛮本能的矫正剂：

> 社会本能想必是人在原始状态下获得的，甚至是由他类似猿类的祖先获得的，社会本能给予人最善良行为的冲动；不过，在更大程度上，他的行为是由同伴明确表示的希望和评判决定的，遗憾的是常常又是由他自己强烈的自私欲望决定的。（Darwin 1871：109）

---

① 斯宾塞（Herbert Spencer, 1820-1903），英国哲学家、社会学家，认为哲学是各学科原理的综合，将进化论引入社会学，提出"适者生存"说，代表作有《综合哲学》《生物学原理》《社会学研究》等。
② 托马斯·马尔萨斯（Thomas Malthus, 1766-1834），英国牧师、人口学家、政治经济学家，著《人口论》。
③ 弗朗西斯·高尔顿（Sir Francis Galton, 1822-1911），英国人类学家、遗传学家、气象学家，创建优生学。

达尔文对"人性"进行进化分析,这一详细讨论的教益是,"适者生存"(survival of the fittest)并不包含灭绝人中间的"不适者";相反,它要求同情他人,审慎地向他人学习,尤其向"低贱"者学习。它要求人清醒而乐意地看到,进化"难以磨灭的印记"是同情、仁慈和才智等现代、自由的品质生成的条件。关键的进化特质不是自私的竞争性,而是我们现在所谓的"社会学习"(Konner 2010:350-351;500-517):

> 由于爱心、同情心和自律在习惯中加强,由于推理的能力越来越清晰,人就能恰当地珍惜同伴的评判;除了短暂的苦乐,他感觉不得不走为善的路子。(Darwin 1871:110)

第四节 本书作者的工具 ①

回头看显而易见,达尔文关于自然进化与文化演化相似性的感觉值得"同伴的评判"。但在那个时候,有关文化的知识状况根本就没有为"大胆的假设"做好准备。所以他的直觉找不到"证据"。然而,他的直觉有资格成为波普尔所谓的"科学发现逻辑"的要素:

> 大胆的理念、无根据的预期和推测的思想是文明解释自然的唯一手段:我们把握自然的唯一工具。我们要大胆地使用这些理念、预期和推测,以赢得奖赏。不愿意暴露自己的思想、害怕遭遇批驳风险的人,就不能上场参加科学的游戏。(Popper 2002:279-280)

达尔文在世期间,他的自然选择进化论的标记是前科学,而不是"证据"。如此,进化论遭遇了"批驳的风险",但进化论的确促进了

---

① 希腊词 organon 的意思是工具、器官,用于命名亚里士多德逻辑著作。培根 1620 年发表《新工具》(*The New Organon*)。波普尔的传统是把"大胆的理念"写成"我们唯一的工具"原注。

"科学的进步"。后起的发现（如基因、DNA、基因组编码）和一个多世纪知识的快速发展尤其生物科学的发展，往往都证实了他的物种理论。是时候了，我们早就该用波普尔所谓的唯一手段"解释"文化了；早就该让各种先行和现存的尝试去进行解释，以综合成一种方法论：不仅要给文化研究添砖加瓦，而且要重组文化研究的领域。

达尔文没有从事持久的语言研究。出于科学的原因，即"缺乏证据"，对他有关语言自然选择的直觉，我们可以忽略不计。但鉴于那时的学术状况，以及宗派（宗教）和党派（民族主义）的学术用途，更加可能的解释是：他播撒思想种子的土壤肥力不足，难以培育他播下的思想种子。问题不在达尔文身上，也不在于他的大胆思想，问题出在文化研究者及其思想身上。

文化的形成和发展是一个渐进的过程，这样的宣示可以用一条（自然选择的）规律来表达。这一宣示把语言及文化变成一套系统，这些系统的运行、变化和发展以内在规律和机制为依据。反过来，这样的构想似乎否定了人的力量（灵感、天赋、创造性），否定了精神或形而上的因果关系（来自外源的思想；超自然、精神或神赐的思想）。在某些方面，这个理念的表意功能——自然选择的意义——比达尔文《物种起源》的思想更富有启迪意义，因为它们推翻了神和个人意识的中心地位；在意义、关系和身份的创造和发展中，在知识的发展和表达中，它们失去了因果关系的地位。倘若"受宠语词的生存或保存"遵循的规则是"变异、选择、保持"的遗传规则，那么，它们的生存或保存和使用者的意志或意向就几无关系可言，和使用者的身份或意识形态更没有什么关系了。

第五节 自然与文化对立？

在达尔文的时代，世俗思想家和精神领袖都认为，文化是某种"高级"力量的表达形式，而不是生存斗争的渐进产物。在那些岁月里，听到"文化"一词时，他们可能会把手伸向《圣经》或莎士比亚。换言之，他们把语词的"适应力"归因于上帝或艺术，而不是归因于进化；在那个时期，艺术本身真正被神圣化，艺术与"文明"相对，也就是与产业、现代性、城市生活和政治相对。这一路径把文化视为宗教的现代替代物，在"高"文化理论家里很流行，从马修·阿诺德到肯尼斯·克拉克①，理论家们无不青睐这一路径。他们认为，文化是"思想和话语最优秀的精华"——不容与世俗的获益和赚取混淆，而在日常事务中，你能期望的却是"适者生存"的证据。

彼时的理论家构想与文化相对的自然时，可能不会像托马斯·哈代②为泰坦尼克号创作诗歌（1915）那样发挥想象力。泰坦尼克号沉没了，那是异化、冷漠、虚荣的制造——是哈代所言"丑陋、黏湿、无声、冷漠"的怪物，却与"生命的骄傲"绝然对立。如此构想的自然与人的关系是敌对的关系。自然冷漠而敌对，需要人去驯服、开化、驾驭，在"蛮荒"的非洲、澳洲、美洲和亚洲殖民地，新获得的土地和人民尤其需要被驯化和开化。与这一观念对立的是神圣和艺术灵感的人类文化；在人类文化里，生存"斗争"的形式是哲学、艺术等想象力的发挥，其成果是独步天下的才俊创造的，目的是为"启蒙"和"完善"（Arnold 1869）。

自然选择的观念不仅把上帝排除在它描绘的画面上，而且把"思想"拉下马。至少自文艺复兴起，个人身份的观念就位于西方知识的核心，并透过笛卡尔③的自我观念而被广泛接受。个人身份的观念与进化的观念是不可调和的。进化与个人不能混合。进化需要种群；个人及其观念和想象只不过是基因的载体，只不过是适应的随意载体而已。看来，初期的理论家认为，虽然个人有语言、文化、生命的骄傲，有各自的意义、身份、社会关系，有自己的技术、制度和网络，有各自想象、描绘

---

① 肯尼斯·克拉克（Kenneth Clark）的《文明之我见》（*Civilization: A Personal View*）触发了约翰·伯格（John Berger）颇有影响的回应《观照之道》（*Ways of Seeing*）——原注。
② 托马斯·哈代（Thomas Hardy, 1840–1928），英国诗人、小说家，著有《德伯家的苔丝》《无名的裘德》《还乡》和《卡斯特桥市长》等。
③ 笛卡尔（Rene Descartes, 1586–1650），法国数学家和哲学家，将哲学从经院哲学中解放出来的第一人，黑格尔称他为近代哲学之父。代表作为《方法谈》和《哲学原理》。

和论辩的表达，但个人是不能用进化手段"被认识"的。达尔文笔下的"崇高的伟力"（exalted powers），包括社会的和思想的伟力，竟然是个人脑子之外的机制引起的——这似乎是不可思议的。实际上，达尔文的精神导师、地质学家查尔斯·赖尔（Charles Lyell）假设，文化使进化驻足不前。他生造那句颇为流行的话："思想高于物质"（mind over matter）。

可以说，在地球生命的地质期里，地球绝不只有物质的倾向，感知、本能、高级哺乳类接近理性的智能被引进地球，最后是人类可改进的理性被引进地球——这样的假设给我们提供的是"思想日益宰制物质"（ever-increasing dominion of mind over matter）的画面。（Lyell 1863）

达尔文关于物种和语言"奇异相似"的进化机制的直觉没有落地生根，这不足为奇。人们难以接受生物进化的意蕴，难以接受文化演化的观点；1860年，牛津主教质问赫胥黎那段话颇为著名。他问，达尔文的猴子血统是从祖父那边遗传传下来的，还是从祖母那边遗传传下来的呢？

第六节　叩问悠悠地球

现代人竟然是进化而来的，这一观念使一些现代人大吃一惊。有一件艺术品具有奇异的魅力，使人难以抗拒；它捕捉了这样一个瞬间：一切知识开始使人豁然开朗，不仅使科学家顿悟，而且使所有人有所领悟。试想这是众多复杂系统撞击的时刻，开天辟地第一次，意义由此而生；普通人觉得，进化的新观念有意义，而且进入了"普通文化"领域（Williams 1958）。

威廉·戴斯（William Dyce）曾画过一幅画，题名"肯特郡佩格韦尔湾：1858年10月5日的回忆"。作画的时间是在1858年和1860年之间。1894年伦敦的泰特美术馆"为国家"买下这幅画。2009年，这幅画抵美国参加达尔文诞辰200周年、《物种起源》问世150年展览。不久前，

《佩格韦尔湾》又在英国的"前拉斐尔派①：维多利亚时代的前卫艺术家"展会（2012-2013）上展出。

这幅画发挥了艺术的一切功能：让观者能看懂画的视点（Lotman and Shukman 1982），非常复杂系统糅合成了有意义的经验形象。题名里的地点是肯特郡佩格韦尔湾，时间是1858年10月5日（周二），暗示特殊意义的事件。白垩崖上方的天空昏黄，混沌不清，但朦胧中隐约可见多纳蒂彗星，19世纪最明亮的彗星之一。这一日，多纳蒂处在近日点，因而最明亮。在下午的阳光下，这个游荡的星星能看见，其他星星是看不见的。这使人注意宇宙的无限和宏阔，以及我们对宇宙的无知；彼时，一般人才刚刚开始猜想宇宙的宏大。

虽然彗星有预兆的意义，前景里的人物似乎并不注意它。相反，他们俯身向下看；巡查低潮露出的海滩，闲暇而好奇的人都这样做。但这里隐藏着大量的信息。佩格韦尔湾很受游人欢迎，有大量的海胆和贝壳的化石，以及海百合茎，在崖壁和前滩的白垩和燧石里都很容易找到。有些地方的化石厚达几百英尺，白垩纪的有孔虫和其他海洋生物难以计数，亿万斯年，堆积在一起。

无疑，寻找大化石是儿童游戏的乐趣，但对画家威廉·戴斯而言，那是令人恐怖的预兆。戴斯是"高级圣公会人士"，反进化论（Rothstein 2009）。他1858年动笔的"回忆"于次年完成，那正是达尔文发表《物种起源》的1859年。回忆刚刚过去的海滩游，他似乎在描绘失去的纯真；化石的真正意义是，地球的悠久胜过《圣经》记事；在这里，化石的真正意义一目了然了，连儿童也看得清。

他们的头顶上有彗星，脚底下有白垩。照看这些儿童的是父亲，画里表现的是他的家人，妻子、儿子、两个女儿（Barringer 1999）。在家庭层面，戴斯表现的，似乎不限于维多利亚时代人滨海游的渴望：这是舒适的中产阶级的休闲放松追求；火车把一拨又一拨的度假人送到肯特海滨，他们离开熙熙攘攘、欣欣向荣的伦敦，来到拉姆斯盖特等滨海小镇。

---

① 前拉斐尔派（pre-raphaelites），19世纪中叶兴起的英国文艺派别，反抗学院画派，推重拉斐尔之前自然、古朴的画风。拉斐尔是意大利文艺复兴时期最伟大的画家之一。

威廉·戴斯并非来此度假的唯一有良好教育的人。此前不久，奥古斯塔斯·普金（Augustus Pugin）就葬在拉姆斯盖特镇的崖顶上。普金是激进的建筑设计师，他复兴哥特式建筑，因设计英国议会大厦的内装潢而著名，内墙的贴面是黑色、冷面而俊美的燧石，材料就取自这里的崖壁。稍后，该镇是卡尔·马克思及其女儿们喜欢游览的目的地，他们一家经常来这里的沙滩徜徉，马克思的孙子埃德加就是在拉姆斯盖特镇降生的。（McLellan 2006）

维多利亚盛期的繁荣和资产阶级家长的地位并未使画家戴斯感到慰藉。表现小石子的细腻手法展示"科学精致和想象瑰丽"的最新成就；泰特美术馆的展览将这一手法和前拉斐尔派运动联系起来。该画派的要人之一但丁·罗塞蒂① 就葬在附近的伯青顿村。但戴斯的艺术和审美现代主义与他的信仰不匹配。像莎士比亚天鹅绝唱《暴风雨》里的圣人普洛斯彼罗一样，戴斯在两个时代之间挣扎，他表现的变化将替代他自己的知识和力量。像普洛斯彼罗一样，他仿佛在问自己的孩子："你们追求什么/在时代黑暗的背影和深渊里？"和普洛斯彼罗不一样，他可能害怕在海滨找到的东西——肯定有被废黜的祖先，那是亿万斯年前的祖先，而不是被伤害的父亲，把神灵和人类都拉下马，因为这个祖先可以一直回溯到孩子们从白垩里撬出来的海胆化石。戴斯画的是郊游野餐呢？抑或是现代主义的"黑暗的心"——"恐怖、恐怖"？

值得注意的是，戴斯表现的这家人注意力分散、各干各的、彼此隔离；虽然是一组人，他们却罕有互动，看着不同的方向；在熟悉而陌生的环境中，不同源头、令人困惑的信息吸引了他们的注意力；唯有衣装与相同的活动显示他们的一致性。他们是个人，尚不是个性十足的人，悬停在时间的永恒（与化石一道）和空间的无限（与彗星一道）中，彼此得不到什么帮助。然而，和画家及观者一道，他们组成一个基本的部落式的家庭单位或曰"我们"群体。无论戴斯是进

---

① 罗塞蒂（Dante G. Rossetti, 1828-1882），罗塞蒂家族明星之一。诗人、画家，具有人格魅力，善于奖掖后进。1848年组织前拉斐尔兄弟会，形成前拉菲尔学派。提倡忠实于自然，主张工笔和户外写生，把诗画和社会理想结合起来，推崇理想化了的中世纪艺术。

化论者，或反进化论者，他描绘的是身处自然里的家人，他那典型的前拉斐尔派画风注重细节，而细节透露的信息胜过他本人所知的信息。

画布里这方天地浓缩了多层次的意义，佩格韦尔湾处处透露出这样的力量，因为这一段不起眼的海岸富有传奇色彩。这是征服不列颠的撒克逊王亨吉斯特和霍萨登陆的地方，希波主教①也在此登陆，他把基督教传给萨克逊人（艾比斯费列附近有一个纪念十字架）。在《每日邮报》的支持下，古欧维京人的长船"休京号"的复制品永久落户这里（1949年从丹麦开往这里以庆祝维京人入侵1500年）。罗马人也是在这里登陆的，他们最早的"首都"在佩格韦尔湾对面的里奇伯勒。在戴斯的画里，太阳正在里奇伯勒西沉。罗马人的记忆依稀见于拉姆斯盖特镇（Ramsgate意为Romans Gate）。换言之，佩格韦尔湾是外来影响传递给英格兰的门户，自古如此。本书作者之一的哈特利在此度过童年，浸泡在这里的氛围中，观察这些崖壁，完成了A级地理学作业。不久，喷气机时代的能量降临，这里变得嘈杂，带一丝未来主义色彩，令人害怕；因为修了气垫船码头，巨型的气垫船在这里和法国之间穿梭，半小时一班：

> 作品的景象有怪诞之美，同时也反映令人不安的焦虑，那是永恒与短暂、神圣与凡俗不匹配的焦虑，与达尔文理论至今激发的焦虑不无相似之处。（Rothstein 2009）

这令人不安的焦虑至今犹存，那是个人意识的渺小和宇宙时空的浩瀚继续"不匹配"的焦虑。作品捕捉住了进化文化与普通文化在"公共思想"中首次相联的一刻：

> 崖壁、彗星和贝壳暗示悠悠地球隆隆作响的过程，潮涨潮落、

---

① 希波主教（St Augustine/Augustinus Hipponensis），意大利裔传教士及高级教士，他将基督教义传至英国南部，并于公元598年被任命为坎特伯雷地区第一任大主教。

前景中精神不集中的孩子、画家的浮想联翩，这样的日常经验都是在悠悠地球的背景中展开的。(Rothstein 2009)

在以下各章里，我们把进化分析的长镜头从崖壁和彗星里能看到的"悠悠地球隆隆作响的过程"移开，转向"日常经验"里的此地此刻，以便把文化研究本身建成一门进化科学。

第一部
文化造就群体

第二章 外在论：身份
（"我"即"我们"）

> 从最广阔的客观眼光看，文化似乎是亚种进化，是一种自我维持的系统，是互相联系的人及其产物的一种组织；更准确地说，文化是社会个体人的脑子互相交流的产物。
>
> ——朱利安·赫胥黎

文化科学的基础有一个叫"外在论"（externalism）的概念。实质上，这是有关个体人文化属性的论断；论及人的所知、如何知、自认为是谁等问题。文化科学远离了艺术史和文化批评的传统（暂不涉及行为科学），艺术史和文化批评把创造性及文化归因于个人才能。在19世纪，对神性的怀疑开始啃蚀社会政治和哲学的领地，文化为新兴的民族国家提供逃离的出路，其兴盛日益与工业化和市场力拴在一起。文化使宗教表达与超自然力的原因解除耦合的关系，但保存了指向个人"灵感"的神圣仪式。文化促进了对艺术天才的崇敬，将其视为灵魂或"精神"的世俗化。文化将文化自身的完善性置于现代国家宗旨的地位，借以取代末日审判或终极因的神学目的论。支撑文化的是越来越精致的文化机构（美术馆、剧院、歌剧院、博物馆、图书馆……以及后来的广播公司），就像教会的世俗化支撑文化一样，这些文化机构继承了教堂建筑的宏伟和教士阶层的文牍主义。如此，在微观、中观和宏观层次上（Dopfer and Potts 2008），文化都被宗教的功能俘获了，虽然这些机构本身不支持宗教，而是偏爱怀疑、不信任和多样性。在微观层次上，俘获文化的是个人的"灵魂"；在中观层次上，俘获文化的是文化机构的形式（文化机构实际上替代了中世纪教堂的宏丽和流行诉求);在宏观层次上,俘获文化的是宏观社会的"目的"。

如果文化不是世俗化的宗教,那又是什么呢?我们的出发点是,我们固然同意,文化有鲜明的人的特色,至少在我们看见的精致形式上是如此,然而文化不是任何个人的创造。文化是一种系统生成机制,人人用文化,但无人发明文化,文化的模式是语言的模式。简言之,我们必须在交流群体和系统的层次上去寻求文化,而不是在个人的层次上去寻求文化;我们必须修正对个人的理解去解释人的"结群性"①。由于文化世俗化,由于它接受个人知识产权(享有产权的创造才能)的观念,除此之外的解释是难以把握的。但这正是我们的出发点:个人才能是文化的产物,文化创造的不是艺术品,不是有才干的个人,甚至不是生活方式,文化造就的是生成知识的群体(knowledge-making groups)。这样的群体发挥复杂系统的功能,个人的选择和创新都是在系统里生成的。质言之,"文化造就我们"而不是反过来我们造就文化。

外在论的概念把文化研究的文化科学路径与构想文化的其他路径区别开来(Herrmann-Pillath 2009, 2013)。我们不是在提倡个人为因(大脑、思想、理性选择因子等)的另一个版本,而是在探索个人才能之再生产和发展的原因代理机构,而才能是个人表现出来的。我们认为,这个机构就是文化。

外在论是一个简单的理念:个体的大脑机制由网络化关系构成,一是与其他大脑的关系,二是与超躯体知识(体外知识,即技术储存)的关系。大脑不能从行为的角度(凭借它作为独立器官的表现)去理解,也不能用方法论个人主义(methodological individualism)去解释(将个人意向、选择和行为作为解释社会现象的源头),亦不能靠诉诸个人才能(天分、灵感、想象力)去解释。相反,大脑只能被视为动因或"节点"去解释,它处在复杂的通信网络中,这个网络绝不会小到"一",也不会达到"无限"。除去意外的特例,所有人都在社会环境中成长,社会

---

① "结群性"(groupishness)这一术语是在进化心理学家和其他科学家讨论"群体选择"(group selection)的过程中出现的。——原注

环境既包括亲属，也包括非亲属；甫一降生，人就通过各种机制"嵌入"媒介化的社会性，最重要的机制是语言。如此，"联入网络的大脑"在童年时形成，横跨一定数量真实和虚拟的社会关系，含亲属、邻里、偶遇和媒介的关系（见第八章"浪费"）。就像八哥数以百万计，但一只八哥只需"尾随"7个"邻居"就足以与500万众的八哥同步飞行一样。①同理，同一文化里的人学习同步行为时，只需注意临近人群的行为，我们将这样的人群称为亚部落（deme）（见下一章）。如此，文化的生成和维护靠的是外在化或连接化的大脑与群体里的其他大脑的协同作用，由此产生的文化就协调数以百万计的行为。简言之，个体性（individuality）是一套互动系统产生的，而不是由自然预定的。

第一节 自创生

外在论概念可以理解为一种自创生（autopoiesis），即自创造。这是尼克拉斯·卢曼②提出的社会系统论概念，所指为：通过通信从外部环境过滤表意功能（meaningfulness）而不断再生产身份的过程（Luhmann 1986），借此，自我和他者的边界得以确立。他认为，社会系统的界定性特征当作如是观：它们靠通信自组织（self-organize）来自我复制。但卢曼把自创生组织（autopoietic organization）视为系统的属性，而不是生命的属性。实际上，他"严格区分意义和生命，将其视为不同的自创生组织；意义使用系统的依据是，它们使用的是意识（即心理系统）或通信（即社会系统）"（1986：173）。如此，在他看来，意识和通信严格地说不是生命的属性，而是系统的属性；意义和生命不能互相简约，蒙提·派森（Monty Python）剧组大约同时有了这样的发现。③就像攻击性和暴力要严格区分一样；攻击性是心理现象，暴力是社会现象（Malešević

---

① See: http://video.pbs.org/video/2365072926/——原注
② 尼克拉斯·卢曼（Niklas Luhmann，1927-1998），德国社会学家，发展社会系统论。
③ 蒙提·派森（Monty Python）剧组的剧本《生命的意义》（*The Meaning of Life*）1983年发行。读者知道，剧情是探索（一家餐馆）鱼缸里哲理上奇异鱼各个生命阶段的意义。——原注

and Ryan 2013）。顺理成章的结论是，社会系统并不建立在个体之上，也不是建立在个体感知之上，甚至不建立在个体行为之上；社会系统是在交流中形成的。

交流综合信息、说话和理解；当然，这需要行为人交流，所以个人定然要参与其中，但卢曼所指的是：自组织和再生产是系统（种群）的功能，而不是个体的功能。在交流的过程中，个体在自己和外部世界之间造成边界，以简约复杂性，个体的建构靠的是自己的行为与环境的交流。在交流的过程中，个体也建构外部世界，并通过外部世界去了解自己。因此，个体是自反性的（self-reflexive）——既能行动，也能观察自己。卢曼将自反性视为自创生系统（autopoietic systems）的一般特征，这是自动控制的特征（自我导向，用反馈回路），并不建立在靠参照其他外部观察（即理性）来验证自己的观察。根据定义，一切社会观察都是自观察（Geyer 1994）。自我和系统难以分辨。"文化"是自创造（self-creating）系统的群一级类别。

第二节　交流创生个体

用这一路径，卢曼分析各种社会系统，诸如经济、法律、科学和艺术。在《作为社会系统的艺术》（Art as a Social System）里，他批判欧洲这一传统：把"感知"置于"理性"之下，容许动物拥有感知能力，唯独让人拥有理性。卢曼的主张刚好相反："你可以说，人和动物的比较证明，就进化、遗传和功能而言，感知先于思想（perception over thought）。"（Luhmann 2000：5）换言之，区分感知（作为意识的特殊感受性）和交流（即社会系统）至为重要。他接着说：

> 具有中枢神经系统的动物必须要成功外化并建构一个外部世界，然后才能表达自我指涉（self-reference），自我指涉以自体感知为基础，自体感知又好似它与外部世界遭遇问题产生的结果。（Luhmann 2000：5）

换言之，一切动物（无论大小）都必须建立一个交流系统；交流系统使它们能感知和应对出现的问题。这就是知识的源头。

这显然是非凡之功。在此，生命组织的作用仅仅是化学品的作用：因为自创生是化学过程。

斯坦诺（Stano·P.）和路易斯（P. L. Luisi）（2010）断言，他们的模型"旨在研究分子系统的最低限度需求，以展示生命特征，同时寻求生命研究源头和综合（建构）生物学的相关性"。

自组织这一样态也能说明文化。不过，人类文化还开发出了外化知识的机制和技术，迫使个体依靠躯体外的系统和结构，依靠至关重要的、维护生命的知识和连接性的储存所。这些外在系统也是人体组织的"自创生"系统，但外在系统不储存在每个样品里；相反，它们把样品和物种及环境连接起来。"观察的意识"使我们认为：我们是自己思想和行为的创造者；世界是我们感知到的样子，世界是先行的外部系统和内部系统的产物或结果，它们互相交流、过滤意义、生成边界和感知（感知是意识的起点）；感知是我们这个物种从很久以前进化系统继承下来的。换言之，在地质学意义上，自组织系统的"自然的"（Vernadsky 1938，1943）卢曼主张，我们区分心理系统和社会系统。文化是外化社会系统生成和组织的手段；就是说，文化生产人共享信息的机制，这样的信息名曰知识。

第三节 调和文化与知识：文化科学路径

19世纪以后，文化的概念越来越局限于价值本位的一极，与产业和科学的物质世界处在对立的一极。然而，这一神圣化的文化概念已成为换一种方式理解文化的严重障碍。20世纪60年代和70年代，雷蒙德·威廉斯沿用这一概念、将其推进，最后却遭遇理论上的停滞不前，其原因就在这里。他推出一些这样的著作（如1958、1960、1977），挑战"高"文化（指概念，非指作品），引进人类学"全部生活方式"的文化概念，他自己的表述是："文化是普通的。"

他的书引人入胜，又获得后继文化批评家的支持，他们力求文化概念的现代化，以研究现代、都市、产业和普通阶级的文化和媒介（并发明文化和媒介研究）。然而，他们的努力只是在部分意义上成功了。其原因是，公共和个人惠助的机构、大学和音乐学院的培训机构，以及文学、艺术和严肃音乐的市场，全都维持一种实际的（若非知性的）文化坚守，都把文化视为"神圣的树林"（Eliot 1921）。哪一个政府、大学、城市、银行没有自己的艺术收藏，不赞助音乐厅，不办文学奖？这是你判断赢者的标准。如此，华丽的文化设施遍及全球，直到雄心勃勃的国家如中国。从2001年加入WTO到2008年承办奥运会，中国对文化基础设施的投入令人震惊，法国人设计的国家大剧院自然是顶尖的华丽大厦。

本书的目的不是为高雅文化和通俗文化决出高下（这个论题上的文献已经很多）。相反我们提到，文化的神圣化时期难以融入知识领域；在这个语境中，我们提倡重构文化进化的概念。在这里，从一匹马（文化）跳上另一匹马（进化），奔向达尔文的日落，那是不够的，我们不会只和进化生物学家、人类学家、语言学家、心理学家等一干人马一路狂奔，因为他们的文化构想固然是进化的，但并没有承载文化版本中重要的"思想和言论精华"（阿诺德）或"伟大传统"（利维斯）：质言之，这个重要的文化要素就是，通过分析身份、社会性和人性在变革世界里的地位，致力于理解并贡献表意功能的生产。因此，我们的文化科学路径仍然对"作为价值的文化"感兴趣，不过它要考问，什么样的表意功能出现了，文化如何变化？重要的是，文化是用来做什么的？因此，艺术与进化对立就没有必要了，文化与文明、诗歌与科学的对立也没有必要了。科学研究和艺术创作的历史是同样的历史；C. P. 斯诺[1]所谓两种文化僵局制度化的说法固然受人尊敬，却不准确（Edgerton 2006: 197-202），这个制度化的问题是文牍主义问题，而不是知识问题。

那么，如何才能调和两种文化研究路径，如何使继承文化批评的和

---

[1] C. P. 斯诺（Charles Percy Snow, 1905-1980），英国作家、物理学家，代表作有小说《陌生人和兄弟们》（11卷）、论著《两种文化与科学革命》等。

继承科学的文化研究调和起来呢？如何促进知识领域的一致性，并理解文化在知识增长里的作用呢？答案是尝试文化和科学的"思想史"路径，这个路径能相当快地显示，这两种系统虽截然不同，而且都意识到自己的边界，实际上却是共生的，相互绞结的；比如，艺术能生成科学（康斯坦丁·齐奥尔科夫斯基①发明火箭是受凡尔纳②的启发），科学能生成艺术（如本书第一章对威廉·戴斯"佩格韦尔湾"那幅画的审视），更重要的是，艺术和科学都尝试解决同样的知识问题。为了从"两种文化"的分野转向两种文化的"一致性"，那就要超乎一种立场：放弃以前的文化研究。亚历克斯·梅索迪（Alex Mesoudi 2010：9）的文化进化研究的"知识树"图示似乎就持这样的态度，因为他这个图示没有纳入"文化研究"，也没有纳入任何人文本位的知识。贝德纳和佩吉（Bednar and Page 2007：65-66）似乎也持这样的立场，他们把文化称为纯粹的"欠理想的行为"（suboptimal behaviour），因偏见性习惯理念而没有达到理性的选择。

我们所需的真正的一致性是这样的研究路径：承认文化是知识增长的一部分，针对科学把知识简约为"理念"或"信息"的不令人信服路径，加上表意功能。如此，针对意义进化的文化科学研究路径将在以下基础上展开，我们将这个基础称为十大推荐标准。

第四节　表意功能进化的逻辑展开：众智推荐的十大步骤③

（1）表意功能的社会生产遵循的原理是：作为意向系统的行为体（简言之，有目的、有行为能力的个人；但并非实体化的"灵魂"或

---

① 康斯坦丁·齐奥尔科夫斯基（Konstantin Tsiolkovsky，1857-1935），俄罗斯火箭专家，著《利用喷气工具研究宇宙空间》。

② 儒勒·凡尔纳（Jules Verne，1828-1905），法国小说家、科幻小说之父，著有《地心游记》《法国地理》《伟大的旅行家和伟大的旅行史》《气球上的五星期》《地心游记》《漂逝的半岛》《八十天环游地球》等。

③ Recommendation（推荐）这个样子古怪的单词并不是我们生造的，它是网路上"众智"（wisdom of crowds）生成的，用以描绘网民在既定语境下的推荐。——原注

"思想")做出的有意向的行为。这样的行为体构成群体（比如公司）。①

（2）这样的行为体通过各种意义网络和基于时间的相互作用而彼此联系，并生成表意功能：它们在媒介里共生，媒介同时表达身份、社会性和意义这三个维度。表意功能这个产物不仅是内在的、主观的信息过滤，以及将信息转化为意义，让行为体的知识和行为有所依托；而且，这个产物还是外在的、客观的：可以被"阅读"，"解读他人的表意功能"是我们这个物种的特殊才能之一（与此相关的是大容量的大脑、漫长的童年、非亲属的关爱，以及为生存而必须的社会行为）。

（3）这个生成力（productivity）以及"阅读"生成力的能力是系统里的所有行为体共享的，不会仅限于"精英"或"才俊"，这是种群层次的能力，而不是个人层次上的能力。

（4）反过来，无论"生成意义"的能力或"生成金钱"的能力，都配有技术装备，都通过"可读的"网络、语言、媒介、仓储和惯例运行，这些运行的管道是多种要素的组合，要素则包括"人造物、社会物和精神物"（artifacts，socifacts，mentifacts）（Huxley 1955：10）。

（5）技术包括体内技术（somatic technology）（动因系统内的技术，比如语言）和体外技术（外在化的技术，比如工具、图书馆）；用理查兹（Richards 1936）的话说就是"非生命体间的"（interinanimated）技术，像约翰·多恩诗歌里情人肉身和非肉身同步的"灵魂"（用卢曼的话说就是，灵魂的"观察意识"与行为结合的能力）。

（6）行为体的意向、系统的生成力和产物的可读性，加上技术辅助的过程，通过行为的"累积序列"（cumulative sequence），结果就产生大致普遍的规则或惯例（即 Huxley 所谓的"社会物"），包括语言惯例。

（7）这些规则组织新颖性（newness）的浮现、估价、采用或弃用、保持或社会化（贯通种群的分布）。

---

① 行为体可以是物，如行为体-网络理论（如 Latour 2005）认为，非人行为体起作用（因此，技术能称为行为体）。这个理论挑战意向性，因为非生命系统固然能自创生和进化（又是技术），我们却不能以通常的方式被赋予其意向。尽管如此，作为行为体的人能在没有意义的情况下行动（如在无意为之的情况下成为灾难的行为体），所以意向性的"动因"是不能夸大的。

（8）反过来，这些规则需要注意作为创意过程的动态、变化和选择，在此，时间之箭（线性因果关系）和反馈回路（非线性因果关系）在任何一点上互切。这种动态管束或调节的过程就是所谓的"自通信"（auto-communication）（Lotman 1990，2009），换言之，这就是系统和文化的自描绘（self-description），自描绘使通信具有自反性和回归性（在自身基础上建构），因而是能够稳定的。

（9）结果就是那套不稳定的安排，称之为文化。文化是有意义连接的非亲属群体（我们称之为亚部落——见下一章）的特性。

（10）因此，文化是知识，是意向系统输入个人行为体的知识。文化的湮灭与生物学里的灭绝不是同样的过程——文化最初被利用的方式逝去很久以后，文化形式仍然可以被用作创新的资源（Lotman 1990）。

应该注意，一个瀑布似的下行逻辑贯穿这里列举的十大步骤：没有第八步就不可能有第九步，第九步不是这个逻辑过程的终点，因为这里有一个回馈机制。我们在这里想要强调瀑布似的下行逻辑：在稍后的部分，我们计划介绍一些新术语（请注意以后各章的标题）。这些术语将进一步阐明文化与群体的关系，以及系统的互动。在这个阶段，我们只尝试提供文化"模型"：文化是生成新颖性的过程（第七章）。在这里，我们既有别于文化研究的"高"文化路径（其重点是作为遗产的文化），又有别于迄今为止的进化论路径（该路径是行为主义的，而不是基于知识的）。我们的文化概念试图解释横跨生物学亚部落的新颖现象的浮现，并解释表意功能在知识增长和分类里所起的作用。

第五节 联通的大脑和外化的知识

高文化路径只对个人才俊感兴趣；进化论路径对个人毫无兴趣，只对种群感兴趣。我们把握目的明确的动因与分子系统的张力。这样做的合理性在于外在论概念，外在论能解释人的结群性，使分析的注意力离开"个人因"（individual-as-cause），转而考虑"系统因"（system-as-cause）。结群性使韦德雷和斯塔克（Vedres and Stark 2010：1152）所谓的"交织的世系"（interwoven lineages）能跨时间（实际上是跨代）传承，结群性凭借的是动态的"交织"过程。如果只研究个人行为，这个"交织"过程是看不见的。韦德雷和斯塔克把"识别历史网络数据模式的能力"应用于"低层次制度化现象的研究，这样的例子有社会运动、新兴产业、新科学思想流派或文学思潮流派"（2010：1185），我们推广他们世系交织的理念，拓宽松散制度化的群创知识（group-made knowledge），借以把作为革新的文化（culture as innovation）包括在内。

至于大脑，外在论认为，不是个体的大脑产生网络，而是网络化的大脑产生个体，这一理念直接来自（大脑的）进化论生物学，又与（网络的）复杂理论结合。进化生物学家马克·培杰尔（Mark Pagel 2012：12）把"围绕一个身份组织起来的一群人"称为"文化生存载体"，不过，人们更熟悉的术语是"部落"（本书偏爱用的是"亚部落"：见下章）。培杰尔指出，人的"性向"是组成群体，这一现象始终贯穿我们的进化史。他说："思想的积习难以摆脱，我们总是认为，我们是进化过程的主要玩家，基因不是进化的主要玩家，实际上你的肉体没有在你的后代身上复制；他们复制的是你的基因。"他接着解释说，人类实际上进化出了比人体更复杂的载体：

> 我用"文化生存载体"（cultural survival vehicle）这一术语，意在把握这样一个理念：在进化过程中，人这个物种以社会、部落或文化的形式建构了第二个身体或载体，这个载体伴随他的肉身。和我们的肉身一样，这个文化载体用一层保护膜包裹我们，这层保护膜不是肌肉和皮肤，而是知识和技术——它赋予我们语言、合作机制和共享的身份。（Pagel 2012：12-13）

在培杰尔看来，文化是人的身份的驱动力，文化是这个过程的结果，而不是其动因。而且，承载我们身份的现象位于个人的体外：身份构造的要素是语言、合作、知识、技术、群体关系与互动，身份不是走在这些要素之前的肉体的东西。方法论个人主义错在把这个过程和关系颠倒了。维布伦①把理性的理论个体称为"自足欲望水滴"（1898），很传神，这样的个体只不过是文化的载体。

此外，一旦踏上文化进化的道路，多半的进化都独立于个体。布莱恩·亚瑟（Brian Arthur 2009）的证明引人入胜，他认为，技术也"自创生"，对以前的技术要素进行组合（或"编织"），组成新的更复杂系统（亦见Ziman 2000）。技术的"自创生"需要行为体，所以他举的例子是，喷气引擎里必然有弗兰克·惠特尔②的大名，但惠特尔发明里的每一个要素早已是另一种技术里的成分，那是已有技术库存里的成分。进化的是技术，不是发明技术的天才。

我们严肃看待社会性（达尔文认为建立在"同情"之上的"本能"），人脑的容量和复杂性通过社会性增长，人群也通过社会性增长，人脑和人群的增长是人类适应快速变化环境的一部分。这样的适应使人能合作，在想象力和技术上进行合作（Dunbar 1998；Boyd and Richerson 2005）。有一种机制使这样的特质经受自然选择的考验而存留下来。这一机制可以用功能来表述：进化生物学家指出，人要合作才能延长童年期（他需要童年期以便在出生后让头盖骨发育）；才能催生狩猎队（7人似乎是神奇的数字）；才能使我们大容量的、狂噬能量的大脑发育（Konner 2010；Bowles and Gintis 2011）。这些庞大的网络似乎很适应社会性的需要——社会性的需要有学习、心智理论（理解他人意向）和语言。通过这些社会性需要，达尔文所谓"怎么估计也不过分"的特质就更容易表达了；这个特质是"对赞扬的喜爱和对抱怨的恐惧"。反过来，这个特质可以解释为这样一种机制：把社会性灌输给人类，人类生存所需的是群体，而不是个体；是决策（觅食）和繁衍（育婴）；是用一种交流方式（语言），语言承载文化交织的知识；以及个体"高成本的信号展示"（性展示）；如此，社群"赞扬或抱怨"就恰到好处，社群怀疑的能力要

---

① 索斯坦因·维布伦（Veblen, Thorstein Bunde, 1857-1929），又译凡勃伦，美国经济学家和社会学家，制度学派创始人，论商品供给和创造利润之间的根本矛盾，著《有闲阶级论》《企业论》等。

② 弗兰克·惠特尔（Frank Whittle, 1907-1996），英国航空工程师、发明家、喷气推进技术先驱。

胜过吹嘘和欺骗,却又不过分以至于错失有希望的新奇事。这样的奇迹只能靠外化的大脑(知识网络)来完成,群体要了解自己以及自己表意功能的资源。

马克·培杰尔认为(2012:38),"社会学习"是关键的概念。为了强调其重要性,他不仅指出人模仿他人和动物行为的能力,包括人与乌鸦共同的模仿力(乌鸦的模仿力无疑被低估了),而且指出其他两种更富活力、给人更深刻印象的能力:(1)我们有模仿新现象的能力(我们能模仿未曾邂逅过的模式);(2)我们能在此基础上改进("模仿"有创新)。这些特质被分离出来以后,我们就容易明白,"社会学习"不仅是遗传规则、规范等传统的内化,而且是有趣、创新和竞争的过程;一定程度上是对世界及其变化的好奇("有什么新东西?"),一定程度上是社会上胜人一筹(凡是你做的事情,我都能做得更好),一定程度上是革新("先着一鞭"),一定程度上是闹着好玩(Hyde 2008)。你不仅模仿工具(更好的箭头:Mesoudi and O'Brien 2008)、舞蹈(如鸟叔范儿)、新异的时装(如本时尚季的"样子")或理念;你还寻找角度、敲磨棱角,直到你的工具更锋利、轻巧、更适用,更使你赢得赞扬和声誉(如今的赞扬和声誉已被抽象并转换为普世的价码"语言")。

群体还想掩藏自己的私密,不让外人知道,自己特有的东西很好时尤其要掩盖。在文化里,进取性"借鉴"的防御性保密是司空见惯的。在经济里,预防模仿商业秘密和专利权以求理念或工艺的利益最大化,这就是所谓的"寻租"(rent seeking)。在这两个领域,秘密的泄露已成积习;模仿并改进已成地方病。这可能导致风格上的"军备竞赛",但在系统层次,这个过程也有用处(有生产力),成为竞争性的实验。一个人能暂时"通赢"(大多数玩家输掉大多场游戏),但群体采纳并维持"创新、改进"的理念,将其视为通用的知识。"自然选择"(靠浪费机制)和"性选择"(靠高成本的信号机制)在社会学习里交会,受益的是群体(公司、亚部落或文化)。

这一洞见强调在社会网络(或群落)中学习他人、模仿他人,如今被用于市场营销,势在必然(Earls 2009),然后从营销重新引入文化理论和进化理论（Bentley et al. 2011），营销遂成为"应用"文化科学最早的领域之一（Ormerod 2012）。

因此，文化科学认真看待进化生物学，接受智人拥有"外在化"身份即外在化大脑的概念。大脑本身进化，以应对复杂的相互交流，不仅是为了合作狩猎，而且是为了照料非亲属（因为童年期很长），为了社会学习，为了适应新环境；人类终于走出了那个特化的非洲小生境（niche），获得了在全球生存的能力。这一步使人类最终遍布不同的地质、生态、历史地域，人类就是在这些地域里进化的。如果没有外在论概念或"联通的大脑"，如果没有这一概念从群体知识演绎出的身份，上述一切都是难以解释的。如果没有进化的核心文化单位，即我们所谓的亚部落，用多普弗和波茨（Dopfer and Potts 2008）的话说，亚部落是"中观"现象。文化造就亚部落（有意义的群体），亚部落创造知识和个体。在下一章里，我们将解释，这一创造过程是如何运行的。

第三章 亚部落：普遍-对立的群体属性（"我们"与"他们"）

> 万物是然，因其已然。其所以然的方式并非始于吉尔伽美什史诗（Epic of Gilgamesh），而是要早得多：我们进化成为制作艺术和讲述故事的动物时，这一方式业已滥觞。
>
> ——Brian Boyd 2008

本章论述文化科学最基本的主张之一：文化是群体形成（group-forming）的一种机制，是人创造所谓"亚部落"的手段。本章就解释和阐述这个术语。我们的路径是追寻外化脑群体形成的概念问题，我们探索中观概念在一个特定实例里如何起作用。文化如何发挥群体形成机制的作用呢？为了回答这个问题，我们集中讲一个重要的元素：讲故事（Boyd 2009；Boyd et al. 2010）。这不是文化在群体形成中的唯一方式（儿童在这个过程中的角色将在第八章"浪费"里介绍），但讲故事的确突显语言如何采用具体的、有组织的形式。在这里，讲故事的形式建构了社会组织（polity）这样的政治叙事。这些形式实现了一个重要的文化功能，那就是区分"我们"（"我们"社群或亚部落）和"他们"（外在的竞争性群体），而且使这一区分富有意义。

第一节 故　事

故事力量强大，远超虚构、神话、假装、童话或娱乐所能暗示的力量：故事使人成群结队去慷慨赴死。故事就像黏合剂，使人们为特定目的而结为一体,只有在亚部落的层次上,这样的目的才有道理,虽然它们可能会危害个人,但个人却甘愿为了群体的福祉而追求之。和特洛伊木马一样,一些故事寓于我们之中,表面上是神奇的馈赠,对不警觉的人而言,却掩盖着潜在的致命前途。

因此,我们追问为何断言"文化造就群体",办法是遵循一条特定的叙事线索:赞美战争,将其作为对民族特性的考验;更准确地说,利用政治叙事来确立战争考验的思想。我们的重点是讲故事,而不是讲战争本身。我们向着经验的特效性再跨进一步,办法是借用边际的但创新的"数字故事"(digital storytelling)形式,来研究这些问题(Lambert 2006; Meadows and Kidd 2009; Hartley and McWilliam 2009; Lundby 2009; Thumim 2012; Chouliaraki 2012)。从这个视角去审视,我们就可以瞥见,表面上神奇而迷人的故事实际上可能是我们头脑文化城堡里埋藏的特洛伊木马;史学家、教育家、媒体和国家等主流的机构给我们讲故事,这些故事说的是我们的英雄主义、国民性和成就。我们关心的是讲故事创建群体的用途,也可以称为"使用者创建公民身份"(user-created citizenship)的用途(见第五章"公民");不仅仅是为了自我表达,而且是为了围绕某种公民行动主义创建"我们"群体或亚部落。

第二节 亚部落

我们借用古希腊语的"deme"(造特洛伊木马的人),这是希腊阿提卡人里的一个种群,雅典公民身份以其为基础(Hornblower and Spawforth 2005)。"deme"也是生物科学术语,指的是一个物种比如智人里的杂交品种。"deme"这个词把政治学术语"demos"(城邦平民)和可以创建不同特色文化的生物进化种群联系起来(Liu et al. 2006)。

我们想要探索故事在创建人类政治中的角色。故事把群体组织成有象征意义的亚部落或"我们"群体(英雄;主人公),把"我们"群体和"他们"群体(英雄;对手)区别开来,灌输"强烈的互惠意识"(Gintis et al. 2001; Bowles and Gintis 2011),在听故事的人中灌输群体身份意识。故事就这样扮演政治角色。

从长远观点看问题，回溯到群体形成符号指代过程（semiosis）的最古老证据（约公元前 12000 年），我们认为，当代全球文化最熟悉的那种集中化的讲故事机器——基于工业时代指令-控制格式的"主流"媒介，实际上可能构成一种新的特洛伊木马。原因是，把基于地方、小规模亚部落的形式推进到全球无所不包的规模时，实际上呈现出有关"我们"是谁的严重模糊性。数字故事只不过是走向文化微生产过程中的一种新形式，是一个反向运动的例子，使讲故事的机构开放，接纳数字时代亚部落形成的新形式。重要的实验挑战现有的故事，像特洛伊木马一样用敌对的思想入侵我们公民的头脑空间。这个语境下提出的思想可能需要一段时间展开，所以本章的篇幅相当长，因为它把讲故事、亚部落形成、规模的主题交织在一起（一个回归的问题，又见第四章"抛石机"），因为它呈现出一种"结构折叠"（Vedres and Stark 2010），把这些主题联系起来，形成强有力的互惠网络（文化）。

我们认为，数字故事对基于"攻击性狭隘主义"（aggressive parochialism）和"普遍性对抗主义"（universal adversarialism）的政治构成提出挑战（或潜在的革新）。我们稍后将解释这两个术语。故事里的政治叙事如何形成？群体内如何竞争性地传播这些故事，并形成特色鲜明的亚部落？为了透彻思考这些问题，我们将不只一次回到古代土耳其：从最早（陶器前）的石器时代起，经过哥贝克力遗址，再经过稍后（青铜时代）的特洛伊，直到第一次世界大战的加里波利之战。

第三节　自我的创造

数字故事促进自我表达。数字故事运动的特点是"易化工作坊"（facilitated workshop）的生产方式或"故事圈"（story circle），因为它用上了叙事的数字媒介，例子可见于电子游戏；但电子游戏是大众媒介产业，而不是"创客"运动的一部分。数字故事很大程度上是围绕讲故事的人的身份、可靠性和经验组织起来的。数字故事运动给自己的定位常

第三章 亚部落：普遍-对立的群体属性（"我们"与"他们"）

常是与"主流"媒体对立。但讲故事也有政治性，并非党派政治或专业化政治吹嘘的那种政治性，而是较早前"造就社会群体"那种公民意义上的政治性，或者是本尼迪克特·安德森所谓的"想象的共同体"（imagined community）（Benedict Anderson 1991）；听故事的人构成这个共同体的社会圈子。因此，数字故事是一种"自然实验"，本地化数字媒介亚部落进行的实验。它提醒我们注意，大于亲属群的社会群体需要一种构造群体（亚部落或城邦平民）的机制，讲故事就是这样的机制。在这个意义上，自我表达行为是群体形成"政治"叙事的一部分。如此，"受众"（audience）合乎逻辑地应运而生——我们还想证明，历史地看，"受众"先于"市民"（citizen）；讲故事先于社会群体。在这里，我们心里想到的政治叙事不是用来赢选票，也不是用来作决策，而是为了回答深层次的问题：我们何以知道我们是"我们"；"我们"像什么样子；故事能表达什么样的自我，"我们"应该为表达自我做什么。[①]

故事为给定的"我们"社群生成有意义的身份，把社会世界置于有故事情节的世界里，把社会价值注入人物、动作和情节。"我们"和"他们"的身份被人格化为主人公和对手。正反人物在行动中受考验，故事结尾时被确认为喜剧/婚姻，或修正为悲剧/死亡。符号结构和社会结构相互建构（这是文化的功能），换言之，故事必然是关于社会的和关于自我的。两者结合即"社会群体"（比较 Fred Myers 1991：272——"相会即成社会群体"）。政治组织是拥有符号身份的社会群体，在不确定或逆境条件下组织起来行动和生存。这种"我们"社群或亚部落可以小至家庭、"狩猎队"或"单位"（毛时代用语），也可以大至社会或全球规模。媒介化的或讲故事的亚部落或社会群体并不和政治治理组织毗连：语言惯例不同于社会机构。

讲故事可以把主人公及其亚部落放进小于城市、省份或国家的单位，也可以将其放进很大的单位，直到物种、地球或宇宙的规模。现今的数

[①] 我们只给"讲故事"做了较松散的定义，它可以涵盖"讲述"和"展示"的成分，以包括仪式、歌舞和人物、情节和动作；既是社会的也是符号的，亦有视觉成分和听觉/文本成分。——原注

字故事活动似乎丛集在小规模的一端。广播媒介在中级至大规模的阶梯上竞争，典型的是在国家的层次上竞争，如今它扩展至全球网络的竞争。"外极限"（outer limits）的探索由科幻文艺（*Star Trek*；*Dr Who*）、魔幻文艺（*Harry Potter*；*Game of Thrones*）和乌托邦/反乌托邦想象（*Pan's Labyrinth*；*District 9*）去进行。像故事一样，群体围绕"新媒介"构成（Hartley et al. 2013），从一个极端到另一个极端，这样的社会组织或亚部落能围绕许多附属关系形成，这样的关系有别于传统族群-领地的共存。

（一）讲故事是"语言惯例"的演化

在进化生物学领域，"高成本的信号机制"是一个热门的课题。该理论认为，为了性繁殖，竞争的雄性要向怀疑它们的雌性担保，它们的基因潜在品质好。如果它们能维持外表的信号如犄角、眩目的羽毛、劳力士表而不是欺骗，它们就能向雌性担保；但维持这样的外表使它们在能量和风险上都付出很高的代价。再就人的信号机制而言，有些社会科学家认为，语言的首要功能之一（即对语言演化的解释）是监察他人说话，以支撑合作的群体。这一功能把讲故事（语言）和公民身份（大型非亲属群体）联系起来。史密斯（E. A. Smith 2010：232）对这里潜隐的力量做了这样的解释：

> 语言促进复杂的合作，对确立规范至关重要，生产活动的管理和集体产品分配的管理都要规范，借以推动大群体自觉自愿的合作。语言还大大降低了保护和惩罚"搭便车者"的成本，从而大大拓展标准的有条件互惠的范围和力量。此外，符号通信促成集体有益展示和声誉管理的新形式。

赫伯特·金迪斯也强调惩戒机制，认为它对确保大群体合作或"强互惠"很重要（Gintis et al. 2001；Bowles and Gintis 2011）。但语言本身是两面性媒介。凡是能用来说真话的语言也能用来撒谎（Eco 1976）。人要学会分辨真相和"搭便车者",言语和基因(经济学家所谓的"廉价交谈")。人还设计了语言和"语言惯例的代码"以便使过程自动化(比如故事形式、文本常规、类型、语域、行话和机构"语言";又比如带独特功能和特征的法律、科学、传奇)。因此,使用中的语言是社会系统,而不仅仅是抽象的规则,这样的语言必然要开发必要的制度,以"改进交流的效率和准确性"(Smith 2010:242)。

(二)高成本的伤痕讲述诚实的故事

有一种语言惯例是讲故事。讲故事把"高成本的信号机制"从个体的层次转移到群体或亚部落的层次。凡是为解决"集体行为问题"而建立相互认识和相互信赖的群体(见第五章"公民"),都有比其他群体兴盛的优势。艾利克·拜因霍克(Eric Beinhocker)认为,讲故事是人用归纳推理思维的方式:

> 故事对我们至关重要,因为我们处理信息的首要方式是归纳。基本上,归纳是用模式识别来进行的……。
> ……我们喜欢故事,因为它们给我们的归纳思维机器提供信息,为我们寻找模式的素材——质言之,故事是我们的一种学习方式。(Beinhocker 2006:126-127)

注意,这种"思维机器"是"外在的"和社会的,不是"大脑"的特征,而是联通的大脑的特征,需要讲故事的和听故事的两方。故事和讲故事的形式是手段,人借以储存、分配和更新业已获得的知识——故事是一种口耳相传的图书馆系统,在使用(通常包括适应)这个系统版式及其储存的过程中推进社会学习(Lord 1960;Ong 2012)。选择和竞争压力往往能改进学习的手段,借以判定他人(非亲属)的可靠性,决定现象的因果顺序(归纳推理;情节),决定如何跨越时间、距离、世代甚至语言(社会学习)去保存知识。交流效率和准确性的改进,有助于集体行动中察觉和惩罚交流的两面性,这样的改进能解释讲故事的普遍性和形式化，也能解释其魅力。这是一种"语言惯例"，不是个人的发明；我们讲故事，故事也在讲述我们。因此，我们本能地对故事的欺骗性保持警惕——我们嘲笑台上的坏人、脸谱化的人物或公式化的情节；如果要让故事给我们教益或刺激，故事就必须叙述真相，通常粉饰为真实经验的真相。讲得好的故事能揭示主人公（亚部落的人格化）和讲故事者的底层品格；就此而言，讲故事是高成本的信号机制，可能有进化之利：

> 我们证明，诚实的信号机制对群体成员有利，底层品格的诚实信号机制在进化中可能是稳定的，高品质的个人不普遍也不罕见时，这样的信号机制就罕见，信号机制的成本对低品质的个人就多些，对高品质的玩家就少些。（Gintis et al. 2001）

金迪斯等人认为，并非每个人都是"高品质"的人（有些信号是撒谎）；并非每个故事都可信。为去粗取精，故事承载"诚实的信号机制，"这些信号就具有竞争优势。最重要的信号机制是"在场"——能用第一手经验讲故事的目击者或参与者。既然伤痕是难以做假的诚实证据，在讲故事的过程中，讲述者的精神或身体疤痕越多，故事就越好。因为讲述者和听者每次只能注意一种叙事，所以故事也是相互竞争的，也在争夺人的注意力（Lanham 2006）。

这就产生了进化的"军备竞赛"：改进讲故事的形式，引人注意细节，整理反复检验和值得信赖的公式。观察和叙事的真实性本身至关重要（除非那是骗人的故事，Hyde 2008，骗人时，故事本身会通过样式、诗学和元话语信号标示，读者要用另类的方式去"解读"）。听者会分辨，讲述者或主人公要付出什么代价才能使听者注意故事，人似乎很善于分辨花言巧语和难得（代价高）的真实经验，花言巧语的骗子和文学艺术家都利用这样的分辨能力。如此，"军备竞赛"就长盛不衰。许多虚构的人物达到故事设定的目标时，显然已伤痕累累，柯尔律治《古舟子咏》（*Ancient Mariner*）或施瓦辛格扮演《终结者二》（*Terminator 2*

里的人物浑身是伤。他们讲故事付出的代价是故事真实性的保证。

这就意味着，一切故事都在"讲述"故事本身的信息，都含有透露其可信度的信号（或元数据），许多故事讲的是战胜两面性、对抗撒谎人并揭露被掩盖的真相，其道理也许就在这里。讲故事是"军备竞赛"，其道理就在这里。穿过重重障碍去吸引人绝非轻而易举；令人相信的知识被编进了叙事形式和常规，连疯狂的听者都能"区分苍鹰和苍蝇"，怀疑态度和轻忽的态度被植入了听故事的过程。继续不断讲故事的人有更多胜算，新入行的人比如数字故事运动里的业余新手，最好要处处小心。他们的真实经验可能是蹩脚的讲述；媒介神话却面戴着令人信服的人格真实的伪装。

（三）讲故事用作领导才能

监察他人说话的诚信似乎是语言的首要功能，有人说（Dunbar 1998；Bowles and Gintis 2011），这是语言进化早期的驱动力。借助语言，有关他人的信息以及他人在做什么事的信息，就能在代价小的情况下广泛传播。行为进化论者（如 Boyd et al. 2003）将语言视为人类进化的首要资源之一。直立行走（两足步行）、烹饪、说话和投掷的能力使人猿揖别——所谓投掷的能力不止是摆弄工具（乌鸦也会），而是远距离投掷致命物体的力量。金迪斯认为，致命武器的出现尤其预示，群体领袖需要有别于力量的手段。理由是，用投掷物（棍棒和石头）猎杀动物以后，群体里的任何人都能杀死其他人。因此，首领不能只依靠力量，因为猩猩后宫里"统领的男性"也可以被偷袭杀死。因此金迪斯说，这样的等级制瓦解了，所以领导才能要建立在蛮力之外的品格上，这样的品格由语言承载：

> 成功的初民社会群逐渐学会珍惜靠劝服能力而拥有威信的个人。劝服他人靠清晰逻辑、分析能力、高度的社会认可（知道如何结盟、赢得他人的支持）和语言能力。因此，狩猎-采集生活的社会结构有利于大脑功能的进化，有利于身体和精神先决条件的进化，即有

· 41 ·

效的语言交流和面部表情。简言之，致命武器出现后两百万年的进化促成了智人的特殊品质。（Gintis 2012：7）

语言和群体在协调中共同进化，使人类普遍拥有的特性（直立行走、说话、烹饪、投掷）转化为亚部落里抽象的品格，比如领导才能、威望、名气和惩戒力，以及对非亲属的关照；亚部落的人数可多达 600 人，其规模"大于典型的狩猎-采集的原始群，相当于非农业社会的许多族群语言单位"（Boyd et al. 2003）。协调的集体行动有利于整个亚部落："提高认知和语言能力，使领导才能提高；群体里的同伴很乐意让有领导才能的人获取更多的交配权和其他临时特权。"（Gintis 2012：8）。

再者，这些提高了的能力并不局限于内群体（in-group）特权，而且还延伸到更广泛的社会网络中：

> 对于晚更新世和早全新世，我们知道或可以合理推断的情况表明，先民并不生活在封闭的小群体里；在那种小群体里，家庭和自利是社会的长期黏合剂。相反，我们的祖先眼界开阔、有公德心、尚武好战。无疑，他们受益于广泛的共同保险、贸易、婚配等社会网络，也从结盟中受益；如果打赢仗，还从战争中受益。（Bowles and Gintis 2011：222）

我们认为，人类进化过程中的一切转变都通过讲故事而得到提升和稳定，金迪斯将讲故事这种制度化形式称为"劝服能力"。这些转变有：从人体承载的能力到抽象能力、从"蛮"力到霸权式领导能力、从亲属交流到广泛的社会网络交流、从狭隘知识到表征性知识或抽象知识的转变。和其他天然能力比如烹饪或打仗的能力一样，讲故事的才能是任何一种群里随机分布的能力；同时，它又集中在有"发号施令威望"的人中，并为他们服务。讲故事在社会里发展成为一种"语言惯例"，在这里，抽象和符号的价值（如威望、名气和惩戒力）可能被赋予一个住所和名字。金迪斯列举的领导能力的必备条件有逻辑能力、分析能力、知道如何结盟和博取欢心的能力。在晚更新世或稍晚到时候,领袖(政治)和讲故事人(诗人和祭司)的劳动分工出现,讲故事的人赞扬领袖。特殊的群体(吟游诗人)培养、捍卫和改编颂扬领袖的技能(Hartley 2009b)。讲故事的"诗人"专业化,他们把"劝服能力"从领袖身上分离出来,使之发展成为逻辑和话语的熟巧(反过来被学习和传承),听讲者的怀疑、敌视或冷漠遂得以克服。自此,讲故事、逻辑和"劝服能力"就成为国家权力机器的一部分;但它们可以被分离开来,可以被用来反对从一开始就培养它们的力量了。

(四)权力律分布

就故事传播的范围和影响而言,讲故事沿着一条权力律曲线(power law curve)分布,从"赢者通吃"的头部开始到"长尾"(Anderson 2008)。罕有故事抓住每个人的注意力;许多故事吸引少数人。曲线头部丛集的是有关社会群体的故事(我们的群体从何而来,为何重要)和宗教的故事(把群体身份抬升到超自然,回头以更恐怖的形式惩罚骗子和搭顺风车的人)。处在这个极端的还有高投资的社会机构和大公司尤其媒体、教育和法律,这些组织都用一些基本的故事给自己提供合法性,它们的故事和国家、社会组织或亚部落的故事巧合。它们生成少量的、人人都知道或看见的故事(宗教经典;法律形成的故事;电影大片)。

另一个极端是"长尾"。这里丛集的往往是有关自我(身份冲突)、位置(我们的地方;农夫的传说)或迁徙(世界;社会传说)的故事(Buonanno 2005)。在长尾这一端,我们常发现数字故事。

权力律分布(power law distribution)值得一提,因为全球媒体公司讲述的故事和个人讲的故事并不对立;它们分布在一个渐进梯度上。原则上,随着时间的推移,故事和人物能换位。两者的分歧不是敌对的,因为不同的故事对大小不同的群体起不同的作用。简言之,数字故事和主流媒体讲的故事并不对立,而是与之同处一个连续体。即使那个故事像特洛伊木马,在投资、播出时间、民众注意、甚至真实性上似乎要击败地方的媒体或个人,也不要摒弃全球性公司讲述的故事,这一点很重要。诚然,商业媒体的生产与数字故事竞争,但那未必使之成为对手,或带上"他者"的身份。数字故事运动可以靠掌握真实性诀窍("高成本信号机制")展开竞争,同时注意归纳推理和社会学习的要求,以便在具体的"我们"群体里解决重要的集体行动问题。讲故事的两个极端的冲突或张力不在于故事的结构或形式,而是在于故事里想象的"我们"社群或亚部落,在于愿意加入那个亚部落"追随者"的数量。

(五) 传播力竞争

宣传主张或教育工作可能会拒斥商业价值或营销价值;即使在这里,自我表达并不足以达成与他人的交流,这在所难免。为了造就一个"我们"社群,数字故事需要政治性和竞争力,要向社会网络和"社会网络市场"的逻辑和潜力开放(Potts et al. 2008)。讲数字故事的人要充分了解"高成本信号"的游戏,才能用好故事的讯息,去围绕自己的主张"创造一个社会组织"。对活跃的行动者而言,这未必就是受欢迎的消息,因为高投资的商业媒体和基于社群的自我表达是很不对称,这正是"另类"机构活跃的首要原因——它们从产业手里夺回中介功能(mediation),将其在社群里重新配置。但它们调动的社群已经塞满了商业媒体的叙事模式,那是当代公民头脑里装进的文化技术。"人人皆知"故事如何起作用,因为故事的形式已经在媒体里无数次重复,在日常的谈话、游戏等活动里,这些模式已经在不知不觉中无数次重演。时间之箭不能逆转:"我们"是媒介化的自我。"自我表达"需要与媒介竞争,而"自我表达"只不过是从媒介分化出来的一部分。问题是这里的竞争采取什么形式:是非正式的、未经训练的通俗文化习惯比如"自拍"(Nelson 2013)、色情短信,让少数随意的符号像病毒一样疯传呢?抑或是更精致和编辑过的数字故事的竞争呢?讲故事的人和听故事的人都生活在符号环境里,故事必然为争夺注意力而竞争(Lanham 2006)。因此,凡是希望用故事和数字媒介来表达自我、宣传社群的人,都必须超越创客的身份和真实性,去拥抱传播和拓展,即所谓市场营销(Bentley et al. 2011)。

故事需要特色，数字故事需要学习这样的特色；虽然人人都熟悉何谓好故事，但讲故事的技巧是必须学习的——这里的学习是通过促进学习的工作坊的"集体行为"。在竞争性环境里，"真实性"是另一种手法，所以故事必须智胜怀疑态度。数字故事先驱丹尼尔·梅多斯（Daniel Meadows）写道：

> 如果公民个人自己动手拍电视，那就像是在厨房餐桌上闭门造车；他们需要一些必备条件：大型媒体给他们提供了一学即会的形式，使人能清晰表达的雅致的形式。我们应该制作优美的数字故事，而不是糟糕的电视……数字故事其实是来自于人民的多媒体十四行诗，但我们不要欺骗自己说，它们是自然而然长在树上的。（Meadows et al. 2006：3）

（六）"女儿国的预言师"

兹举一例说明卧室博客自媒体走向全球媒体的过程，很大程度上，那就是借用了"能清晰表达的雅致的形式"。故事的主人公是小女孩泰薇·盖文森（Tavi Gevinson）。她的"故事"显示，真实性与传播结合能得到强有力的效果。她11岁时在家里开始写时尚迷博客（thestylerookie.com），用自己的故事为女孩子发声。14岁时，她创办网络杂志（Rookiemag.com），课后打理（仍然把卧室用作办公室和作坊，打磨编发50人的来稿），还编发两本年鉴。15岁时，她发表TEDxTeen谈话，好评如潮[1]；16岁时，在全国巡回讲演，邀同龄人深度参与。17岁时，她走遍全球，比如在悉尼歌剧院和墨尔本作家节讲演。小小年纪就被誉为"女儿国的预言师"，不足为奇。[2]

对搞理论的人、服务商和博主而言，她发起的数字故事运动提出了

---

[1] "还在琢磨怎么做"（2012年4月）时，已有50万用户。——原注
[2] Michael Schulman（27 July 2012），'The Oracle of Girl World'. New York Times：www.nytimes.com/2012/07/29/fashion/tavi-gevinson-the-oracle-of-girl-world.html.——原注

这样的问题：一个默默无闻的小女孩何以能用真实而批判的魅力吸引"女儿国"，引起全世界注意，用自己的故事讲述她这个年龄段的情况，以一己之力重新界定"女儿国"？数字故事运动并没有很重视对泰薇·盖文森的介绍。但她为成就一番事业把自我表征与大规模的数字传播起来的能力，却有很多值得数字故事运动学习的地方。看起来，她的成功不止是机缘巧合。她的才能真实可信，用得好，合乎潮流，利用了身边的讲故事机制和网络技术；她提倡的事业是女权主义，这正是许多鼓动数字故事的团体支持的事业（Şimşek 2012；Vivienne 2013）。在这里，对主流的模仿并不被视为主流的衍生，而是被视为社会学习的一部分，是对革新的激励。

第四节　加里波利登陆战：国民性的塑造

我们从讲故事的传播元素回到其政治元素——讲故事在"塑造社会组织"里的作用。我们认为，自社会组织形成之前至今，塑造社会组织一直是讲故事的首要功能。讲故事始终是数字时代创建"我们"-社群的重要元素，结果就生成一个"数字亚部落"。如上所述，在任何给定的社会里，"建构社会组织"的故事集中在一个长尾分布曲线的首端。结果，这些故事就不是数字故事运动冒出来的那种故事；不过，我们将在下文看到，数字故事能利用或被利用的"社会组织"要素和"个人"要素之间，存在着强大的关联。

最重要的政治叙事是建构社会组织的叙事。这些故事创建于基础神话中，从《圣经·创世记》的亚当夏娃到维吉尔[①]《埃涅阿斯纪》里的罗慕卢斯和瑞摩斯（Romulus and Remus），从希腊人的特洛伊木马到罗马人的布匿战争[②]，从美国人的清教徒移民到 1977 年的《西部执法者》

---

① 维吉尔（Publius Vergilius Maro Virgil，前 70 年-前 19 年），古罗马诗人，代表作有《牧歌》《农事诗》，史诗《埃涅阿斯纪》。

② 古罗马和古迦太基争夺地中海西部霸权而进行的一场战争，共三次，罗马胜出，迦太基灭亡。

(*The Outlaw Josey Wales*)，都可见这样的政治叙事。它们为人类的起源，或一个城市或国家的创建提供缘由。有趣的是（就我们与古代土耳其的联系而言），不列颠的一个早期神话说，不列颠是特洛伊城的布鲁图斯创建的，布鲁图斯是埃涅阿斯的孙子。那个故事在中世纪流行（乔叟①的故事、《高文爵士与绿衣骑士》②）。莎士比亚也将其视为历史（借助《霍林斯赫德的编年史》，1577）。

虽然有远古和神话的源头，推因故事（ethiological stories）仍然十分普遍，它们给某些时间和地址赋予理由和表意功能，借以揭示国民性。连美国宪法也有这样的故事，宣称在文明和政府之前，人类的自然状态就产生了"自然法"，因而"自然法"比文明和政府优先。如此，美国建国之父确定，推翻政府是个人的自然（而不是政治）权利。由于不断地重复，这样的推因故事获得了（口传）法律的地位，在学校、新闻和小说里，从《荷马史诗》和维吉尔史诗到直到晚间新闻和电影，每天都在再造"我们"是谁的故事，建构政治组织或"想象的共同体"。

推因故事一个突出的样式与国庆节活动有关。媒体和公共机构都举行这样的活动，庆祝活动都具有高生产价值、耀眼的象征内容，在民众革命诞生的国家（如法国、俄国、中国）或移民为本的社会实验（如美国、澳大利亚），庆祝活动尤其令人注目。移民国家没有神话源头，例外只见于其原住民中，但原住民通常被排除在国庆活动之外。因此，移民国家更有理由为现代神话传说而感到骄傲，更有理由将其作为夸张展示的课题。

以澳大利亚为例，官方的国庆日是1月26日，纪念英国船队1788年在悉尼湾登陆的日子（船队送来的流放犯人在此建立殖民地）。作为过去的基本事件，那是颇有争议的。土著人将这一天称为"入侵日"。③作为夏天公共假日，国庆日和海滩文化相联，而不是表达对宪法的崇敬。

---

① 乔叟（Geoffrey Chaucer, 1340–1400），英国文学家奠基人、诗歌之父，著《特洛伊拉斯和克莱希德》《公爵夫人之书》《坎特伯雷故事集》等杰作。
② 14世纪亚瑟王和圆桌骑士的传说。
③ Peter Gebhardt（2013），'A national day of shame'. *Sydney Morning Herald*, 24 January. ——原注

正如2005年的"克罗努拉骚乱"所示，澳大利亚海滩文化可能突然成为冲突的舞台，那是围绕民族身份的冲突，包括种族主义和挥舞各种旗帜的身份，目的是排斥移民文化（Hartley and Green 2006）。非英语社群普遍忽视国庆日，国庆日庆祝活动在他们中间不明显。但从宪政来看，澳大利亚国庆日定在"错误的"日子。"澳大利亚联邦"是1901年1月1日成立的，不是1月26日成立的。经过英国议会的法案、英国女王的声明和6个殖民地的公民投票，澳大利亚联邦成立了。

难怪，土著民族从澳大利亚国庆日得到的有关民族源头的感觉是混乱而贫瘠的。近年，国庆日在这方面的重要性被澳新军团日（4月25日）遮蔽了。在这里，自20世纪90年代以来，自己动手的民族源头神话的强烈意识高涨起来。一个流行的亮点是每年的加里波利朝觐之旅。①目的地是土耳其的一个半岛。1915年，法英联军（含澳新军团和印度人）进攻加里波利，战败。8个月后，四面受敌，伤亡惨重，被穆斯塔法·凯末尔·阿塔图尔克②统领的奥斯曼军队击败。他是现代土耳其共和国建国之父。

几十年来，这个原本不太可能的背景成了澳新民族记忆的最重要日子。正如它遮蔽澳大利亚国庆日一样，它也遮蔽了休战纪念日③。和休战纪念日不同的是，澳新军团日是公共假日，黎明时分全国各地和加里波利就开始举行纪念活动。

这一天的纪念活动比一战老兵健在时还要流行，纪念活动常常吸引成千上万的人。加里波利的朝觐之旅尤其受背包客等年轻人欢迎，它似乎是自我实现的圣地，也是成年的"通过仪式"。在这个方面，朝觐者的动机可能与澳新军团老兵的动机截然不同，当时的招兵策略可为参照。新南威尔士州征兵委员会招兵传单的首要招兵"待遇"是"免费英国游和欧洲游——生平难得的机会"（Larsson 2009：36-37）。1914-1915年

---

① 1949年以前没有澳大利亚公民，只有英国臣民。土著人到1967年才成为公民。
② 穆斯塔法·凯末尔·阿塔图尔克（Mustafa Kemal Atatürk，1881-1938）土耳其革命家、改革家、作家，土耳其共和国缔造者，土耳其共和国第一任总统、总理及及国民议会议长。
③ 休战纪念日（11月11日），1918年第一次世界大战停战纪念日。

第三章　亚部落：普遍-对立的群体属性（"我们"与"他们"）

大兵团"旅游"的意思是加入澳大利亚皇家军去参战。标准定得不高：男性，18岁至45岁，身高5英尺2（1.5米），"能扩胸至33英寸"（84厘米），凡是够格的人都能"享受这一特殊的待遇"。唯一暗示"海外服役"（不提战争；不提敌人；不提"事业"）负面因素的是阵亡伤残抚恤金列表。

这个"免费游……生平难得的机会"的推销辞旨在吸引今天去巴厘岛①旅游的那种人群吗？如果是这样，今天的加里波利朝觐者就可能是澳新军团名副其实的继承人。澳新军团湾吸引大批参加音乐节活动的游人，他们安营扎寨，身裹国旗，等待黎明时分庆典。不久前，一位史学家忘记了，当年澳新军团人正是为了这样的冒险，所以他批评澳新军团湾的纪念活动像"大节日"——澳大利亚夏日摇滚音乐会。他抱怨，"官方的庆祝（2005年90周年）包括流行乐，激起众人舞蹈，成双成对的人在墓地搂搂抱抱"。②他担心，2015年百年纪念的"前景可能是挤爆激动的乐迷，而不是凭吊的人"。

今天民主的行为（和专家的神经质）可以用政治叙事来解释。这个故事已被许多人内化（澳新军团踏上"壮游之旅"时，尚未完成这样的内化），故事有鲜明的民族意识，是在战争的磨难中锻造的。事实很惨，故事却辉煌：那场登陆战只不过是次要战事，更多澳大利亚人死在西线；建国是在1901年。故事（讲国民性）胜过了现实（军事、法律和政治的现实），③根本不提澳新军团及其家人付出的"精神和肉体"的持久代价（Larsson 2009：17）。

自然，澳大利亚新闻媒体每年都在场，报道加里波利等地的纪念活动；向公众宣传纪念故事，通过自编自导的仪式去庆贺传说中的国民性；民众分布广泛，民族歌舞会却是同步的。在宣传国内和土耳其的澳新军团日活动中，报界扮演了重要的角色，这和《澳大利亚人报》（The

---

①　印度尼西亚巴厘岛，今旅游胜地，巴厘岛民风淳朴、能歌善舞。
②　King, J.（20 April 2013），'It's Anzac Day—not the Big Day Out'. Sydney Morning Herald. ——原注
③　前总理保罗·基廷（Paul Keating, 1944）2008年曾层批评这一倾向。他说："我们仍然假装，国家因加里波利登陆战而再生，甚至在那里得到救赎：一派胡言。"——原注

Australian）的老板不无关系，鲁珀特·默多克①的家族和这些时间有关。当时，他的父亲吉斯·默多克（Keith Murdoch）是年轻的战地记者；他不顾军事审查，向国内发回报道：接二连三吃败仗，英国政府官员来去匆匆（Knightley 1975；Fewster 1982）。他的报道确立持久传说的要素：以生动的细节指控英国（参谋人员）的无能和澳大利亚军人的英雄主义（普通士兵）。英国报界最近有一篇重要的报道：

> 吉斯·默多克在加里波利战役中的角色并非没有争议；他私下传出的信息多半是第二手材料，提供材料的是《每日邮报》（*Daily Telegraph*）记者埃利斯·阿什米德－巴特利特（Ellis Ashmead Bartlett），而巴特利特是该战役最坚定的批评人。默多克私下传出战区报道的计谋被人出卖，他就到澳大利亚驻伦敦高级专员的办公室坐下来口述，把长达8000词的回忆用书信的形式发给澳大利亚总理安德鲁·费希尔（Andrew Fisher）。澳大利亚作家菲利普·奈特利（Phillip Knightley）写道："这份文件令人震惊，恐惧、事实、夸张、偏见和最伤感的的爱国主义混成一团，向英军参谋部提出最具毁伤力的指控……许多是不真实的。但指控的基础——加里波利远征有遭致灾难的危险——是正确的。"②

这个加里波利战役版本是，老默多克是勇敢揭秘的战地记者，他绕过（英国）审查、报道真相——这就是加里波利战役的基本意义。对加里波利传奇造成重大影响的另一个人是查尔斯·比恩（Charles Bean, Seal 2004）。他率先发表意见，并通过第一次世界大战的历史巨著确立澳大利亚建国的背景。他说，"澳大利亚的国家意识诞生于"1915年1月

---

① 默多克（Rupert Murdock, 1931），新闻集团的主要股东、董事长兼行政总裁，先任记者，后经营出版和报业，建立了横跨几大洲的庞大的传媒帝国。

② Burrell, I. (16 October 2013), 'BBC unveils the star of its First World War anniversary coverage-Rupert Murdoch'. *The Independent* (UK). ——原注

25日。①比恩决心报道他的见闻,但他的目击带上了有色眼镜的影响,他用问题的形式表现他的追求:

> 这个民族完全在和平环境下成长,只有强大的英国传统,以及男人与天斗所必需的自律,此外别无其他训练。这个民族……如何回应至今尚未认识到适宜生存的最严峻考验呢?②

对比恩而言,答案已然彰显:"适宜生存"是"民族性"赋予的。1918年,他写道:"澳大利亚在战争中成就的大事是发现澳大利亚人的特征。使澳新军团冲上加里波利山坡、坚守阵地的是澳大利亚人的特征。"比恩着手创建澳大利亚战争纪念馆,他本人是加里波利的第一个战地记者,稍后又到西部战线采访,因而进入这个纪念馆。不过,确定加里波利意义的不是比恩,这个荣誉属于埃利斯·阿什米德-巴特利特,是他把战地素材交给默多克,向英国和澳大利亚报界披露战事的真相。③比恩战地日记里第一段话指的就是阿什米德-巴特利特:

> 战地记者为公众对大多数战况的了解负责……如果我知道,那样的事没有发生,我就不能写,那已经发生,即使那样的描绘能使人热血沸腾、心跳加速——无疑,这里的军人值得让人们热血沸腾。然而,战地记者都习惯于夸大战斗里的英雄主义,结果反而是,人们没有意识到,真正的作战行动就是壮举。④

阿什米德-巴特利特受雇于伦敦的《每日邮报》(*Daily Telegraph*),

---

① C. E. W. Bean, *The Story of Anzac*(1921), cited in the *Australian Dictionary of National Biography* (1979). ——原注
② Ditto.
③ 17 Ashmead-Bartlett's story, as published in the *Sydney Morning Herald*, 8 May 1915, is reproduced in full in Seal (2013), 23-30. ——原注
④ Charles Bean, personal records, "Ashmead Bartlett and a crisis", item 892, 3DRL/6673, Australian War Memorial 38. ——原注

任协约国首席战地记者（Fewster 1982；Knightley 1975：100-103）。他挖掘战地新闻，拍摄的电影成了唯一的战地记录片。稍后在战争期间，他带上战地日记和纪录片，在美国、澳大利亚和英国巡访。澳新军团的传奇似乎是他造就的，史学家早已认可这一功绩：

> 无疑，阿什米德-巴特利特对澳新军团传奇产生的影响更加重要，胜过任何人，决定着讲述传奇的方式……如果这次登陆作战要得到值得外界的承认，它就需要天才的观察家把这里的故事向外部世界传播……任何传奇的精髓都寓于它讲述的故事中，也寓于它描绘的事件。凭借他的笔记、电影和讲演，埃利斯·阿什米德-巴特利特塑造这个传奇并使之制度化，发挥了重大作用，这个传奇已经并将继续代代相传。（Fewster 1982：30）

在加里波利相聚的澳大利亚人未必听说过阿什米德-巴特利特，但他们来这里是为了纪念他讲述的故事。他们不是首批觉得故事而不是事件表征自己情感的人。即使参展的澳新军团士兵也意识到，阿什米德-巴特利特是他们的民族"诗人"（Hartley 2009b）。一个士兵深受感动，在《澳新军团纪念册》（*Anzac Book*）（比恩编辑，1916年，伦敦）上留言：

> 我肯定，未来的人将教诲子孙后代，澳大利亚不是探险家库克船长发现的，而是战地记者阿什米德-巴特利特发现的。

澳大利亚适宜生存的国民性在1915年经受了考验，这或许揭示了澳大利亚人真实的特征，但如果没有人讲这个故事，谁也不会知道自己的国民性。这个故事承载着知识，而不是事迹；承载着"建构社会组织"的传播者，而不是亚部落成员的行为，无论那行为多么真实或勇敢。

第五节　爷爷辈——没有故事的故事……

(一) 约翰·哈特利的外公：普通士兵的故事

过了几十年我才意识到，我本人（哈特利）和加里波利有关系，但并不是因为它在英国叫"达达尼尔"；在那里，加里波利和澳新军团的关系不大，和温斯顿·丘吉尔（1915年英国海军大臣）关系大；他大胆策划达达尼尔（加里波利）登陆战，为战败承担政治责任。我的外公曾在那里参战，但他不是澳新军团的战士，他为"那一边"的英国而战，但他不是阿什米德-巴特利特和默多克讨厌的那种英国人，不是无能的上层阶级军官。他是普通一兵（军需军士），稍后才根据陆军服务团的传统晋升为上尉。他可能与澳新军团有关系，因为他保存了一本1916年的《澳新军团纪念册》，现在由我收藏。

我的外公名乔赛亚·亚瑟·巴恩斯（Josiah Arthur Barnes），住泰晤士河南岸的小镇萨瑟克，莎士比亚的环球剧场就在那里。他在芒特普莱森特工作，那是帝国最大的邮件分拣中心。他战前是邮政志愿兵（本土防卫自卫队），战后回到邮局，1919年最终成为邮政工人东中部的分拣干事。毕其一生，他是地地道道的工人阶级，既有志向，又肯合作，终生读比较激进的《雷诺兹新闻报》（*Reynold's News*），但不搞激进的行动，不是社会主义者。他年届70以后，我才对他有所了解。他打草地滚球（我保存着他的奖杯），饮茶不用茶杯，而用茶托（"让茶凉"），用军用咔叽手巾擤鼻子，养一只独眼龙北京哈巴狗，取名"瓶子"。

如果你说他"参战"，那会使人误以为，他是特洛伊英雄的后裔，因为他只是在陆军服务团服役，陆军服务团只负责运输给养和后勤以及邮件。一家"1914-1918网"做了这样的介绍：

>　　巅峰时，陆军服务团规模惊人，有军官10 547人，士兵315 334人。此外还有数以万计的埃及、中国和其他土著的劳工、担架员和

仓储员，听陆军服务团指挥。这个庞大的组织对军队作战至关重要，然而，官方的战史只4次提到它。①

看来，军队的协调行动不一定产生"民族构成"的故事；军方和史学界都没有记住30余万士兵的贡献。军队作战，不能没有组织、运输、后勤、食品和通信（见图3.2），但提供保障的士兵出错时就要承担责任。我的外公保存了一份《达达尼尔委员会最终报告》（1917-1919：81-82），这是政府调查战役失败的正式报告。外公去世后很久我才在一个橱柜顶上发现它。我纳闷，他为何长久保存这个报告。这会透露有关他的什么信息吗？我翻到"邮政服务"那一章。专员们痛骂"有些邮政人员的轻忽或愚蠢"（说的是他吗？），他们提到，陆军服务团邮政部投递的"包裹有很多被劫"（说的是他吗？）。终极报告提到许多丑闻：包裹毁损、未投递、延误、误投（第81页）。报告指出，"信件的数量猛增到每周1 000 000件"，每周的包裹多达90 000件，最后断言，邮政局和陆军服务团包裹部都要对"失误"负责，但同时又说，"我们认为，总体上不该责备组织和执行邮政服务的人员"（第82页）。②

无疑，这里有一些令人吃惊的故事，英雄们投递了3000万邮件，把英国、法国、澳大利亚、新西兰、埃及和印度亲人邮寄的邮件送达军人的手里，且不说为敌军服务的邮件。然而迄今为止，英雄们默默无闻，至少官方没有歌颂他们的功绩，因为"没有陆军服务团纪念馆"。但在《澳新军团纪念册》（1916）里，战斗部队不一样的感觉显而易见：

> 邮件也是镇痛剂。邮件的到来减轻了对生死问题的思虑——使人少考虑打仗和军粮运达的问题。驶进的邮船似乎比给养船大。6个月来，每周都要邮船抵达，但没有人对之无动于衷。③

---

① The Long, Long Trail: www.1914-1918.net/asc.htm.
② "组织和执行邮政服务的人员"指官员；报告"加强团结"，保护官员，把责任推给无名的"普通人"。——原注
③ 'Glimpses of Anzac', by Hector Dinning, Aust. ASC. *The Anzac Book*, 17-23.

第三章 亚部落：普遍-对立的群体属性（"我们"与"他们"）

这个留言者首先说家信："它们使人心飞回家，大约管一个小时吧。"接着，他有提及家人寄来的家乡报纸："读地方报纸时，亲切的念头萦绕心间，家人和地方的联想和家信给人的思念一样强烈。"（Anzac Book，22）最后他提到包裹，寄达的东西"使人喜悦无比，充满期待"。最珍贵的是香烟和食品，他还提及衣物、卫生用品、信纸。

当然，并非所有的包裹都投递成功，许多包裹有破损。署名"匕首字母表"的人让我们了解士兵对军需官的看法——他们推卸责任、打劫："Q这个代码表示推诿的军需官"；"R这个代码表示军需官截留的朗姆酒"（引自 Seal 2013：250-251）。

实际上，我拥有的外公纪念品是他的"战利品"。他在壁炉上摆放着一些凶猛的弹壳（我收藏），据说是从土耳其士兵那里缴获的，证明敌军使用了"开花弹"。他还收藏了战壕艺术品，包括弹匣改做的香烟盒、粉扑盒等，有些盒底镶嵌上6便士的英国银币（上有国王头像），覆盖在弹匣的德语、土耳其语铭文上，表明弹匣的原产地。一件艺术品上的日期是"4月15日"（图3.1）。这些古怪的东西是我能想起外公的纪念品，它们是"无回忆的纪念品"。他去世时我在孤儿院。母亲写信要我为他祈祷——难以完成的任务，因为他入的是英国国教，我是共济会员，妈妈改宗天主教，我住的孤儿院是新教徒办的。我在错误的宗教里为他祈祷对不对呢？显然，妈妈认为没问题，因为她把外公下葬在父亲旁边，那是天主教徒下葬的一角，那块墓园很大，市属，多风。

图 3.1

战壕艺术品——两个德国弹匣做的香烟盒，日期1915年4月，土耳其雷管做手柄；乔治五世头像的6便士银币镶底（Photo：J. Hartley）。

我勉强能记起他的相貌,却记不起彼此深厚的感情。唯一记得起他送的礼品是一个包裹,我10岁时送到孤儿院,神秘,使人激动。打开一看是一双拳击手套。本能地,我把这个"礼品"当作他的责备。他鼓励我当男子汉(礼品清楚表明,我在这方面失败了)。我是家族唯一仅存的男丁,我一定要继承战争的纪念品——以及他那件共济会员的工作围裙。我不喜欢这些纪念品,但我不能扔掉它们,所以就把它们留下来;它们是我不熟悉生活的纪念品,流传下来,却没有多少故事,几乎完全没有意义,对我的女儿而言,它们无疑毫无意义,总有一天不得不决定如何处置这些纪念品。

外公去世后,母亲和外婆也没有讲有关他的故事。几十年以后,我们(我和两个姐妹)发现,外公有两个姐妹。谁知道他的故事?他在战争中干什么?谁也不知道。只留下他在大金字塔前穿军装骑骆驼的几张照片,满脸豪情。他勇敢吗?他战功赫赫吗?他受过贿赂吗?他的战争是"轻忽和愚蠢"的战争吗?我们永远不会知道这些情况。不过,我想有人知道,因为他晚年把他居住过的每一幢房子称为"拉法",这是巴勒斯坦一个城市的名字。在那场战争中,那是他在达达尼尔和埃及战事后最后去的地方。我不知道,他是否参加了1917年1月的拉法之战。澳新军团和乔威尔将军的轻骑兵战功突出。那一仗很艰苦,缺少弹药,军需官肯定发挥了作用;它是皇家远征军进入巴勒斯坦的标志,他把巴勒斯坦称为圣地。也许这就是他的一生。但家人都不知道,因为没有故事流传下来。

我可以把这一切写成一个数字故事。[①]这正是它在本章的结构地位,但这种不完全定型的故事可能与本书样式的机理相悖。若写出来,它告诉你的却是:没有故事。我外公的故事也许能向你表达一点英国"国民性"的信息(阶级分野;小店主众多的国家),但不是遵循公认脚本(杀戮;死亡)路子,他的路子不与复杂系统和后勤的辉煌联系沾光,也不确保面包和家信送达士兵的手里(图3.2)。现有的许多数字故事就

[①] 早些时候曾写过一个:www.youtube.com/watch? v=fIxu33F8r2w。——原注

第三章 亚部落：普遍-对立的群体属性（"我们"与"他们"）

遵循既定的脚本。有些是在校生写的，是关于本地老兵的历史课作业。有些是老兵自己、老兵遗孀或后人写的。我尚未发现任何朝觐加里波利登陆战黎明仪式的背包客写的故事。我研究发现，关于加里波利的数字故事，似乎真有一个预定的脚本：人们确有分殊，身份、经验和家庭各有不同，个人经验会有不同，但故事的模版却是抄袭的。我不能向你讲外公的故事，因为那是另类的故事；他个人平平常常，但没有一个模版适合他的故事。现有的加里波利故事证明，千人抄的版本胜出；人们想要自己的故事符合已有脚本的意义；这是信徒向先辈的虔诚祭献。先辈实际的所思所为并不那么重要，后人需要先辈所作所为的意义更为重要。这似乎就是贾森·波茨爷爷故事的意义，下一段是他揭示的意义。

图 3.2

"人人尽责"。W. Otho Hewett 作画。见《澳新军团纪念册》，（1916），p. 167。在"食品"卷的"长尾"末。

（二）贾森·波茨的爷爷：最后的族长

约翰讲了外公的故事，我意识到，我也有一个故事。[①]不过，这个故事发生在第二次世界大战中，地点在英格兰东南部的机场上。故事始于一个新西兰志愿兵，他飞的是蚊式轰炸机。所幸的是，欧文·沃德·波茨在战争即将结束时才赴英国，不曾参战。但他邂逅了一个威尔士姑娘；在战争期间紧缩的时间内，他们很快结婚，她怀孕了，也许是先孕后婚。我的父亲在战争结束时降生在威尔士的朗达谷。一家三口不久移居新西兰，母亲这个战争新娘只回过娘家一次，而且是在40年之后；我的爷爷成了族长，这是他此后52年自然而命定的角色。

除了一套爱国的茶匙之外，家里极少威尔士祖先的迹象。家人在巴尔弗（新西兰南端）安居，我在那里长大；家里也没有爷爷服兵役的证据，亦没有先祖的迹象。爷爷已尽责，社会又回归田园牧歌的节律。一个新的故事开始，一个勤劳男丁的家庭在土地上劳作。这就是我降生时的故事。虽然家里有一个女儿（我爸爸的姐妹卡罗琳），但由于家庭政治和个人的选择，她注定不是这种田园牧歌生活的一部分。她接受艺术训练，成了新闻记者，移居城市；同样，我离开农场，接受经济学训练，成了教书匠，迁居澳大利亚。

几年前，爷爷欧文·波茨去世20年之后，我的姑姑卡罗琳成了专业的说书人，她决定给爷爷写一本书。我刚读过这本书。这本书以档案和研究为基础，和我小时候了解的故事色调迥异。她笔下的爷爷少了战争英雄的勇武，多了奋斗和运气，与我想象的爷爷截然不同。该书显示，他经过极端艰苦的努力才获准海外服役，在皇家空军服役尤其不容易。他擅长技术细节和组织领导，原本是很容易逃避生活的，在新西兰的偏远的乡间安身。

但他的几个儿子（包括我的父亲）不是这样的人。他们是自然而然的农夫，想不到更好的安居之地，于是，家族的故事就沿着这

[①] 这是贾森·波茨讲的故事。——原注

第三章 亚部落：普遍-对立的群体属性（"我们"与"他们"）

条路子走下去。军人奉献、平安回家、养家过日子就成了我们家族的故事。

但我不敢肯定，故事真的就这样展开。我的爷爷荣获几枚勋章，但他没有去领，这些勋章就留在了伦敦。我的姑姑在研究过程中发现这些勋章（图3.3）。他为什么不去领？一方面，这和尽责和牺牲的故事吻合：尽责；回家；不小题大做。也许，他本不想回家，但妻儿需要照顾，他别无选择。如此，他失去了那些勋章代表的生活；那是战后的"故事补记"。勋章在新的故事中没有意义。

图 3.3

同样有趣的是发现，在那个新建的亚部落的子女里，重构故事很容易，寻找真实的故事很难，连寻找真实故事的意愿都难找。我爷爷造就的故事、我成长的故事，与主事的家长一致，他是名副其实的家长。复杂的背后故事、可能的其他故事都被抹掉；相反，一个"基础神话"扎根，"我们"总是来自这里，总是农夫，永远的农夫。"他们"总是和农夫利益相反的人——新闻记者和大学教师肯定是"他们"。

几代人相继生枝发叶，爷爷成了家族的第一个也是最后一个男性族长。全球农产品市场演变的复杂性、新技术和外部世界的机会压倒了简单的代际传承。我们的家庭农场现在交由我的妹妹及其家人经营了。有关第一个女性家长如何成熟的故事新编正在形成，她要为自己的孩子确保一个安身立命之地。

· 59 ·

看起来，家庭和国家一样需要讲述自己的故事，这些故事和现实罕有联系。它们服务于不同的、亚部落建构的宗旨，有利于地方的整合和身份。难怪，我爷爷的勋章像他本人一样，好不容易才获得了有别于他人需要的意义。这大概是他不去领勋章的原因吧；对别人而言，它们没有什么意义。①

原生的故事似乎需要较高层次的叙事投入，数字故事则不要求那么大的投入。我们的经验是，家庭不是另类选择的可靠资源。相反，几代人相传的故事似乎更可能重现带有爷爷辈面孔的国家或亚部落的神话。固然，我们想要知道，我们的先辈有何真正的经历，而且，数字技术能使另类的叙事更广为人知，但可能的结果似乎是：新故事或修正的故事将在国家和团体的一端继续不断地被创建，专业的人讲这些故事，用上了批判的眼光。新故事像什么样子呢？可以相当有把握地说，这个新故事不会包含我们的爷爷辈；相反，神话里的祖先可能会更加凸显（见下文）。

第六节　哥贝克力遗址——柴尔德和新石器革命

加里波利孤松岭每年一次的纪念会总是吸引成千上万的人来朝觐。他们浑然不知土耳其另一座孤岭有一个更深藏的神话，人类政治源头的神话正在被瓦解和重组排序。这个地名叫哥贝克力（大肚山）。这里的巨石阵令人注目，完成于有人定居的农业出现之前，比英国的巨石阵和埃及的金字塔还要早 7000 年。

土耳其巨石阵的发现所挑战的深层"神话"是公认的"新石器革命"。"新石器革命"的理论是澳大利亚考古学家戈登·柴尔德②(1925，1936) 率先综合完成的。他断言，人类文明的"黎明"随着牧业的发明

---

① 我们在这里转入两位作者的"我们"。
② 戈登·柴尔德 (Gordon Childe, 1892–1957)，澳大利亚历史学家、公认的史前考古权威，提出"新石器革命"和"城市革命"概念，著有《历史的重建》《历史发生了什么?》《人类创造了自身》《考古学导论》《欧洲文明的曙光》等。

第三章 亚部落：普遍-对立的群体属性（"我们"与"他们"）

而到来，奶业要求狩猎-采集人定居，使城市的发展成为可能。换言之，经过迅速的动植物驯化"革命"，经济（农业）和政治（城市）决定文化（文明）。这是强烈马克思主义的政治叙事，遵循的是经济决定论的基础/上层建筑模式（Williams 1973）。这不奇怪，因为柴尔德坚信马克思主义，政治上激进，终生支持斯大林。

戈登·柴尔德在故土澳大利亚很大程度上被人遗忘了，John Doyle & H. G. 喜剧二人组的约翰·多伊尔除外。多伊尔发现了被人遗忘的柴尔德，于 2013 年推出喜剧《信仰》（Vere）。柴尔德是 20 世纪最重要的考古学家之一：即使不是印第安那·琼斯①，肯定就是其老师。他主持了奥克尼群岛斯卡拉布雷的考古发掘②，但他对考古学的讨厌，广为人知（在这方面，他不是澳大利亚的"挖宝人"）。柴尔德的强项是综合，他对考古学的贡献是"现代综合"，相当于朱利安·赫胥黎对生物科学的综合，两人的成就大约同时。他把欧亚大陆的发现和遗址整合起来，形成一个连贯的故事：新石器革命的故事。埃及学家约翰·卢文（John Romer）对柴尔德做了这样的评价：

> "新石器革命"……最有用的短语，是澳大利亚人戈登·柴尔德于 20 世纪 20 年代生造的……特别未来对抗当时欧洲考古学的民族偏见气氛而提出来的……柴尔德发明的这个两个词组合的短语本身是一个冒险故事，在当时的氛围中，这个提法很快就成为欧洲历史的一部分，也许这不足为奇吧。（Romer 2012：32）

新石器革命的故事（即使并非科学）自此取得支配地位，广泛传播，成为地球人的尝试。比如，在安纳托利亚文明的中国巡回展（2013-2014）上，主办方对新石器时代（前 12000-前 5500）的介绍就用了这个标签（图 3.4。）

---

① 印第安那·琼斯（Indiana Jones），美国电影《夺宝奇兵》主角，表现一个历史系的教授的冒险。
② 斯卡拉布雷（Skara Brae），苏格兰奥克尼群岛的新石器时代遗址。

文化科学：故事、亚部落、知识与革新的自然历史

> **新石器时代（公元前 12000-5500 年）**
> **NEOLITHIC AGE (12000-5500 BCE)**
>
> 新石器时代见证了人类由狩猎-采集到生产，从游牧至定居的生活方式的转变。定居生活促进了建筑的建造。人类开始种植谷物、驯养动物、制作陶器。定居生活以及多余的产品推动了社会阶级的形成和专业化，为村庄和城市的出现奠定了基础。在这一时期，生产力的发展取决于宗教部门，形成了"庙宇经济"体系。目前在土耳其发现了近400处新石器时代的遗址。
>
> The Neolithic Age saw the transformation of hunter-gatherer and nomads way of living to a more settled and productive one. A new architectural practice emerged as a result of living in permanent settlements. Food supply was enriched with grain and animals in the process of domestication. Pottery appeared in human history. Localized dwellings and surplus products brought about the emergence of social classes and specialization, and led to foundation of villages and cities. As the production activities developed depending on religious institutions during the period, "temple economy" was formed. The Neolithic Age is represented in Turkey so far with nearly 400 settlements.

图 3.4 "新石器革命"活在当世。（上海 2013）

请注意展览序文提供的新石器革命故事的因果链：人类从狩猎-采集和游牧直到定居，农业和牧业使生产发展（种植谷物、驯养动物使食物丰富）。"居有定所"，食物有余；反过来，社会阶级形成，城市出现，最后形成"寺庙经济"。这里设定的因果关系箭头飞行的方向是清楚的：

生产方式的转变
　　→ 食物有余，居有定所
　　→ 文明与城市兴起
　　→ 信仰系统出现（宗教与文化）

（一）因果箭头的逆转

在这里，因果关系箭头唯一的问题是，箭头的方向刚好错了。正如土耳其旅游文化部长（展览的共同组织者）所知，有相反的证据存在。

近年土耳其的考古揭示，最早的"寺庙建筑"是游牧的狩猎-采集人修建的，不是农耕人修建的。为了修建寺庙，他们需要为建造歌舞地的人组织食物、安排居所。定居和农业随即出现。总之，文化先于经济（农业、牧业）和政治组织（城市）；文化用石头和仪式来创造"我们"社群或亚部落。

但柴尔德的故事是唯物主义的或经济决定论的故事。按照卢文（2012）的归纳，柴尔德的故事是，"物质繁荣……带来社会和艺术进步"对科学思想产生强大的影响。[①]科学可能在"时髦的新进化论经济学的乔装打扮下出现"，但正如卢文本人所言，"研究所用的语言"决定所能找到的东西：故事先于并决定或书写证据，很大程度上这是想象的工作，为"过去的遗物提供因果顺序"。因此，很多年里没有必要争论，经济是第一位的；文化"尾随"经济，直到哥贝克力遗址的发现。现在看来，因果关系的箭头要被颠倒，因为巨石阵的修建者是狩猎-采集人，既不农耕，也不定居。考古发现，表征仪式，包括采集、舞蹈、可能的崇拜在巨石阵里上演了，而巨石阵既没有经济功能，也没有居住功能。那些非常高大的巨石也可能代表祖先，他们聚合在一起，组成纪念仪式的圈子，也许是要把生者与死者联系在一起。[②]

（二）是讲故事，不是"崇拜"

讲故事产生政治组织，真的。这样的建构之功既组织又表征，描绘了最早的政治叙事。它们走在农耕和定居之前，可能还促进了农耕和定居。哥贝克力考古的首席专家克劳斯·施密特（Klaus Schmidt）断言：

> 现代人类的进化经历了一个根本的变化：从小规模的游动狩猎-采集原始群到大型、定居的共生社区。使大群、永久性社群形成的

---

① V. I. Vernadsky（1938）论及生物圈向智慧圈（noösphere）过渡时，引述了柴尔德的话：见下一章。——原注

② "哥贝克力遗址寺庙的巨石柱，距今约 11 600 年，18 英尺高，可能代表祭司的舞蹈。"——原注

因素是使用符号文化的便利，这是一种前文字的能力，产生并"阅读"象征性物质文化的能力，该能力使社群形成共同的身份及其天地乾坤。(Schmidt 2010: 253-254)

施密特所谓"共同的身份"在这里得以实施：表现在巨石阵里，在建造巨石阵的劳作里，在举行的仪式里。哥贝克力山丘是早得令人难以置信的需要协调力的遗址。多年来，施密特一直在学术刊物上发布他的研究成果，也在向公众介绍这些发现。他发布成果的刊物有《史密森尼杂志》(*Smithsonian Magazine*)、《考古学报》(*Archaeology*)、《国家地理》(*National Geographic*)。但那个根深蒂固的剧本是难以改变的。

实际上，刚刚耳闻施密特的考古发现，西方的新闻界就将其变成不一样的故事：这是有关"宗教诞生"的故事。比如，《史密森尼杂志》(2008)的报道就说，施密特"颠覆"了柴尔德的主题：

> 对施密特等人而言，这些新发现暗示了一个文明的新理论。学者们长期以来相信，人们在定居的社群里学会农耕和生活以后，才有时间、组织和资源去修建寺庙，去支持复杂的社会结构。但施密特断言，事实刚好相反：建造巨石阵所需的广泛而协调的劳作先打下了基础，使复杂社会的发展成为可能。[①]

但《史密森尼杂志》文章的标题是"世界上最早的寺庙?"，《考古学报》懒得用句号的麻烦，径直用"世界上最早的寺庙"做标题。《国家地理》的招数相同，其记者激动得要修改柴尔德的理论，他引用施密特的话说："20年前，人人都相信，文明是地质力驱动的。现在我想，我们了解到的新情况是，我们是人心智的产物。"[②]《国家地理》需要这个高威望封面故事说"宗教的诞生"，径直用标题说，哥贝克力巨石阵

[①] Curry, A. (*Smithsonian Magazine*, November 2008), "哥贝克力遗址：世界上最早的寺庙?……土耳其令人震惊的哥贝克力巨石阵颠覆了文明星期的常规观点。"——原注

[②] Mann, C. (*National Geographic*, June 2011), "宗教的诞生"。——原注

是世界上最古老的寺庙。

施密特本人却不敢这样肯定:"我们不敢肯定,那时存在上帝观念。"(2010:254)所以,没有必要追随《国家地理》的"政治叙事":

> 我们过去认为,农业产生城市,稍后又产生文字、艺术和宗教。现在,世界最古老的寺庙暗示,崇拜的冲动点燃了我们的星火。(*NG*, June 2011)

无疑,哥贝克力遗址调整"新石器革命"的观念,但"崇拜的冲动"未必需要因果机制。"崇拜"、"宗教"和"寺庙"等承载丰富意义的语词,述说现在的意义比较多,述说过去的意义比较少。考古学家施密特本人没有作出这样的结论。我们应该用"奥卡姆剃刀"[①]裁剪诸如此类的解读。

(三) 赞颂亚部落的建筑——世界上第一种大众媒介

由于克劳斯·施密特及其同事艰苦卓绝的工作,难以想象的悠远而美丽的遗存被重新发现。但这些抽象人像、逼真的动物雕刻、巨石圈和建筑对创造者意味着什么,却没有保存下来。然而,无论它们有何其他用途,它们的确像是在为"亚部落"墓地服务——那就是要召唤相当大型的非亲属(文化)群体来参与建造的工程和仪式,在巨石阵环绕的舞台上唱歌跳舞,表现亚部落的身份,表明其地域和时间的边界(此地此时对死亡和祖先的边界)。

也许,这个宏伟的巨石阵象征着这个亚部落相对于其他亚部落("他们"社群)的力量。哥贝克力巨石阵并非这一带遗址的孤例,甚至也不是此地最早的石头建筑。

法国考古学家丹妮尔·斯托德(Danielle Stordeur)报告,在叙利亚的杰夫-阿玛(Jerfel Ahmar)发现一个史前遗址,可惜1999年以来已淹

[①] "奥卡姆剃刀"(Occam's Razor),即"简单有效原理",可以简单表述为:如无必要,勿增实体。

没在一个堰塞湖之下。她写道：

> 这种结构从未恢复。这一建筑意在用于特殊的社群活动，它似乎与韩兰-希米 Hallan Çemi 发现的结构有若干共同之处，似乎早于安纳托利亚前陶器的新石器时代的"神庙"，比内瓦里-苏里（Nevali-Çori）和哥贝克力的遗址早，哥贝克力距杰夫-阿玛（Jerfel Ahmar）100 公里。（Stordeur 1999：3）

看起来，在新月沃土①，在前陶器新石器时代的亚部落里，社群/仪式建筑里的"高成本信号机制"竞争和象征意义的竞争业已展开；到哥贝克力修建时，这样的竞争如火如荼——"凡是你们能做的，我们能做得更好"。

这些结构代表着一个文化（而不是经济或民事）的故事，这似乎没有疑问。它们外化了亚部落的身份和知识，其雄心和复杂性都达到了前所未有的水平。看来有理由设想，修建者在奔走相告一个激励人的故事，修建的意向成为强大的动机：他们根据一个目的明确的"脚本"工作。这个丰碑也许被视为"媒介平台"或"语言惯例"——可称为开天辟地第一种"大众媒介"，为的是以宏大的规模讲故事。

本书作者的主张是，哥贝克力山丘是政治叙事遗址，这个故事召唤亚部落为共同的目的奋斗，它有别于附近其他人的故事；它建构了政治组织，该组织发明农业和牧业，完成定居，借以支持宏大的事业。我们认为，"亚部落扩散"（demic diffusion）（Ammerman and Cavalli-Sforza 1984；see Sokal et al. 1991）需要有一个"亚部落富集度"（demic concentration）（本书作者用语）的前提，亚部落富集度是"新石器革命"的触发器。

---

① 新月沃土（Fertile Crescent），两河流域及附近一连串肥沃的土地，含今以色列、西岸、黎巴嫩、约旦部分地区、叙利亚，以及伊拉克和土耳其的东南部、埃及东北部，状如一弯新月。

（四）斯通亨奇巨石阵——不是一个亚部落，而是两个

沿着故事形成的路子把亚部落召集起来，以战胜未知的对手、不确定性和死亡；这种力量大概可以解释哥贝克力遗址的考古发现。倘如此，如愿以偿的壮举就以这样的形式"发表"了——这个形式就可以称为"媒介平台"。这个平台动用富有神力的巨石，沿着一个又一个故事传下来。大约在哥贝克力山丘的建筑完成 7000 年以后（但与之无关），比它更著名的英格兰斯通亨奇的巨石阵也许会讲一个类似的故事。最新的巨石阵考古学家麦克·帕克·皮尔森（Mike Parker Pearson 2012：342-343）告诉我们，与周围环境一道考虑时，这个巨石圈代表的是"亡者之地"（火葬、天葬、土葬），用石头修建，与附近的纪念遗存形成反差（杜灵敦石墙和巨木阵），那些纪念物象征着"生者之地"（筵宴、居住），用木头修建。皮尔森认为，那些蓝色巨石从遥远的威尔士普雷瑟里（Preseli）山区运来，代表的是祖先；重要的是，这些祖先也是不列颠最早的农夫（2012：288）：

> 普利塞里和斯通亨奇的联系……凭借西威尔士内文山谷（Nevern valley）一个强大的社会组织，其新石器时代的先祖把巨石建筑带到不列颠。也许，他们用附近采石场的巨石修建一个或多个环形石头建筑，以庆贺自己的伟力，并纪念自己的祖先。

附近的采石场已经发现，但蓝色的巨石并不是从这些地方采集的。帕克·皮尔森断定，"后来，由于这样那样的原因"，内文山谷的祖先做出一个重大的决定，撤下那些石砌的圆环，把它们转移到 180 英里以外的斯通亨奇（288）。到新址后，这些蓝色石头矗立了 500 年（前3000-前2500）。以后，它们又被迁走，本地大得多的砂岩漂砾被竖立起来。这一连串的事件和巨石的竖立使皮尔森设想，我们现在看见的巨石阵不仅是用来崇拜祖先的（用蓝色巨石的形式），而且是为了举行严格意义的政治仪式。这些巨石的布局包含一个熟悉的圆圈，上架"门楣石"，内

圈有马蹄形的三石塔——这是模仿木结构的房屋和"D字形的会议室"（Parker Pearson 2012：334），如此：

> 源自威尔士的石头包围在石头圈子中，圈子的石头取自莫尔伯勒丘陵（斯通亨奇以北20英里）。这就提出一种可能性：巨石表现的斯通亨奇的身份代表着两个群体的结合，其祖先地理上多样——蓝色石头的祖先和砂石的祖先。（2012：338）

用本书作者话说，斯通亨奇是一种"大众媒介"，向各色人等发出讯息，也许告知整个不列颠，两个亚部落结合在一起了：

> 斯通亨奇可以被视为统一的纪念碑，把地球、太阳和月亮等宇宙的方方面面整合成一个实体，同时把不列颠人的祖先结合起来，统一的形式是威尔士的蓝色石头和英格兰的砂石。（Parker Pearson 2012：342）

传递亚部落富集度（知识整合）的政治叙事，需要强有力的物质实体如地球、太阳、月亮、季节和地方的结盟，还需要社群的努力；采集、整形、拖运和竖起20英尺（6.7米）高的巨石，需要众人的努力，把地域的景观分成奉献给生者和亡者两部分，也需要众人的努力。

这种身份的象征性表达当然是文化的表达，但同样明显的是，"文化"的含义不能限定为代代相传的习惯，也不能简约为单纯的装饰、富裕者对休闲的追求。这是作为前沿创新的文化，它把分支的学问和人结合起来，拓展整个社会的能力。除了艺术才能和传播的宗旨，文化需要最新的科学技术知识和宇宙论。文化考验群体协同、后勤和劳作的实际能力的极限，考验群体与其他群体的关系，从威尔士到威塞克斯群体的关系。我们不知道，在斯通亨奇-杜灵顿围墙的复合体里及其周围究竟发生了什么。但如果说它包含了说唱、音乐和舞蹈伴随的故事，通过石头和木头讲故事，那不是毫无根据的胡猜乱想。那样的景观用上了聚会、筵宴和列队行进，以飨远近的祖先（有证据显示）。这说明，"文化"是强大和富裕社会组织的首要成就。"写"在石头上的故事可能是两个亚部落合二为一的故事，规模逐渐扩大的故事。我们不知道细节，但巨石阵的规模本身就告诉我们，巨石阵是非常重要的信号——帕克·皮尔森说，它令人惊叹的规模"本身就是一个强大的阵容，超越了当时不列颠的任何聚落"（2012：340）。

但巨石阵未传之久远。斯通亨奇位列最后一批巨石纪念建筑（唯锡尔伯里山略晚），彼时，新石器时代向黄铜/青铜时代的转变业已开始。斯通亨奇标志一个"王朝"的结束，而不是其开始，因此——并非最后一次——"最宏伟的纪念景观比王朝的死亡先行一步"（帕克·皮尔森2012：344-345）。新技术（黄铜；青铜）和新的文化习惯（宽口陶器人）传播开来；土地划分的新形式确定下来（从敞放牧业到田块农耕）；财富新资源开拓了（东英格兰的可耕地）。统领地方亚部落的"大人物"以个人墓地的形式单独下葬（圆形墓）。文化和财富在墓葬中展示——帕克·皮尔森论及"青铜时代珠宝的排场"（第350页），其形式是"个人的装饰和家族墓葬的纪念品"（第352页），高成本的信号习俗，把对亡者的敬畏和对生者的期许结合起来：

> 这些人想炫耀自己的财富。用大量的金器为亲人陪葬是非同寻常的张扬炫耀；张罗葬礼的人显示，他们很富，舍得用大量的金器陪葬品。（第350页）

"亚部落富集度"仍然被珍惜，但如何密集却在悄然变化，纪念性建筑和故事讲述的方式已然变化。社会组织的规模扩大，成长为城邦和王国，新武器和精英家族对新武器的垄断加快了这一变化（Gintis 2012）。但此时的政治叙事不是讲群体，也不是讲群体的知识。青铜时代和铁器时代故事的特点是个体人格化的政治统一。几千年来，这些故事在形式和功能上都没有多少变化，历代的政治领袖使用相同的语词，为的是相同的目的。

（五）进化产生叙事：吉尔伽美什、亚述巴尼拔、以赛亚和小布什

世界上最古老的文字记录的故事是吉尔伽美什史诗，它源于距哥贝克力的新月沃土不远。吉尔伽美什王存世于公元前 2600 年左右，在哥贝克力巨石阵以后 7000 年，大约与英格兰巨石阵第一期同时。该史诗一个著名的版本存大英博物馆，镌刻在所谓的"洪水泥板"（Flood Tablet）上。该泥板来自尼尼微（今属伊拉克）的亚述王亚述巴尼拔①的图书馆。泥板的破译发生在达尔文《物种起源》问世之后 10 年，引起轰动（MacGregor 2011），因为在吉尔伽美什出行的路上，有人给他讲了洪水故事，这个故事和《圣经》诺亚方舟的洪水故事的相似性不可思议，所以它挑战了《圣经》故事的神圣性，甚至确认了《圣经》故事的历史性。它把人类文明的历史从超自然弹回政治：引起大洪水的不是神的干预，而是游客的故事。

作为政治叙事，吉尔伽美什史诗仍然在回响，其情节尽人皆知，常见于新闻媒体。克里斯托弗·布克（Christopher Booker 2004）确认了古代故事结构变化的七个基本情节，它们传承到当代故事里，出现在文学里、银屏上。它们是：斩妖除怪、由穷变富、探索、出游与回归、复活再生、喜剧、悲剧。布克把吉尔伽美什史诗放进最基本情节"斩妖除怪"的故事里，这个类别的故事还有：斩杀蛇发女怪的珀尔修斯（Perseus），战胜米诺陶诺斯的忒修斯（Theseus），斩杀格伦德尔怪兽的贝奥武夫②，《小红帽》（Little Red Riding Hood）大灰狼的故事；近现代的《吸血鬼》（Dracula），威尔斯的（H. G. Wells）《星球大战》（War of the Worlds），《七武士》（The Seven Samurai），《豪勇七蛟龙》（Magnificent Seven），《大白鲨》（Jaws），《异形》（Alien），《诺博士》（Dr No）和《星球大战 4：新希望》（Star Wars: A New Hope）。

把这个模式用于政治传播，我们很容易看到，每天的晚间新闻都在重申这七个基本情节。一个有说服力的例子是小布什 2003 年 1 月 5 日在

---

① 亚述巴尼拔（Ashurbanipal，公元前 669-前 626），亚述国王，他提出并保护文学和艺术。
② 贝奥武夫（Beowulf），北欧神话中的英雄，相继斩杀三大怪兽。

第三章 亚部落：普遍-对立的群体属性（"我们"与"他们"）

林肯号航空母舰上发表的《使命完成》（*Mission Accomplished*）讲话，那是入侵伊拉克第一阶段结束时匆忙发表的讲话。讲话立即引起争议，因为所谓反恐战争远未"完成"。讲话突出的特点是《圣经》逻辑，他借此庆贺，美军战胜了"9·11"释放的魔鬼。布什总统结尾时说：

> 你们大家——我们军队里这一代人——肩负起最神圣的历史使命。你们在捍卫你们的国家，在保卫无辜者不受伤害。无论你们走到哪里，你们都传递着希望的讯息——这是古老的讯息，常新的讯息。用先知以赛亚的话说："对被虏者说，出来！对黑牢里的人说，你们自由啦！"

调动现代"战争国家"（Edgerton 2006；Sparrow 2011）的一切资源，面对看不见的恐怖的对手，小布什借用悠久故事去重构后"9·11"的社会组织。

第七节　《太阳报》[①]？讲故事的大炮……哑炮了？

我们应该考虑，这种叙事的长期延续性是否与人的文化进化适应性有关系。这样的延续性可以解释"智人"（Fisher 1984）的一种机制：在既竞争又合作的社会组织里维持非亲属的大型而复杂的亚部落。同样在这里，马克·培杰尔（2012，2012b）能给人启示。像克劳斯·施密特和丹妮尔·斯托德一样，培杰尔把文化也视为第一位的。文化是人群或亚部落的"生存载体"（survival vehicle）。作为这样的载体，文化的特征与其说是审美，不如说是个人对亚部落的忠诚。培杰尔说道：

> 文化忠诚不是很生动地表现在伦理行为中，而是表现在攻击性狭隘观念上。这说明，在人的进化过程中，文化忠诚起到了保护人的作用。（Pagel 2012b）

[①]　默多克新闻集团下属的小报。

文化科学：故事、亚部落、知识与革新的自然历史

文化是造就群体的机制，使人群能在进化中生存。哥贝克力遗址是这一机制的最早表现之一；"社会组织"是文化的抽象化和形式化的延续形式。说到讲故事时，培杰尔的"攻击性狭隘主义"（aggressive parochialism）在我们今天的媒体研究里太司空见惯了，这就是新闻界"普遍-对立"（universal-adversarial）的立场。"我们"群体被视为普遍的：它包含亚部落里的每个人；"他们"群体被视为对立的：敌人、威胁、异常人、异见人或疯狂人（又见 Greene 2013）。[①]

哈特利（1992a，1992b）发现，"普遍-对立"的观念是现代新闻界的主要特征。"我们"（如遵循霸道习惯的美国人）代表所有人；"他们"（他人；"被"他者）要和我们作对。结果，表达"我们"的最好方式莫过于查尔斯·比恩所谓的"适者生存的最大考验"：战争。文化身份故事的结构特征渗透进许多生活领域的许多话语。这个特征不限于真实的战争或国际政治，每当有人想要进行维布伦所谓的"引人反感的比较"（invidious comparison）时，这个特征就会出现。简言之，正如培杰尔所言，我们不仅"因文化而连接"，而且，我们的故事因"普遍-对立"的观念而连接在一起。在诸多故事中，新闻报道的故事就遵循这一公式。

故事可以说是信息代码的载体。讲故事的意向是让人模仿、复制、共享和效仿。故事是如何思考（归纳、推理；模式识别）和思考什么的分配机制。故事储存教益，使社会学习跨越世代、语言和地理疆界，复制归纳逻辑的顺序；这样的逻辑给亚部落诸多教益：什么要惧怕，面对惧怕怎么办，如何智胜两面派对手，如何考验不明人物的真实性，如何向敌人和恋人显示勇武，如何表现勇敢行为等等。文化是群体（亚部落）的"生存载体"；故事是文化的生存载体。吉尔伽美什史诗思考个人对死亡的恐惧，很典型。其情节使人想到英雄死亡的必然性，但希望通过家族、追随者和"我们的"强大城邦来繁衍后代。个人会死，但其

[①] 请注意人们称呼前现代民族的名字。比如西澳大利亚的"努戈尔"（人）族的自称就是"普遍的我们"。反之，许多语言用贬义词称呼外人（对立的他们）。于是我们看到，古希腊人称非希腊人为"蛮族"。希伯来语里"相反者、对立者、指责者"是"撒旦"。"威尔士"人被征服者用诺曼法语称为"外乡人"（他们）。威尔士人则自称为"Cymry"（爱国者，我们）。——原注

壮举有益于群体，群体因此而生存。"使命完成"的讲演也是这样的逻辑。小布什总统说："逝去的人刚才还在尽责。他们在地球上的最后一举是打击可怕的邪恶，使他人得到解放。"逝者使我们自由，故事就这样传承下去。文化和故事是传承合作与社会学习的机制（Thomas and Seely Brown 2011）。文化和故事开发共享知识（语言、习俗、制度、技术、工具等）的外化形式，机制和外化形式有助于群体跨越时空的生存，有助于抗衡其内在个人的利益，他们仿佛是在为无亲属关系的基因去死亡。合作战胜"自私的"基因（Dawkins 1976）合作赋予部落内或亚部落内成员"名誉亲属"（honorary relatives）的身份，他们寻找群体里的其他成员，虽然这些他者并没有共同的基因；通过"高成本的信号"行为，"名誉亲属"试图给陌生人深刻印象，即使他们绝不可能遇见陌生人（Miller 2009；Gintis and Bowles 2011）。

合作守信（cooperative trustworthiness）就这样接受考验，让旁观者判断，说话者付出了什么代价；来之不易的经验的得分超过吹牛的收益。这可以解释，为何真实（truth）、信赖（trust）、诚实（troth）和休战（truce）同出一源、词根相同（Hartley 1992b：48）。在这个意义上，一切讲故事都是政治的，构成"我们"社群，谋求创建可信赖的政治组织，阐述人物合作的代价，给予象征性的报偿（Boyd 2009）。文化要求对本群体高水平的利他主义，对群内人高水平的信赖。同时，它灌输对外人或陌生人的怀疑。在当代新闻媒体里，"普遍-对立"的行为造成了"我们"身份，不仅用于直接敌人（魔鬼），而且用于骗子（Hyde 2008），骗子可能冒充"名誉亲属"，以获取我们亚部落的知识系统和信息代码——偷盗我们的"符号牛"（semiotic cattle）。另一方面，我们喜欢自己人偷盗他人牛的故事！（Hartley 2012：ch. 9）进化过程中产生一些抗衡知识偷窃的机制，也许，不同的语言（"巴别塔①"）就是早期的知识产权保护形式；秘密、神秘、神秘哲学或经典诠释知识，包括男

---

① 巴别塔（Tower of Babel），亚当及其子孙最初只说一种语言，挪亚的后裔决心修一座通天塔。起初，他们语言统交际顺当，进展顺利。上帝的万能权威受到挑战，怕世人说一种语言而无法控制，遂让他们说各种不同的语言。由于语言不同而无法协调工作，通天塔以失败告终。

男女女的密探在土著民族里从事的"考察"。现代民族国家的我们/他们排他策略把"我们的"传播和"他们的"宣传区别开来（Hartley 2006）。

（一）群体规模的扩大

讲故事似乎是全人类共同的现象，但故事曾局限在具体的"我们"社群里，而这些群体常常是很小的部落或亚部落。到了过去的一百年间，传播媒介、经济发展和社会网络市场才扩大到全球的规模。全球媒介网络形成以后，"我们"和"他们"的分别，友人、家人和恋人与陌生人和敌人的区分就不那么容易了，因为故事本身已广泛传播，跨越不同的民族。电影、音乐和出版物都渴望全球的受众和读者；跨越过去难以渗透的人口疆界的吸引人的故事传播效果好（J. K. Rowling）。"我们"身份抽象得多了，跨越了复杂的网络。

讲故事如何跟上这样的变化速度呢？最重要的变化是，用大规模社交网络的长尾特征，非正式的"社会组织"是可以自创的。思想相近的契合群体或身份群体聚合，原本异质的人群或利益社群聚在一起，共创自己的政治叙事，启动一个用户创建公民身份的时代。

（二）"我们"成为"他们"

拥有数十亿用户的全球传播网络兴起了，普遍性-对立性公式就成了障碍。既然全球传播网络形成的社群接近人类的总体规模，信赖"我们"、害怕"他们"的身份又怎么能成为整个社群共享的身份呢？在主流政治里，在新兴的故事里，人类既是"我们"，也是"他们"；新兴的故事有：气候变化和环境的可持续性、战争中"人对人的不人道行为"、流离失所问题和难民问题。人类总体上被认为是这些问题的根源，成了我们自己的"对手"。我们真的成了我们自己最危险的敌人。我们的英雄必须战胜的魔鬼就是我们自己。人类文化与技术演化的速度远远超过人类讲故事的格式，所以普遍性-对立性模式不再符合事实。亚部落不再是"部落群体"或不再是民族国家。由于当代的数字媒介，我们生活在一个符号圈里,整个符号圈显然既是全球的,也是局部的。"我们的"亚部落可能在陌生人中组织起来,其联系规则可能与管束民族身份的规则截然不同。

在澳新军团湾野营的澳大利亚年轻人,是靠民族源头的政治叙事组织起来的,但他们又是许多其他网络的成员,联系复杂,来自全球,参与者都觉得很有意义,相临帐篷里的人未必分享共同的意义。由此可见,"我们"和"他们"的区分就没有意义,同样,军团湾半岛上的澳大利亚军人坟墓和土耳其军人坟墓的区分也没有意义,战死的英雄和后勤的邮政兵的区分也没有意义。①

然而,似乎至今没有出现关于这种意识形式的数字故事;只有向祖先的恭敬的祈祷,遵循的文本是几代人前的战地记者写好的。看来,就普通人的自我表达而言,数字故事并非表面上那样激进和进步。也许,数字故事需要模仿更前瞻的模式(forward-facing model);也许是泰薇·盖文森那种"女儿国预言师"的模式。数字故事积极分子需要一开放的态度去欢迎机会。尝试规避主流媒介和商业媒介的陷阱固然是需要的,但那并不排除任何"另类"的选择,我们需要使用规模更大的传播系统。"我们"需要新的方式去组织、分配和传播虚拟的"我们"社群的新意义,那种虚拟的社群不会建立在"普遍-对立"的观念之上。

(三)"我父亲的遗产"

我们写这句话时,2015 年加里波利百年纪念的"大炮"正在筹备。主流媒体在加紧准备第一次世界大战百年纪念。世界上最大的公共电视台 BBC 也在与鲁珀特·默多克联手准备,与这位最大的商业竞争者结成对手的联盟。这两家讲故事的巨人不失恋情的竞争广为人知。但 BBC 第一次世界大战百年纪念"最重要的节目之一"的明星已经昭告天下:鲁珀特·默多克将要出境,接受 BBC 的采访,这部片子将"讲述加里波利的悲剧"。《独立报》(*The Independent*)报道说:

---

① 土耳其总统凯末尔 1934 年造访加里波利时,也发表过这样的讲话:www.awm.gov.au/encyclopedia/ataturk.asp。——原注

BBC 一个小时的访谈在他的新闻集团的纽约总部进行，这位媒体大亨讲述他父亲的故事，他为父亲的英勇而感到骄傲，受到鼓舞而开始了报业生涯……他说，他想让人们记住他父亲的成就，维护其鲜活的形象。"我一直牢记父亲的遗产，牢记他对我的影响，我在书房里挂他的肖像。我们觉得——我觉得——这是家人的义务。"

他的父亲的遗产是什么呢？据他自己说，"吉斯·亚瑟·默多克（Keith Arthur Murdoch）是年轻的澳大利亚战地记者，他揭露加里波利战役的灾难，改变了战争的走向"。BBC 的制片人丹尼斯·布莱克韦（Denys Blakeway）告诉《独立报》，这部 60 分钟的片子将于 2015 年在 BBC 第二台播出，"以鲁珀特·默多克父亲的业绩为重点"。显然，故事的赌注押上了。默多克的父亲"改变了战争的走向"，加里波利的纪念活动（2015）将以老默多克的业绩为"重点"。BBC 的节目恪尽职守地循环加工这一"事实"，将其作为公理。

在这个方面，默多克已经有了表现的形式。1981 年，他投资彼得·维尔（Peter Weir）的片子《加里波利》（*Gallipoli*），由梅尔·吉布森（Mel Gibson）主演。维尔后来表示遗憾，为了表现民族豪情，那部片子的事件做假了：

> 1915 年 8 月 7 日在 The Nek 冲锋是电影表现的高潮，实际上并没有那场战斗；一个澳大利亚军官而不是英国军官下令发起最后的冲锋。电影给人相反的印象，彼得·维尔为此而感到遗憾。他对戴维·斯特拉顿说："暗示的意思是，我们在瞎冲……"[①]

如此，由于鲁珀特·默多克父亲的英勇，澳大利亚人战胜了魔鬼——不是土耳其人，而是"殖民强权"，以白人平等伙伴关系为基础

[①] Paul Byrnes, at: http://aso.gov.au/titles/features/gallipoli/notes/. ——原注

第三章 亚部落：普遍-对立的群体属性（"我们"与"他们"）

的澳大利亚建国。"内务大臣兼澳新军团百年纪念首相助理"2013年代表澳大利亚政府和人民出席黎明祈祷会并发表讲话，代表官方认可这一传说：

> 这次战斗惨烈，但它成了我们民族故事的核心。这是界定我们国家地位的标志，也是我们认为重要的同伴情谊、服务、牺牲、勇气和献身品格的标志。[1]

澳大利亚同胞情谊被界定了，VB啤酒赞助澳新军团日。率领赞助商"举杯"造势的是退休将军彼得·科斯格罗夫（Peter Cosgrove），他后来出任澳大利亚的总督。他说："无论你在何方，无论你喝的是什么饮料，请为出征的勇士们举杯。"VB公司甚至安排科斯格罗夫将军通过AC、MC打电话叫醒你参加那场黎明祈祷会。到2015年的百年纪念时，他将以国家元首的身份去主持纪念会。这似乎是长期塑造的政治叙事，旨在"激励新的一代去了解曾经发生的战事"，这是BBC总裁启动第一次世界大战百年纪念报道时的讲话。

第八节 数字故事建构新的社会组织

最后，我们应该回头说数字故事。它能比官方讲得更好吗？数字故事的形式业已确立，其宗旨是拓宽数字媒介讲故事的功能，让人人参与，这一形式值得称赞。但通俗、未经排练的故事无意间复制了政治叙事，使"我们的"源头带上神话的色彩，以此"建构社会组织"——除非数字故事的积极分子和机构尝试一点新的东西。如果一个"新的世代"需要受激励去了解"曾经发生的战事"，换一条路径会不会更好呢？用新世代的范例比如"女儿国的预言师"泰薇·盖文森，而不是依靠大炮战地记者比如默多克父子、维尔、比恩、阿什米德-巴特利特、科斯格罗夫

---

[1] Warren Snowdon speaking on 25 April 2013. ——原注

和卡尔顿联合酒业公司甚至 BBC——这不是更好吗？如果我们真的想要纪念我们的祖父辈，倘若我们寻找新的方式去建构全球的网络社会组织，而制造敌人就是毁灭自己，那么，我们就必须为不"过火"的故事寻找空间；更准确地说，我们必须理解，"我们"这个概念对普通人的理解、福祉和安宁的威胁，并不亚于魔鬼的威胁。一个名叫"eleni b"的希腊语用户在照片分享网站 Pinterest 上的留言就很聪明，虽然他引用的是文学进化论者乔纳森·戈特沙尔（Jonathan Gottschall）2012 年的一段话：

> 特洛伊木马背后的隐喻：听众接受故事，因为对人而言，好故事似乎总是馈赠的礼物。但故事实际上只是一个讲故事者日程上的发送系统而已。故事是偷偷塞进讯息的花招，旨在强化人思想里的堡垒。

土耳其另一个传奇城市的市民发现，警惕送礼的希腊人总是明智的。故事的堡垒里有没有特洛伊木马呢？数字媒介和社交网络使讲故事民主化，却不普及对立的"攻击性狭隘主义"——但这种潜在的可能性是存在的；非专业人士可能学会很多故事，胜过少数主导国家政治、电影、新闻和教育的人士。希望在于，"用户生成的公民身份"将修正而不是复制我们对"我们这个民族是谁"（卡梅伦首相的第一次世界大战的纪念会讲话）的理解。但迹象并非全然是正面的。体制的机构似乎掌握了加里波利语境下的数字故事，并利用数字故事来推广现存的意义，与此同时，即使人们知道，生成性新闻报道（generative journalistic story）的有些方面并不真实，却没有受到挑战。数字故事面对专业人士的强有力挑战，①所以它需要对讲故事的重要性有更清晰的自我意识，需要深刻理解叙事在建构"我们"所扮演的生成性角色。如今，数字媒介和社交网络使建构"我们的"亚部落机制更加有风险、复杂、开放、不确定和多

---

① BBC 在加里波利故事里为吉斯·默多克的自豪留下一席之地，又计划采纳数字故事擅长的一手："我们将从全新的视角讲著名的故事，还要讲迄今无人讲过的故事。"（BBC 第一次世界大战百年纪念负责人 Adrian Van Klaveren 语）

第三章 亚部落：普遍-对立的群体属性（"我们"与"他们"）

价值，这个势头有增无减；既然如此，数字故事运动之类的进步革新就要跟上，文化理论也要赶紧跟上了。我们需要一个普遍的（即全球规模的和数字网络的）讲故事模式，但这个模式必须是非对抗的讲故事模式（换言之，不耽于为自我表达而制造敌人）。这一代能做到吗？让我们试试看！

第四章 "抛石机"：恶邻原理

1216年6月，法国王子路易率领骑士和军队围攻英格兰多佛城堡时，致信父亲（菲利普二世），请求增援"抛石机"，法国人称之为Malvoisine（意为"恶邻"）。法国人把这台抛石机和其他战具部署在城堡跟前，不断撞击城墙。

——温德沃尔的罗杰 1235 [①]

文化是造就"我们"群体（即亚部落）的知识。"我们"群体是身份与合作所在地。在个人选择之前，"我们"群体决定两个问题：我们能与谁合作，我们能反对什么群体。在如何看世界、如何解释世界的内容和意义方面，"我们"群体围绕一个共同的遗产而建立。文化是参照系——这个参照系形成"我们"群体的知识基础；参照系通过符号和人造物以及各种习俗和期望来建构这个基础。

文化的"产品"不是艺术品或生活方式，而是亚部落，亚部落在开放、适应性的生产力方式中生成新颖的事物，而不是根据先行"文化""包含"什么的定义生成新颖的事物。换言之，文化面向群体的未来，而不是过去。因此，文化的产品是亚部落：亚部落是容易分辨的，由符号组织的、处在社会网络之中的非亲属（外化的大脑）组成，有共同的"语言惯例"和意义生成的规则，处在一个语境的"小生境"（实际的小生境如城市，虚拟的小生境在网上）中。亚部落很大程度上不受规模限

[①] 温德沃尔的罗杰（Roger of Wendover）的《历史之花》（*Flowers of History*）记叙从撒克逊人登陆不列颠到1235年（ed. J. Giles, 1849, p. 374）的历史。这段引文的手稿涵盖1216-1235年的历史。

制,因为它们小可至六七人的"小世界"社会网络(如狩猎队),大可至70亿人组成的全球"共同体"。但即使我们想象,全人类是一个亚部落,就像澳大利亚多元文化广播网SBS TV宣传词一样:"70亿故事和数字";即使那样,在跨越这个数字时,仍然有许多差异和亚部落需要我们去解释。

本章寻找规模的"生产力",以及不断增加的复杂性和毗邻性的生产力。但我们同时又在寻找亚部落里的"创造性破坏"(creative destruction),旨在确定:根据一种逻辑,一种行为比如入侵或围困邻人的行为似乎具有破坏力;但根据另一种逻辑,这种行为是否会证明是有"生产力"的行为,比如巩固知识并将其传承给继后的亚部落。

本章的主题是两个相互联系的方面,从这里展开:以文化面目发生的现象增大到全球的规模时,"我们"群体延伸到全球的极限。此时,什么人或什么事扮演"他们"的角色。换言之,如果没有"恶邻",维持群体的黏合力可能成立吗?亚部落的增长有时看上去是渐进的和递增的,有时却是"非线性的",达到所谓的"起飞"(Romer 1990)、飞快移动(McCloskey 2010)、临界点(复杂理论)或爆炸点(Lotman 2009)。在非线性快速增长的情况下出现的问题是,在沿途与其他"我们"群体相邻的边界上,发生了什么事情;这就是冲突,我们称之为"抛石机"(直译为"恶邻");这表明,"我们"群体展开唱对台戏的竞争,亚部落(文化)的冲突增长到全球的规模了。

指数式"起飞"不是文化现象本身;在很大程度上,这样的起飞是推进全球化的经济力和技术力引起的;这样的力量有食品、劳动力、资本和信息的流动,或交通运输的进步。在这个过程的浪头上,地方性的文化现象能崛起到具有全球影响力,我们把这种崛起的现象称为"边缘的革新"(innovation at the margins)(Tacchi 2004:100),或者是查尔斯·里德比特和王(Leadbeater & Wong 2010)所谓的"从极端学习"(learning from the extremes)。快速、大规模扩张也是文化现象,因为随着"亚部落的扩散",一个地方的文化被推进到其他地方,具有推进到全球的潜力(Cowen 2004)。进化的文化动力成为群体冲突的场所。知识增长，文化也随之增长。科学发现的逻辑可能是波普尔式的（1963，1972）猜想与反驳的进化过程，从外化的角度看，这个过程可能还产生群体间的战争。

智人是极端结群性的动物；这就是我们的进化小生境。我们自愿合作，胜过其他任何生命形式（Nowak 2011）。我们是使用语言的、高度信赖同伴的、本能上合作的动物，大体上，这就是我们拥有文化的原因。文化是进化机制，借此，我们得到群体本位的收益（Mesoudi 2011）。"高文化"如巴赫或莎士比亚可能包含"人类成就之花"。然而，无论亚部落的规模有多大，使亚部落人人结为一体的却是"普通的文化"（Williams 1958）。通过分享的意义建构，亚部落结成互相信赖、身份相同的紧密合作的群体。我们的结群性使我们结成群体：我们形成内群体（in-group）和外群体（out-group）（Tajfel 1970，1974），或形成普遍性-对立性的"我们"群体与"他们"群体（见第三章）。因此，文化发展意味着群体成长，这就是说，社会文化动力学沿着群体的边界起作用，还通过变化的群体和新群体的创生起作用。重要的是，这个过程还通过群体冲突起作用。

在全球范围内，文化的快速扩张成了文化理论的重要研究对象。从托马斯·埃利奥特[①]的《治人者》（*The Boke Named the Gouernour*）到理查兹的"帝国档案"（imperial archive）（Richards 1993），以及现代文学批评和审美批评的基础，文化研究尤其被视为评判他人尤其治人者、行政官员和政客的品味、伦理行为和内心生活的手段。这样的学科史也许对冲突（如小说和艺术品里的冲突）如何进行感兴趣，却没有跨出把文化视为与外群体冲突、对外群体有攻击性的下一步。为何没有跨出这一步？这是因为，如果研究激烈冲突的问题，研究的目的就是考虑如何贬低、控制或克服冲突，而不是分析冲突，将其视为文化身份和互动因果要素。于是一个问题原封未动：文化发展与结群性互动时发生了什么事情呢？人的合作（亚部落同伴中合作）和冲突（与外人的冲突）能得到

[①] 托马斯·埃利奥特勋爵（Sir Thomas Elyot，1490-1546），英国作家、行政人员，用英文和拉丁文写作，著《治人者》《健康城》《字典》等。

整合吗？征服（一个亚部落对另一个亚部落的征服）能靠巩固手段在更高层次的整合上产生更好的合作吗？征服能拓展局部地方的知识吗？扩张产生多元文化的地球村呢，抑或是文化冷战呢？人们如何在这样的空间里航行？这是全球的公地呢，抑或是论争的领地？

第一节　大合作——普遍的或对立的？

各门科学里的大合作问题有许多研究路径。威廉·汉密尔顿（William Hamilton）的亲属选择论（theory of kin selection）是生物学解释利他主义（利他主义=个体高成本合作，建构群体）的基石。亲属选择论提出基因本位的解释，用"广义适应性理论"（inclusive fitness）来说明社会动物（蜜蜂、白蚁和蚂蚁之类的膜翅目）如何建构大合作社会。关键的事实是，一个群落由密切联系的个体（如蜜蜂、中华蜜蜂）组成。威尔逊（E. O. Wilson 2012）主张多级选择而不是亲属选择，借以挑战这种"真社会性"（eusociality）进化理论（Nowak 2011）。大合作群体在自然界出现的进化机制原因何在，这个问题颇有争议，但我们在此关心的不是这个问题。相反，我们关心的是文化在合作里的作用。

对群体里个体间的信息属性和通信属性，亲属选择论或多级选择论都提出一系列的要求。首先，个体动物要能识别亲属动物（基因有关），并区分基于识别的行为。一窝蜂、一个白蚁群落又是一个信息处理的通信系统，其形成依靠各种化学讯号（如信息素）；觅食的蜜蜂在蜂巢里传递信息，这一点广为人知：用摆尾舞表示花蜜、花粉和水的方向和距离。作者或许是五代，却不是文化。实际上，蜜蜂的摆尾舞是其基因的组成部分，就像蜜蜂的翅膀一样。这是一个封闭的通信系统——蜜蜂能彼此传递 GPS 坐标，对自己的自我、社会性或知识却浑然不知。人类则截然不同。人的舞蹈是文化性的（Blacking 1984），能发挥类似的通信功能（表情性的、高成本讯息的或革新的功能）；[1]人的舞蹈是后天学习的

---

[1] 比如，2008 年，美国科学促进会（AAAS）就支持"舞出你的博士论文"（dance your phd）的活动。——原注

行为，在群体里有意义。蜜蜂的舞蹈曲目有限，人的舞蹈形式是开放的，所以华尔兹、芭蕾或民间舞蹈与波哥舞、电臀舞或阿帕奇舞发出的讯息是各具特色、截然不同的。

马克·培杰尔（2012）认为，开放的人类合作是特殊的，因为人类合作的规模远远超过其他有机体，包括真社会性的有机体。人的合作开发出了延伸的亲属机制，把他人视为"名誉亲属"的机制。培杰尔解释说，这就是语言的功能。通过延伸，识别"名誉亲属"的工作是一切文化符号（或"社会文本"）的功能，无论其次要功能是什么；反过来，这也是解释行为的功能，解释的行为也是结群性的，属于亚部落（解释与描绘相对，见于科学方法和数理逻辑）。培杰尔认为，之所以有这么多语言（或舞蹈、艺术表现样式等），其原因就在这里。重要的是，这就是我们不会最终只有一种语言的原因；即使讯息的传递是语言的全部目的，即使从功能上说哪颇有效率，我们也不会只有一种语言。从进化的角度看，普世单一的语言比如世界语 Esperanto 效率并不高，因为那样的局面并不能解决与谁合作、该反对谁的问题。那没有解决"我们群体／他们群体"的问题。实际上，如果没有群体（或个人），更具体地说，如果没有群体边界，从进化上说就是不可行的。简言之，语言能互译的进化是初民解决"知识产权"的办法——言语社群外的个人不能获取语言社群内成员自由分享的知识。

我们认为，这是一个持续和演化的问题，文化科学能在进化人类学停步的地方拾起这个问题。我们的想法是，有些新的群体产生机制（新语言、新舞蹈）能使亲属选择机制延伸，远远超越近亲范围，进入更广阔的天地。我们问：由于有效而无穷大的人口——全球人口的规模，处在令人惊叹的大数据、信息与传播规模中，世界会发生什么事情？

这是一个规模问题。一方面是普世性的乌托邦理想，它赋予我们《人的权利》（*Rights of Man*，Paine 1792）、世界语和组建全球政府的努力（Mazower 2012），以及多元文化主义的"大熔炉"或所谓的"地球村"（McLuhan 1962）。另一方面是"黑暗面"，有恶邻、种群内敌视或自相残杀，稍后出现的全球性敌对战争与恐怖主义，加上分裂、巴尔干化,以及部落主义和国与国的混战和其他仇外表现。对整合的抗拒似乎深潜于人的头脑和意识里,对抗的返祖本能十分顽强,不亚于全球社会开明而进步的普世主义。

从经济学的角度看,规模增大的基本问题是,随着群体规模的扩大,协调和治理的成本以几何级数增长。多种因素注入这一过程,包括信息成本、交易成本、监管和执行的成本,同时,目的和资源冲突的多样性亦随之增长。这似乎给组织的等级形式设置了上限,只有把大组织分解为模块,才能冲破这个上限(Simon and March 1958)。这条原理也可以解释,为何大的组织比如国家要通过比较小的政治单位来治理,为何国家分为联邦州、省、州、市、镇、政务会等较小的单位。

人数增加,协调的复杂性以指数增长,随之产生的是每个层次上知识增长的类似问题。层级结构随着规模的增大而增大,这必然要求每个要素所含知识的复杂性有所减少,以便让每个要素更容易预测、管理和治理。群体里的人数增加,群体里的知识增加,群体里人员的合作的成本随之增加;当合作的收益不再跟得上维护的成本时,合作随即瓦解。这样的成本与规模一致:代理人越多,成本越高。更大的规模总是造成更大的成本,规模大到一定的程度,也许就不再经济上合算了——抵抗入侵的成本不值得一战时,一个群体就会遭遇入侵。那就决定了群体能达到的上限。

由于规模和范围扩大的经济收获,以及知识收益的增长,我们也许期盼群体比如公司发展到很大(Romer 1990)。然而,经济学家注意到,倾向于增大的是市场,而不是公司;在公司里,在经济活动(经济是一个自发的秩序,Hayek 1973;Potts 2013)的大规模协调中,价格机制起到的作用是制度规则体系的作用。因此,重要的洞见是,"大合作"未必需要大组织群体(即公司,大多数公司都比较小)。协调的角色总是由具体的制度扮演的,包括市场机制、知识产权、货币和"游戏规则",它们都能有效地达到全球层次。价格机制和市场制度是解决协调问题的可升级的办法。弗里德里希·哈耶克(Hayek 1973:37)解释说,社会和文化很大程度上是自发的秩序,和设计的或策划的秩序相对:

可以毫不夸张地说，社会理论始于一个发现，且由于这一发现才具有目的；这个发现是：有序结构是存在的，而且是许多人行为的产物，不是人设计的结果。在一些领域，这个发现被普遍接受了。曾有人认为，连语言和道德都是过去的天才发明的；如今人人都承认，语言和道德都是进化过程的产物，没有人预见或设计过这样的结果。

对哈耶克[①]而言，文化靠群体选择机制演化。在这个过程中，小群体形成行为模式，习得具体的协调规则，使群体里的个人有效合作，以获取知识，并把握环境，结果使群体在与其他群体的竞争中最终胜出。在哈耶克的文化进化理论中，"文化规则"的发展是群体在竞争中胜出的结果。据信，这些规则整合进了赢得胜利的较大群体中。这一理论支持文化作为制度的理论，但它尚不能支持作为群体建构的文化理论。依然存在的问题是：文化如何在越来越大的群体中发展？在进化论里，群体的最大规模随着成本/效益交易基础上的选择机制而变化。在成本大于效益前，群体的大小已到极限，这和合作极限问题相仿。哈耶克的解决办法省掉了这一点，认为制度造就群体，不同的制度具有不同的选择优势，这样的优势转化为有差别的群体成就。哈耶克的解释很优雅，却不完全。它没有解释群体形成的过程，没有解释边界改变的过程，也没有解释什么得到整合，什么被丢掉了。为此我们需要考虑文化爆炸的过程或向"大文化"起飞的过程。

第二节　大文化[②]

戴尔得丽·麦克洛斯基说，现代性在"嗖"的一声中飞快崛起，始

[①] 哈耶克（Friedrich A. Hayek, 1899-1992），奥地利裔美籍经济学家，1974诺贝尔经济学奖得主，著《价格与生产》《货币理论与经济周期》《资本纯理论》《通向奴役的道路》《自由的宪章》《哲学、政治学与经济学》《法律、立法与自由》《货币的非国家化》《哲学、政治学、经济学和思想史的新研究》《经济的自由》等。

[②] 我们不喜欢"大文化"（Big Culture）一语，但它乎并不像"增大化"（bigification）那样野蛮。有更好的表达吗？——原注

于18世纪初，直至现在。饶有趣味的是，这位芝加哥学派的经济史家并不把这一爆炸性的发展（她所谓"嗖"的一声）崛起归因于煤炭、钢铁、工厂体制，也不归因于有关工业革命的其他解释；而是将其归因于修辞（劝服性谈话和价值），即她所谓的"资产阶级尊严"的崛起：

> 使我们摩登和富裕的是意识形态或"修辞"变革。先起于荷兰，继之在英国，出现了新的尊严和自由，为中产阶级释放的革新铺路。起初是一波独特的小发明，继之是汹涌澎湃的海啸；收入从3美元一天涨到30美元一天甚至更多……自作物栽培和动物驯化以来，最重要的世俗事件所依靠的并不止于常规。这一事件兴起于自由……尤其是资产阶级生活重新评价的结果。（McCloskey 2010）

现在，我们常用几种话语解说全球化。最明显的是经济话语，全球化不仅是经济生产和消费的日益紧密的世界体制，而且是一系列超越民族国家的全球公共产品，以及和平、安全、疾病、环境污染、移民和人权等全球问题。我们还谈论全球化文化（Tomlinson 1996；Cowen 2004；Pieterse 2003），以及知识的"世界体制"（Lee 2010）。文化人类学家和社会学家往往用霸权主义的文化同质化透镜审视全球化（麦当劳和星巴克是两个令人讨厌的例子）。经济学家把全球化视为专门化和贸易的外在表现，带来更大的消费群体，驱动利基文化生产的繁荣。然而，范围更广阔的问题不是生产过程，而是生产规模加大的文化维度。这是经济学家和文化批评家尚未触及的问题。本书作者尝试理解的不是全球化的文化伦理效应（喝彩，或喝倒彩），而是文化进化的因果机制，以及群体形成变动的过程，这样的机制和过程支撑着指数发展或"爆炸"的过程。

这种文化"爆炸"是本书的主题之一，说的是数据（"大数据"涉及计算分析学）、信息储存（艾字节，尧字节）、数字文化存取与生产（如谷歌图书）和文化市场（如亚马逊）。麦克洛斯基认为，这是20世纪的飞快发展，大多数经济产出都一再翻番。消费品选择比一百年前增加了上千倍（Beinhocker 2006）。这不只是线性增长；而是指数级的、幂律的、双曲函数的起飞。符号学家尤里·洛特曼（Yuri Lotman 2009）将这个文化过程描绘为"爆炸"。

非线性扩张是"大众文化"（mass culture）（同质化力量主导，压缩种类的增长）和"大文化"（种类和可能性爆炸性增长，不确定性增加）的区别；"大文化"的概念和"大数据"相关。我们借用"大文化"一语表示文化的规模，紧随经济快速增长或现代性起飞的文化发展。这几个术语造成特有的挑战。大文化像大数据，却不像大众文化，大文化多半是一个需要新工具和新心态的故事，探索并利用潜在的可能性。新消费的机会和新生产的可能性所在多多，都需要企业家那样的产业路径。大文化有若干维度。人口增大：在20世纪中从30亿人增加到70亿人，奔向21世纪中叶的90亿巅峰。都市增大：密集城市里聚集更多的人，前所未有。通过计算、通讯和储存的新数字技术，数据和信息量越来越大，世界越来越容易通达，成本很低。凭借贯通全球的网络、近乎无处不能的通达（尤其用移动通讯设施时），我们对世界的实时了解前所未有。贸易和市场扩张，我们消费、签约和生产的机会增多。政治和社会规模加大，代议制发展，全球公共产品广泛得到确认，解决诸多问题（贫困、医保、污染、安全等问题）的手段也得到确认。超越国家的司法管辖机构如联合国、欧盟、世界贸易组织、世界知识产权组织等的数量、重要性和规模都在加大。知识增长，成为上述力量和机制的黏合剂；这些力量和机制穿透庞大的有文化的人口，在全球运行（使用整合世界的"通用语"英语），把资源用于革新。令人注目的是，我们在很大程度上已经使这样的爆炸性变革常态化。说"人人"生活在大文化中，未必属实，但肯定可以说，越来越多的人生活在大文化中：在生物学意义上和生物政治意义上，大文化已遍及全人类。

一个例子是现代名流现象，这是描写名人与他人的关系爆炸性增长的范式（Barabási 2002；Hartley 2012：188）。从古至今都有要人（在大众文化中，要人控制分配），但名流是一个独特的概念。名流现象是个人文化连接性的爆炸：大注意（big attention，大媒体）和大报偿（大市场）

交汇时，名流现象产生。我们在体育、宗教、金融、管理等领域看见它，在注意力和信息反馈的社会网络市场动态机制所形塑的任何领域都看见它（Potts et al. 2008）。

值得注意的是，通过"我们"群体意义的人格化表征的图腾崇拜，名流现象这种大文化现象又具有群体建构功能（把大文化变成我们的文化）。名流的作用是锚定一个群体（在博客中名为拥趸），使之进入一个现在时的意义或面向未来的环境；在大多数领头的国际流行文化系统中（好莱坞、音乐、社交媒介），新科名流越来越年轻，其原因就在这里。名流现象（并非每一个名流）是由群体打造的，也是为群体打造的。民主领袖竞选的总统型（如美国总统竞选）或名流CEO型（如杰克·韦尔奇①、史蒂夫·乔布斯）也是围绕名流建构群体的例子。

大文化能变得多大？社会学家用"想象的共同体"（Anderson 1991）一语来表示，其理想类型是民族国家。想象的共同体是以媒介化修辞（过去的报纸和广播修辞，如今的在线修辞）建构的，反过来，想象的共同体又成为文化爆炸涟漪的路径。通过与"社群工具"相联系的降低的交流成本，点对点的社群（或组织）得以发展，新媒介理论家克莱·舍基（Clay Shirky 2008）对此作了解释。这里的群体组建是一种机制，爆炸（注意是爆炸，不是发展过程）增强不是靠群体的领地的扩张，也不是靠新群体的快速创建，而是靠制度扩展或帝国主义，一套规则借此强加于更大的人口或被更大的人口接受。也许，这是抽象的细微差异，但它直达文化科学的核心：文化演进所通过意义建构的群体过程，而不仅仅是差分信息复制或社会学习——文化演进不是一种"有效配置"，而是一种群体建构。

群体及其所承载的意义的扩张是一个复杂的演进过程，爆炸就是这个演进过程的文化机制。爆炸必然要遭遇群体冲突的交互问题，这样的冲突实际上是"较量的意义"，但也可能表现为更加严重的行为。

---

① 杰克·韦尔奇（Jack Welch, 1935- ），美国通用电气公司总裁兼CEO。

文化科学：故事、亚部落、知识与革新的自然历史

第三节 抛石机：恶邻

1191 年，法国国王菲利普二世围攻圣地的阿克城。故事是这样的，他动用围城的战具、大大小小的抛石机、火箭、染病的尸体、敌人的头颅，抛掷进城（图 4.1）。一台"绝佳的"抛石机被命名为"恶邻"。土耳其人似乎用统一的战具回敬，并将自己的抛石机命名为"恶表亲"：

> 法国国王……专注于打造围城的战具，在适当的地方部署抛石机，命令骑士团昼夜不停猛攻，把最好的一台抛石机命名为"恶邻"（bad neighbour）。城里的土耳其人也造了一台名为"恶表亲"（bad relation）的抛石机，常常用更猛烈的反击并砸毁"恶邻"。法国国王不断再造抛石机攻城，直到摧毁主城的部分城墙，并粉碎了那座该死的塔楼。

图 4.1
"恶邻"抛石机攻城，《哈珀新月刊画报》Harper's New Monthly Magazine, 22–29 June 1869。

"恶邻"最终胜出，粉碎了城里那座该死的塔楼。后来在 1216 年，国王菲利普二世把"恶邻"借给儿子路易，让他进攻英格兰多佛城堡，

介入英格兰内战,那是英王约翰和诸侯的战争。英王约翰违背了大宪章①,那是他在诸侯胁迫下于1215年在伦尼米德签署的文件。像许多后继的技术直至无人机、机器人和导弹一样,抛石机是政治问题的解决办法。它攻打多佛城堡之所以不灵光,那是因为多佛城堡是"新技术",能抵挡抛石机等攻城战具。

抛石机是亚部落间用攻击来进行重要意义较量的原理,它可以用来命名文化科学里一个更一般的问题。有组织的亚部落(部落、国家)能用致命武器武装起来,并"恶意收购"竞争的群体,使成功的亚部落扩大,甚至达到帝国的规模,而失败的群体则永远消失;既然如此,暴力破坏的问题(即文化安全问题)赫然耸现在我们的眼前。

如果文化适应功能是确保"我们"群体在与"他们"群体的较量中活下来,武装到牙齿的群体交手时,两个问题就凸现出来,就像200万年前的人群开始较量一样。彼时,智人与另一个猿人的种群分手,原始人中出现了投掷器(Gintis 2012:6-7)。

第一个问题是,我们如何解释:群体对群体的暴力、摧毁,及其制度化形式的战争、压迫、威胁,甚至征服者、统治者和恶邻大搞的种族灭绝,都是文化的组成部分吗?尤其我们不愿意放弃文化合作、创新和和开化影响的概念时,群体对群体的暴力又该如何解释呢?第二个问题比较新,产生于大文化:"我们"横跨全球,覆盖全人类,"我们"群体在与"他们"群体的较量中增长知识,有时还(靠亚部落扩散、文化传播、继位、定居、征服和殖民)"收购""他们"群体——在这样的情况下,冲突何以能成为"亚部落"知识建构的基本成分呢?换言之,当亚部落的知识成为真正意义的普世知识时,它何以能维持互相敌对的性质呢?

关于第一个问题,赫伯特·金迪斯(2012)观点明确,我们在第三章"亚部落"里已有描绘:用来猎杀大型动物的投掷器也是杀戮敌人的利器(2012:6)。因此他想,胁迫必须让位于霸道的劝服。跟直觉刚刚

---

① 大宪章(Magna Carta),1215年英王约翰被迫签署的宪法性的文件,其宗旨为保障封建贵族的政治独立与经济权益。

相反，内群体的竞争性暴力产生"互惠"的交流艺术——劝服、逻辑、分析、"大脑"、语言——简言之文化。他认为，技术武装起来的文化，建立在致命武器基础上，却不是导致毁灭，而是知识的增长，知识就成为原始人进化为现代智人的手段。

金迪斯将这一逻辑用于分析亚部落间冲突，以人类进化的"行为分析"故事结尾，讲述不同国家形式（从寡头-贵族到民主）与新致命技术（从稀缺和昂贵到普及和廉价）的产业进化，直到"始于手枪完善的步兵称霸和现代民主的起源"（2012：9）。无疑，这段话读起来很有美国中心民主模式的味道，却不提大规模杀伤性武器或冷战时代"确保同归于尽"的战争边缘政治；相反，他断言，战争产生知识、文化、技术和政治布局，这些事物共创了人类。

金迪斯这个观点引起技术经济史家广泛的议论，他们对第二次世界大战的谈论尤其热闹。此间出现的新技术有雷达、计算机、新合金、喷气机、核能，还有许多其他技术突破，这些新技术又产生宏大的政治文化效应。从种群的层次看，而不是从个人胜负的层次看，他这个观点暗示，等到冶金术、文字、城市和国家出现、知识以指数增长甚至更快的时候，抛石机的规模和效应才更加壮观；然而从一开始，抛石机就是适应进化的力量。

这把我们引入第二个问题：达到知识、军备和人口增长的指数曲线时，不再有人作为我们争斗的对象，因为大文化横贯全球、覆盖全人类，此时，我们如何应对越来越多的事物，如何对付规模的问题？我们怎么能相信没有在亚部落竞争中接受过检验的"普世"知识？

"恶邻"问题也许是社会性演进的基本问题，是大规模合作应对突发社会秩序的主要障碍。在进化社会论中。这个问题名为利他主义，或搭便车问题，换言之，这是越来越多、越来越高层次合作遭遇极限的问题。但这是有关静态个人世界里合作稳定性的问题。本书关注的是这个问题的变体：大群体遭遇更多背叛刺激的行为（Olson 1965），有组织自知群体（self-knowing）里就有这样的行为。博弈论告诉我们，只有在具备完整信息和监察的小群体里，合作才能稳定。越过这一规模，合作就会解体，因为合作群体越来越成为不合作"叛逃者"有价值的入侵目标。再者，进化博弈论确认，反复博弈中的合作可以通过声誉机制来维持（Fehr and Fischbacher 2003）。谁也不会预料，合作能在全球规模的语境中维持。我们在社会群体聚集越来越多的阶梯上行进时，无论是因为叛变或冲突，恶邻问题成为越来越大、越来越复杂的问题。

恶邻有不同的知识，因而是不同的群体。同样，善邻（good neighbour）有类似的或相关的知识：他们的群体有自知之明，其知识是共享的。合作有可能的道理就在这里，知识在合作群体的成员中是可以共同操作的。但不同的知识（仿佛是"外知识"）有不同的价值，因为它是内群体成员革新的源头和适应激励。但外群体里存在的不同的知识，是不容易获取或使用的。实际上，这样的知识往往要被排斥，用免疫学的话说，这种知识是"异物"，创造它的外群体会强有力地保护它，他们不想让你窃取它。新奇和革新的一个重要的潜在源头是来自其他群体的新思想，但文化的结群性使新思想难以获取。这个问题既是对外来知识的敌视，又是想从中获益的愿望，这不是仇外的问题，这是对事实的说明。更准确地说，文化科学的解释遵循因果链——群体里意义建构的进化。

这也不是简单的政治问题，甚至不是军事问题。在拥有劳动和知识体系先进分支的文化里，这个问题适用于专业知识，实际上适用于知识本身。群体有边界，知识增长的极限就是这些边界的动力机制。人的世界（在此，一切知识都源于归纳推理），或波普尔的世界（在此，知识的增长通过猜想和和反驳），最终都将成为共同的知识——这是科学社会学率先揭示并被视为准虚构的问题。拉图尔（Latour 2005）认为，科学也是人的文化行为，就像其他社会中介过程一样，科学也可以分析为"文化文本"。科学家群体及其思想经受挑战，受到转化，科学随之而进步。所谓科学进步说明了外化的亚部落原理，这一原理和库恩/拉卡托斯（Kuhn/Lakatos）的科学范式和研究计划模式是一致的。在《科学革命的结构》（*Structure of Scientific Revolutions*）里，托马斯·库恩（Thomas Kuhn，1962）挑战现存的靠积累进步的科学范式（发展模式），提出自己的范式转移模型，这是非线性的"爆炸"模型。虽然他没有用爆炸这一术语，他的范式转移模型本质上是科学家结成外化亚部落的模型，他们的亚部落与其他群体竞争，却将自己内部的知识隔绝起来。用伊姆雷·拉卡托斯（Imre Lakatos 2001）的模型说，"硬核"（hard core）命题受一条"辅助假说"带的保护。当这些辅助假说不再有效、"硬核"公理受到挑战、群体边界被改变时，科学革命随即发生。由此可见，科学进步的标准范式实际上建基于"我们－群体/他们－群体"的动态关系，以及"恶邻"继续不断的威胁。库恩的范式转移（paradigm shift）是爆炸性的，涉及全域的迅速扩张和转化，以及现存范式的忽略。

新异和革新的恶邻范式是自然的范式。知识在受检验的过程中发展，知识的检验涉及几个方面：将其置于张力和压力之下，使其与迥然不同的视角竞争。受挑战的知识未必就是不真实的知识；这种知识因挑战而得到加强。这就是开放经济的逻辑：任何人都能进入市场去竞争，没有任何地位是受到保护的。这也是开放社会的逻辑（Popper 1945），言论自由和结社自由有必要的宪法保障，对差异所需的宽容也有保障。宽容而不是边缘政策成为文明行为的最高形式，因为它使"我们"群体开放，向"他们"群体学习，这和进化机理抗衡。

第四节　系统暴力

以开放社会、开放知识和开放变革为名的宽容是来之不易的，这一切意味着，久经锤炼的、爱提问的脑袋突然被叫停，去直面爆炸性、有争议的变革那好战的、破坏性的意义。"作为合作的征服"（conquest as cooperation）的概念（见第九章"湮灭"）令人反感，或被视为矛盾。这一概念的另一个名字是帝国主义，欧洲曾经是帝国主义的领头羊。[①]在这里，有关规模攀升的问题是必须考虑的——那就是暴力的源头。竞争、冲突、"创造性破坏"和征服的结果可能是：整座城市、整个民族、整

---

① 据莱科克（Laycock 2012）统计，在联合国承认将近200个国家中，只有22个国家"未曾受到英国人的侵略"（Daily Telegraph, 4 November 2012）。——原注

个山水被毁灭,整个文化、语言和知识也随之丢失。现在要问:这样的毁灭和丢失怎么能被说成是个文化知识发展过程难免的组成部分呢?

请考虑这个问题:人的暴力是先天自然的呢?抑或是行为或文明的产物呢?"有争议的意义"要求,"赢者通吃"和"输者全输"吗?暴力的原因寓于人的行为(所谓更新世时的硬接线)吗?抑或是另一种更好的解释呢?换言之,暴力的原因寓于规模增大的复杂系统,由此加快的财富、知识、技术和文明产生暴力吗?有论者(Elias 1939;Pinker 2011)同意第一种解释;其他论者(Benkler 2011;Gintis 2012)赞同第二种解释。答案对文化科学具有重要的意义。如果是第一种解释(暴力是个人的自然行为),那么,暴力的升级差别不大,我们也无可奈何,除了两种选择,不可能有多大作为:强大的治安和警察控制天然的暴力倾向;同样,把暴力交给国家,让国家垄断暴力(以战争和惩罚的形式),以调控面对面交流和社会交流中使用的暴力。"文明开化的过程"(Elias 1939)被视为慢慢击败天然野蛮状态的过程,在那样的状态下,"人人与大家的战争"使生活"孤单、穷困、艰难、野蛮,使人短寿"(Hobbes 1651:XIII.9)。正如马克·吐温所言(1897(ch.47)):

> 杀人快乐!看杀人快乐!——这些特质是人类的特质。我们白人只不过是有所改良的恶棍,在一张文明薄皮约束下烦躁不安的恶棍。

然而,如果是第二种解释("后天养成"或文化系统),如果暴力升级是知识和其他财富增长的结果,或者(其实是同样的解释)如果暴力是亚部落的、对立文化系统的属性,而不是个人的行为属性,那么,它就立即成为文化科学的具体问题;带上明显的"政策"命题;也就是说,弥漫的暴力和"创造性毁灭"就必须分开,亚部落较量中的边界就必须维持,而不是诉诸暴力。这样的转变,从火星战神到金星女神、战争到贸易、武力到法治、实力到"软实力"的转变已经在若干领域里完成,地缘政治和社会领域里的转变都已经完成了。需要纪律的是国家,而不是竞争性的知识系统。

问题是，我们不断讲故事告诉自己，把人对人的暴力归因于天生的自然。因此，知识问题是暴力源头的解释应该在两个维度上强调：在对自己讲述的故事中，在真相的陈述中。暴力的表征很重要，因为暴力渗透在我们亚部落的知识里。我们熟悉的故事把暴力归因于：

（1）其他群体（敌对的"他们"群体），比如我们的"恶邻"，包括国家的外部"敌人"和"威胁"秩序和安全的内部敌人，或者两种兼于一身的敌人（"恐怖分子"）；

（2）其他时代——从"此地此时"出发投射到中世纪甚至更早的时代；

（3）其他文化——尤其被视为"蒙昧"、"野蛮"或"原始"的文化；

（4）幻想世界——科幻文艺，我们/他们的较量或后现代相对主义可以被投射到未来，深思可以被引向逻辑但不合口味的结论（如《星际迷航·欧米茄荣耀》、《饥饿游戏》，或其他许多极权主义-消费主义的反乌托邦故事）。①

这一切"此地"（逻辑和话语的此地）常常被描绘为适合所有人的霍布斯②式的地方，但"我们的英雄"除外；通常在经过极端的法外暴力后，这样的英雄才获胜。"我们"不启动这样的斗争，但我们最终促使"我们的"英雄打到底，通常一对一的斗争（伴有爆炸），直到恢复平衡。我们的故事需要冲突、喜欢暴力，甚至是《饥饿游戏》里儿童对儿童的杀戮，但那不是我们的错。

第二个维度是那种难以到达的地域，鉴于我们脑袋里储存的故事，

---

① 《星际迷航·欧米茄荣耀》把"共产分子"与"美国佬"放在一个星球上，相互仇恨使它们回到《蝇王》那种原始状态；《饥饿游戏》例证同样普遍的逻辑：在一个没有外部敌人的世界里，"我们"为欢愉、富裕和选择付出代价，生存与人性、生命与爱情、顺从与反叛（自由）相对。——原注

② 托马斯·霍布斯（Thomas Hobbes，1588-1679），英国哲学家，著有《论公民》《利维坦》《论物质》《贝希莫特》《论政体》《论人》《论社会》等；在此，作者借用"利维坦"式怪兽说暴力。

我们可以将其称为"非故事",即现实。结果证明,故事人物行为的真相也许差不多和我们的亚部落讲的故事刚好相反。社会学家西丽沙·马雷谢维奇和凯文·赖安(Malešević & Ryan 2013)写道,"对暴力情境中个人行为的最新研究显示,人类既不善于使用暴力,对暴力的使用也不感到舒服"。他们指出,诺贝特·埃利亚斯[①]颇具影响力的"文明的进程"(Civilizing Process)(1939)指的是一个长时段的运行轨迹;埃利亚斯认为,这个过程引导人走出野蛮和嗜血的自然状态,走向自我约束和控制的文明阶段。埃利亚斯的观点建立在早先的野蛮状态,那是人固有的好战性。然而,事实证明,埃利亚斯这个设想几无证据,与之相对的反证却很多。马雷谢维奇和赖安主张区分(心理)攻击性和(社会)暴力;暴力在社会里发生,先进、现代社会特有的暴力不是比较早或原始进化阶段的重演,而是文明本身的产物:

> 和攻击性不同……集体暴力必然涉及精细的协调、组织和控制,至少需要一定程度的计划。在这个意义上,攻击行为几乎是和有组织暴力行动相反的另一个极端;成功的集体暴力不是靠冲动,其预设前提是克制。目标指向的暴力需要冷静头脑、工具理性和自我控制。因此,战争、革命和恐怖主义等复杂形式的有组织暴力不会在文明的进程中被扼杀;唯有在文明发展的过程中,这些暴力形式才可能形成(Malešević & Ryan 2013)。

马雷谢维奇和赖安指出,驱使士兵上战场的不是嗜血性,而是澳大利亚人所谓的"同伴情谊"(mateship):

> ……一个排里的士兵就像亲密的家人……因此,使他们团结的

[①] 诺贝特·埃利亚斯(Norbert Elias,1897-1990),德国社会学家,致力于"人的科学",整合社会学、心理学、历史学等学科,以"形态社会"来整合微观社会学与宏观社会学、"心理发生"层次与"社会发生"层次的问题,著有《文明的进程》《宫廷社会》《个体的社会》《圈内人与圈外人》等。

不是打仗的乐趣，而是前所未有的高涨的微观团结，这激发了战友特殊的情感。"打仗的乐趣"不是杀人和死亡的乐趣，而是生存和爱的乐趣（Malešević & Ryan 2013）。

"微观团结"（同伴情谊）是亚部落现象，是文化现象，不是行为；驱动打仗行为的正是这一文化现象，其特征常常是避免杀戮。自然的结果是，当代的现代性和全球化文明解答暴力问题，它不是文明倒退的人的自然状态。

马雷谢维奇和赖安断言，"唯有在文明发展的最近阶段，全面战争、大屠杀、毒气室、古拉格群岛、有组织的自杀式轰炸和原子弹摧毁整座城市"才有可能发生，才显而易见。这样的暴力不是文明的否定，而是文明的完成。抛石机不是中世纪的玩笑，因为那是落在"我们"身上的玩笑。他们指出，纳粹的种族灭绝行刑队是"由受过高等教育的头目领导的，它们是经济师、律师和大学教师"；三分之一的长官有博士学位。

暴力产生现代性，现代性利用暴力，可以想象的最好的理由和目的大致是：

> 为理想社会培育宏大的、常常不可调和意识形态蓝图的，正是启蒙运动的现代性遗产；能为实施美好新世界宏伟蓝图而提供高效的官僚主义机器和科学技术的，唯有现代性……有组织的长期的大规模屠杀千百万人的核心问题，正是文明，而不是缺乏文明（Malešević & Ryan 2013）。

有一个问题必须要回答：调动全民服务国家"共同的实质性目的"（common substantive purpose），无论那个目的在想象中是多么亲切，或为利益、救赎、进步，或为种族的统治（Oakeshott 1975：114, 319），那都是为了调动人去实施前所未有的暴力，无论我们脑子里塞满多少"自然"狂暴的前现代人和幻想的魔怪。我们正是我们自己的可怕的敌人。

这是否意味着，亚部落的知识——大文化——的固有属性是暴力和破坏，即使个人并非如此呢？这是否意味着，我们普遍-对立的群体认同模式必然侵蚀和摧毁大文化生成的全球一体呢？我们不知道；但即使不算科学的证据尤其政治、新闻和虚构文艺（包括游戏）的证据显示，如果没有对立面，亚部落知识的表征是不能运作的。因此，一旦亚部落扩展到全球的规模，表征的范式就会向内转——去寻找"内在的敌人"（不是外国人就是共产党人、恐怖分子、恋童癖患者等）或把超乎人类的威胁（气候变化、流行病、外星人等）外化。然而，实际情况可能是截然不同的。马雷谢维奇和赖安指出，暴力并非源于天然的攻击性，而是"源于精细的协调、组织、控制……精心策划、冷静头脑、工具理性和自我控制"。亚部落和文化之类的自组织复杂群体需要用中央计划和直接强制（如征兵）来劝诱和管理。换言之，敌对性竞争是文化，但暴力不是自然的，而是强加于人的，强加的力量更像大众文化，而不像大文化。恶邻问题是中央计划者和国家已经接过手的竞争问题。在没有恶邻问题的情况下，自组织的竞争系统可能会运行得很好（见第五章"公民"）。

第五节　文化规模很大时，什么事情会发生呢？

在大量的文化研究和文化经济研究文献里（Tomlinson 1996；Pieterse 2003），由于同质化大众文化市场或强势大众文化生产的凶猛来袭，全球化文化的前景被视为威胁，致使小规模地方文化失落或贬值，而小规模地方文化常常被视为理想的规模。在很大程度上，反全球化运动认为这是一个不言自明的公理：全球化文化是"坏事"。不过，全球化文化有许多具体而复杂的含义。

用国际贸易的全球化经济活动的透镜来审视全球化文化，颇有裨益。开放贸易的净福利的经济形势势头强劲，基础坚实：对此，没有任何严肃的经济学家提出质疑（Clemens 2011：85）。[①]但这并不意味着，这些福

[①] 无疑，有人因捍卫个人作为生产者的私人利益而反对全球化；这一经济逻辑适用于一切生产者和一切消费者的总福利收益。——原注

利收益一望而知或仅凭直觉就能感知。要用仔细思考和反直觉观察，才能领会比较优势的论点。我们还要了解，福利收益来自专业分工，取决于运输和交通成本的下降（过去300年间的自明之理），亦需要维护全球共同体的公民身份。

至于文化的全球化，我们可以作出同样的论断吗？泰勒·科文（Tyler Cowen 1998，2004）阐述贸易收益的观点。他证明，消费者从更多的品种和更好的偏好匹配获益，而且证明小地方或利己的文化生产者因能进入较大的市场而获利。然而，我们全球化的文化科学视角并不是这个贸易获利模式的延伸。文化科学不预测生产者一侧的专门化，也不预测消费者一侧的实际增加的收入和品种。文化可以是可交换的食品，也可以是资本化的"产出"；更明显的一点是，全球化文化涉及的，与其说是关于个人文化消费或生成的数量或品质，不如说是关于文化的亚部落效应。文化能生成新事物和知识，文化全球化可以表述为更大的亚部落、革新的更广阔社会基础。

全球化文化拥有外化知识人口的更多亚部落边疆：更多"我们群体/他们群体"的边界。在规模更大、更全球化的文化里，恶邻是一个更大的问题。反全球化关切的标准问题要求文化保护（第九章"湮灭"将予以讨论），这个标准问题的常见表述是多元文化主义。一些现代议会民主国家（包括澳大利亚和加拿大）执行明确的多元文化政策，使许多文化拥有同样的国家空间，不厚此薄彼，努力缩小冲突，常常用减少接触或社会工程的措施来促进宽容、惩戒敌对行为。这样的政策有别于"熔炉"路径选择（如第二次世界大战的美国，19世纪的意大利、法国和德国），"熔炉"政策使国家公民身份的价值优先，将其置于族群、种族或地区忠诚之上（见第五章"公民"）。将全球化文化问题表述为多元文化主义和同化选择的辩论，并将其推进到全球的规模（Pultar 2014），这并非没有道理。

显然，全球化文化造成冲突的几率可能会更高，在潜在误解的边疆，在价值系统的撞击中，可能还有更多的冲突。通向全球和谐与和平的唯一道路可能是国家级多元文化宽容模式的防御性延伸，或者是优先迁移

第四章 "抛石机"：恶邻原理

的同化融合。但宽容或融合并不是文化科学的道路。问题是，宽容或融合的道路不利于革新、创新和文化更新，而革新、创新和文化更新都积极要求碰撞和冲突系统在亚部落知识边缘维持紧张的关系。多元文化宽容（靠隔绝和保护差异）、同化融合的较高价值（靠贬低和融合差异），都会产生同样的动态后果：创新、振兴和进化驱力资源的最小化。

革新能生于研发资源（信息输入）的投资。但那不是唯一的资源，只不过是最受控的资源而已。革新、发现和创新是更新性和适应性振兴工程的先兆，也来自于系统边缘紧张关系的外露，换句话说，革新、发现和创新来自于"我们-群体"和"他们-群体"的边界。规模越大，这种边界上的张力就越大。发现和更新是边界移动的过程，此间，来自"他们"群体的思想对"我们"群体就有意义了。滚石乐队表现韵律、蓝调和灵乐的"思想"变成听众（"我们"群体）可以理解的摇滚乐，这就是再生性革新。在《春之祭》（The Rite of Spring）中，伊戈尔·斯特拉文斯基[①]为民俗乐完成了类似的使命；在《亚维农的少女》（Les Demoiselles D'Avignon）中，毕加索[②]也为非洲和大洋洲面具艺术完成了类似的使命。

全球化文化为文化革新和更新提供了强有力的机会。同时我们又应该认识到，全球化文化很大程度上是难以预测的，多半是难以控制的，充满惊异与消耗，有许多近场损失（near-field losses）（必然引起吵闹与打斗）。虽然罕有通过中央官方庇护的和主流的路径，全球化本身就是文化更新的机制。全球化展开的是混乱边界和冲突张力的产物，一个自组织和演化中的开放的全球体系产生这样的局面。

暴力问题的答案只能在这里寻找。这是国家启动的工程，它把潜在致命的"共同的实质性目的"强加于公民，它不是公民在"不确定性中寻求创新"的追求。越来越清楚的是，"恶邻"就是你友好的当局，其

[①] 伊戈尔·斯特拉文斯基（Igor Stravinsky, 1882-1971），美籍俄国作曲家、指挥家和钢琴家，西方现代派音乐重要人物，作品有《火鸟》《彼得卢什卡》《春之祭》等。

[②] 保罗·毕加索（Pablo Piccasso, 1881-1973）。20世纪最富有创造性、影响最深远的艺术家；作品数量惊人，风格技巧变化多样；立体派创始人。

使命是开化、安抚和保护你；这个使命起于武装到牙齿的军队支持的不着边际的故事，军队威吓公民的事情并不罕见，等待战争中伤亡的多半是平民。由此可见，造成暴力的不是文明（倘若文明的含义是自组织的复杂社团），而是海盗式的技术和官僚的国家机器被滥用；自美国内战（那是首次使用机枪的战争）以来，这样的滥用使暴力以几何级数增长。

文化的爆炸也许是后现代的决定性挑战。规模和增长问题是文化研究里实实在在的问题，是文化科学研究的核心问题。这些大规模变革问题（Lotman所谓的"爆炸"，McCloskey所谓的"嗖"的一声的飞快发展）与全球化语境交叉，全球化往往把这些问题放在超越个人和政府控制的领域之外，它们往往会引起许多学者、专家、思想领袖和人民的担心，人们往往对全球化力量及其后果忧心忡忡。文化研究尤其对大文化的前景表示悲观。但文化科学并不抱悲观态度。我们的观点是，难以管理和控制的未必就是糟糕的，未必就是有风险的或具有潜在暴力的。文化生产和更新的性质似乎使之更有前途，比我们以前的理解更光明。大体上，我们经历了长期的文化全球化（至少自近代早期的"探索时代"起），文化全球化是创新、革新和文化振兴的重要力量。目前的情况是，它给人冲突、紧张和混乱的感觉，所以它不像是这样的重要力量。事情过后，当知识和群体边界的变革一望而知后，其意义才显露出来。文化科学是研究过程的科学。

第五章　公民：亚部落的富集创造知识

> 依附于社会的小部件，爱上我们所属社会里的小团队，这是公共情感的首要原则（仿佛是其幼芽）。这是一连串链环里的第一链环；依傍这一链环，我们走向对祖国的热爱，对人类的热爱。
>
> ——埃德蒙·伯克[①]

第一节　何谓公民？

文化科学的一个表意功能是，埃德蒙·伯克那一套公民身份的论述不仅仅意味着选举、争取权利、确认群体身份的问题。公民还可以通过外化的、中观层次的革新机制创造知识。公民身份能形塑群体结构，群体结构是亚部落的，能生产知识。"亚部落富集度"的过程确定何谓亚部落的稳定含义，确定此亚部落与其他亚部落有何差异，借此，亚部落富集的过程就可以引向知识生成的公民群体。在这一章里，我们勾勒公民的文化科学范式，探索其含义。

试图解释公民范式的分析林林总总，各有关切；标准的公民范式多半复述这些领域的关切。政治哲学用"社会接触"的透镜看公民身份，看见的是权利和义务的历史的和逻辑的框架，这是连接公民与国家的框架。这是合理公民身份的宪政表达和制度表达。政治哲学研究公民身份的路径是公民如何结社的地方的、自下而上的范式，这个范式以埃德

[①] 埃德蒙·伯克（Edmund Burke，1729-1797），英国政治家、政治理论家、哲学家，代表作有《法国革命的反思》。

蒙·伯克所谓的"小团队"为基础（见本章破题的引语）。在《美国的民主》里，托克维尔①对这一点着墨甚多，他声称，自由公民在地方社团里的合作尤其推进公民社区的建设。

对文化社会学家和文化研究理论家而言，公民身份首先是国家内群体建构的问题，公民身份的建构与以下群体有关：当公民身份的建构通过与弱势群体或边缘化群体的政治团结实现时，这就是进步公民身份（或"社会正义"）。但这一逻辑又可以称为排他性的机制，此时，公民身份的功能是排斥外人或新群体对平等待遇的诉求（"多数暴政"）。在这两种情况下，公民身份都是表情性政治表现，与结盟相关，目的是挑战现存的权力结构，或组建新的权力结构，或强化现存的权力结构。

经济学家、博弈论家和其他研究集体行为的专家的倾向是，不把公民身份视为一组权利，或社会身份，而是用社会两难困境的透镜来更加抽象看待公民身份（Dawes 1980），或将其视为"公共产品的博弈"。他们追随霍布斯，从大规模合作的非稳定性入手，这就意味着，集体行为问题需要强制手段（Olson 1965）。国家有权合理地垄断暴力,②公民甘愿服从这一安排，以换取政治投票权、其他群体的租金转移（如著作权"保护"）等利益，或参与政治事务的利益（Oakeshott 1975）。如此，公民身份的研究所取的视角是"同意的计算"（calculus of consent）（Buchanan and Tullock 1962）。③这些合格研究路径分析公民身份和来自被治者赞同的政府权威，将其视为公共产品生产的输入，其重点是公民群体里个人的成本和收益。另一个研究视角是市民社会，这是源自自愿性自治的群体即伯克所谓"小团队"的建构。市民社会的视角是地方公民身份，是办事情的自愿组合，和共有权（commons）（Ostrom 1990）的概念相关。

---

① 亚历克西斯·托克维尔（Alexis de Tocqueville，1805-1859），法国作家、政治家，曾游历美国，所著《美国的民主》成为经典，该书分析了美国政府制度的优缺点。

② 注意奥尔森（Mancur Olson 1982）国家起源的"惯匪模式"（stationary bandit）；亦注意第四章介绍诺贝特·埃利亚斯有关人性的霍布斯观点：文明本身就是"胁迫"机制。——原注

③ 其例证见经济学派的"公共选择"说，即政治行为的理性选择路径，或詹姆斯·布坎南所谓的"无浪漫政治"（politics without romance）。——原注

第五章 公民：亚部落的富集创造知识

在前人概念的基础上，文化科学将公民模式界定为"知识生产的亚部落社团"（demic association that makes knowledge）。自由公民自由合作以建设社区，同时又组成亚部落，即"我们"社群。这样的亚部落在符号的意义上生产知识，与"他们"社群互动。我们熟知，个人（经济学家所谓的"人力资本"）拥有大量的知识，组织机构比如公司也拥有大量的知识，公司把资本和人结合起来做事。但迄今为止，尚无许多把公民视为知识住所的思考，换言之，人们尚未论及公民的知识生产。文化科学给我们理由去思考，公民身份也许不仅是政治化的力量，还可能是创新和生产的力量。我们在这里想到的是一种审计社会知识的政治分类账。

公民理论始于古希腊城邦，指的是城邦人身份（城市更早，见第三章"亚部落"）。公民身份是个人与国家的链环，起初与城市（尤指雅典）相联。起初，人们按家庭组织，政治家族当家。大约在公元前500年，公民身份改变，与亚部落联系起来，亚部落以地区和人口为基础，一定程度上抵消了贵族家族（genes）的影响。阿提卡地区是"德摩"（demos）组成139个亚部落（demes），再组成10个部落或宗族（phyles），然后这些部落选举产生官员、挑选陪审团（Hornblower and Spawforth 2005）。征税和宗教仪式在地方的、亚部落层次上组织。由此可见，古代的公民身份使亲属到非亲属的迁移正式化，成为市民组合的组织模式。

进入现代社会，公民身份的概念延伸到民族国家的层次，启蒙运动率先使公民身份理论化（Diderot et al. 1753：488-489），具体规定是：国家对公民的权利，公民对国家的义务。但个人对君主的关系是臣民，而不是公民。[①]通常，公民身份因在一个国家出生而获得（但成年时才被赋予公民身份），或通过其他过程如归化、婚姻和担保而获得。重要的是，国家能以多种原因拒不授予公民身份。除了少数例外，公民身份是不能买卖或转让的。但多重公民身份是可能的——一个人可能在若干司

[①] 比如，1981年的《英国国籍法案》到1983正式生效以后，英国"臣民"才成为公民。——原注

法管辖区拥有双重国籍,"欧洲公民"(欧盟公民)享受 28 国的市民权。

公民享受与国家有关的若干权利,通常包括在国境内生活的权利、受保护或享受自由的权利。反过来,公民身份也产生公民的义务,包括参与法治(任陪审员)或保卫国家(服兵役)的义务。公民权利还包括享受社会保险和服务的权利。公民身份还延伸到民主权利和纳税义务、登记和呈交个人资料供国家治理的义务。自 1086 年威廉王征服英国后编制《末日审判书》(*Domesday Book*)① 以后,要求公民登记就是国家的特权。

在学术文献里,有三种研究公民概念的基本路径:

(1)"市民"的或"自由"的路径,国家存在的目的是帮助公民、保护公民权利,倾向于弱势国家和个人自由;

(2)积极的或"进取"的路径,国家存在的目的是普及"共同的实质性目的"(Oakeshott 1975),比如"人的权利"(法国革命)或普世权利(美国革命),有时靠武力(如第二次世界大战和越南战争)获得权利,或靠现代社会和公司的福利国家获得权利;在此,公民别无选择,只能参与国家的"进取"。

(3)"批判的"或"意识形态的"路径,用客观的名义分析现代公民身份,却未必使人获得公民身份;尤其建立在阶级(马克思主义)、性别(女权主义)、种族、殖民、族群或多元文化课题上(如 Mandela 1994:35-36; Saada 2012)的分析路径未必使人获得解放,许多不顺从主导公民身份的"其他人"未能获得公民身份。

公民概念全球化、抽象化,通过共享的符号(见第六章"表意功能")和社交网络而得以实施,从制度安排走向围绕富有意义的行为。"文学界"(republic of letters)的现代版本获得这样的意义,因此,我们加上第四种路径,即"媒介公民身份"或"文化公民身份"的路径(Hartley 2009a)。

(4)创意的、文化的或自己动手做的路径,公民创造自己的"陌生

---

① 《末日审判书》(*Domesday Book*),即《土地赋税调查书》,亦名"最终税册"。威廉王征服英国后进行的全国土地调查。

人组合"；在市场环境里，在曾被视为私密生活的领域，他们利用数字媒介和互动媒介、社交网络以及自己作为受众和消费者的经验和实践，完成陌生人的组合（如 Hartley 2012: ch. 6; Miller 2006; Papacharissi 2010; Baym 2010; Jenkins et al. 2013）。

这是媒介公民身份或文化公民身份的创意-组合概念，是文化科学研究路径的核心。一个公民群体是自组合（self-assembing）群体，可能会自极化（self-polarizing）（Sunstein 2002）。这个公民身份的观点不谋求政治上的承认，那是追求"身份政治"的群体的目标；也不谋求政治关系的获取或再平衡。通过社会学习的自愿组合机制（Richey 2013），通过亚部落知识的创造，文化科学的公民观谋求的是创造力。

第二节 理性公民理论

公民身份研究的另一条路径生于经济学和博弈论，其重心是我们所谓的"理性公民身份"（rational citizenship）。因此，"理性公民身份研究"所指的是这样一些分析：来自微观经济学、博弈论、公共决策理论、新制度经济学，以及理性主体的政治研究法，这些分析法解释公民面对制度刺激因素时的选择与行为。理性公民身份研究的概念或类似的概念，为评判大多数公民身份分析的决策理论提供驱力（Taylor-Gooby 2008: ch. 5）。

在理性公民理论（rational citizen theory）里，公民是群体或"社团"的成员（Buchanan 1965）。民族国家是宏大的社团（它生成许多排他性的利益，所以它不是公共产品），这样的社团需要解决"集体行为"问题。理性公民理论的基本问题是社会两难（Dawes 1980）——个人主体的理性行动是不合作，即不以公民身份对公共产品作出贡献（用理论语言表述就是"叛逃"），既然如此，大规模合作如何生成？个人又如何谋求公民身份的利益（"搭便车"）呢？从这个角度看问题，公民身份问题就是如何培育"良好公民"，即始终"以合作态度"与其他公民博弈的公民。

经济学严厉地审视自己，并自问，经济学研究是否倾向于使人更容易逃离社会两难，是否使人成为不好的公民（Frank et al. 1996）。相比而言，文化研究的奠基作（Hoggart 1957）的宗旨是，用进步公民身份研究去灌输有选举权的、刚刚获得读书识字能力的多数人，借以生成身份类别对路的公民。福利特斯和福斯特（Frijters & Foster (2012)）的建议可能是这些领地的一座桥梁。他们所指的桥梁是群体间的爱心和力量，可以将他们所谓的公民身份解读为理性顺从的一种形式。另一个论述的路子是使公民身份效仿群体决策形式；群体决策依靠的是处理群体力量的优质信息，所以加入一个群体就是对更好的决策和结果做出贡献（Mendelberg 2002）；不过，这没有解决搭便车的问题。

理性公民身份还可以效仿显著的、高成本的信号形式；如果不用这样的形式，有些重要的社会协调属性是看不见的，对社群的长期忠诚就是一种社会协调属性（Spence 1973）。"引人注目的公民身份"是高成本的信号形式意料之外的后果；和不协调的个人相比，这个后果的群体组成拥有优势信息处理能力的亚部落（如上所示）知识生产属性。这是活跃公民和网络建构精英活动的地方，包括慈善事业、对艺术和公共福祉的支持、对他人的喜爱，但他们引起疑虑，因为从事这类活动仿佛是共济会倾向的自我选拔——靠"老同学领带"获益的"体制"。

公共产品博弈（社会两难）里存在同样的关切，重要的关切也见于共有权文献的核心（Ostrom 1990），但公共产品博弈论和公民身份研究之间几乎没有什么联系。可能的解释说，公民身份研究原本关心的是城市、城邦、良好的市民（McCloskey 2010）；公共资源讨论的基础围绕自然资源、农业、工业问题，关心的是森林、牧场、渔场和灌溉系统。市民在城里生活，乡民倾向于共有权。也许，一种新的文献正在知识公地（knowledge commons）（Ostrom and Hess 2011）和革新公地（innovation commons）上形成。

第三节 公民身份演化考

公民身份是一种合作形式。但大规模合作从进化上看是不稳定的，

第五章 公民：亚部落的富集创造知识

因为它通常受到搭便车者的入侵。因此，公民是意料之外的进化客体。协调的成本随群体的增大呈指数式增长。协调受信息成本、交易、监管和强化的驱动，如此，目标和冲突源头增多的成本也随之提高。因此，组织增长最有效的办法是把大型组织分解为模块（Simon and March 1958）。国家之类的大型群体的管理是分解为州、省、郡、市、镇、地方议会等模块，反过来，公民身份就在多个层次上发生，并决定群体的大小。这是古希腊率先实施的范式。

大规模协调系统（如经济体）往往不像群体，而是像市场之类的制度性规则系统，制度性规则系统能达到全球规模（见第四章"抛石机"介绍的），哈耶克（1978：9）论述：文化通过群体选择进化。

哈耶克的文化进化论是说明卡瓦利-斯福扎（Cavalli-Sforza 2000）所谓"亚部落扩散"（demic diffusion）的例子。哈耶克的文化进化论是文化作为知识（culture-as-knowledge）的理论，这样的文化随人口的动态变化而扩散；他的文化进化论不是群体建构的理论，也不是我们所谓亚部落富集度的理论。我们的论点是，通过"我们"群体外化知识的亚部落过程，公民身份产生知识，"我们"群体由意义和身份建构。通过与"他们"群体（外国人、异邦人、野蛮人等）的互动，这些"我们"群体创造知识。"我们"创造知识的途径是，通过洛特曼式的差异冲突（第六章"表意功能"）、不可通约的系统或符号圈（这里是我们/他们的分别）的不可转换性，这样的不可转换性产生跨界互动的交流和意义。这样的知识有什么功能呢？在一定程度上，它递归建构并维持群体。但这样的知识也维持较大的群体建构，把公民身份延伸到较高的层次包括城市。

创意公民身份（creative citizenship）生成组织，组织提供社会和文明产品，包括信托基金和慈善基金。非政府组织常常是利益集团或游说集团，是驱动集体行动的另一种概念，行动围绕创造或征收租金展开（Krueger 1974），或者使他人的行动一定程度上有利于寻找租金的群体。然而，创意公民身份有创业精神，能创造以前不存在的知识和价值，使公民资本增加。政治服务能在征收租金或寻找租金一边落地，两者的区

· 109 ·

分取决于是有利于密友哥们，还是创造社会公益。如此，责任意识能成为公民身份的创意形式。

第四节　创意公民身份

硕果累累的社会科学研究垄断了公民身份研究，其特点是对市民组合行为的创意角色缺乏关注。这样的学术成果迅速走向了制度分析之路。创意一直是社群生活人文研究路径的主导修辞，但公民身份的概念在这个领域的理论成果要弱得多。然而，这个概念潜隐在罗斯金①、马修·阿诺德②和沃尔特·佩特③④批评中，他们都致力于"公民"的创意。在《时至今日》（*Unto This Last* 1862）里，罗斯金区分"政治"经济（有关公民）和"商品"经济（有关凌驾劳工的权力），我们可以从中领略其风味。在这里，公民身份被认为更接近美的表征，而不是权利：

> 政治经济（国家的经济或公民的经济）只不过是有用的、令人愉快的物品在强大的时间和地点的生产、保存和分配而已。农夫适时收割干草；造船工人把铁钉钉进结实的木材；建筑工人用调和好的灰泥砌砖；主妇照看好客厅里的家具，管好餐厨垃圾；歌手训练适度，不使嗓子过劳——他们都是名副其实的政治经济学家：积累财富，增加国民的福祉，他们是国民，然而，商品经济（mercantile

---

① 约翰·罗斯金（John Ruskin, 1819-1900），英国艺术批评家、社会理论家，主张社会改革，反对机械文明，大力支持前拉斐尔派。《现代画家》《时至今日》《芝麻与百合》《野橄榄花冠》《劳动者的力量》《经济学释义》《留给这个后来者》《建筑的七盏灯》《威尼斯之石》《拉斐尔前派》等。

② 马修·阿诺德（Matthew Arnold, 1822-1888），英国诗人、批评家、教育家，著《多佛滩》《邵莱布与罗斯托》《文化与无政府状态》等。

③ 沃尔特·佩特（Walter Pater, 1839-1894），英国批评家，提倡"为艺术而艺术"，上承前拉斐尔派，下启王尔德等唯美主义作家。代表作有《文艺复兴史研究》《希腊研究》《想象的肖像》《鉴赏集》《柏拉图和柏拉图主义》等。

④ 佩特的《希腊研究》（*The Renaissance: Studies in Art and Poetry*）讴歌古典希腊志向，把公民美的视为美，将其注入文艺复兴的品格，激励了"唯美运动"，即"为艺术而艺术"。——原注

· 110 ·

economy）是"报酬"或"工资"经济，意味着个人手中凌驾劳工的权力的积累，司法或道德权力的积累；权力的宣示意味着劳工相应的贫困或债务，意味着富人相应的财富和权利。（《时至今日》第二篇《财富的脉络》The Veins of Wealth）

这是对"适应力强"的工艺和"训练有素"的创意表达的执著，是将日常劳作美视为"财富和民族福祉"的基础。这样的执著维持到罗斯金时代之后；同样，马修·阿诺德文化即完美追求的描绘在他卷入的辩论之后继续产生影响。他们两人在文学文化中颇具影响，继后的批评家继承并修正了他们的思想，直至今天的文化研究专家。对他们而言，罗斯金基于公民创意劳作的"政治经济"变成了对"批判素养"的要求。利维斯①区分"文化"与"文明"的观点很著名，正如罗斯金区分"政治"经济和"商品"经济一样；利维斯的结论是，面对新兴的"文明"（工业大众文化），"公民……必须接受训练……俾能抗争"（Leavis and Thompson 1933：3-4）。那种训练的工具是文化教育，在学校里实施，然后拓展为一切公民的普及义务教育。辨别力、批判素养的训练，以及对商业大众文化甜言蜜语的"抵抗"，其含义和收获是强烈的道德意志感。结果，文化教育很快就被解读为批判力教育，而不是创造力教育，其理念是培育良好的公民，而不是优秀的诗人、艺术家或歌手，更不是农夫、造船工人或建筑工人。

传播学和文化研究也借用行为科学的视角，该学科在20世纪50年代以后在大学教育里占主导地位。在这里，国家和公民的关系被视为大众传播和受众的关系，或商业文化与消费者的关系。传播研究倾向于聚焦"媒介效应"，媒介的讯息（由大公司生产）引起个人的行为变化。研究者寻找正效应（公民-消费者被劝服投票选择，并接受"我们的"方式；这就是市场营销和公共关系研究的全部要义），或者更常见的是，

---

① 利维斯（F. R. Leavis, 1895-1978），英国"文化研究"的先驱之一、新批评代表人物，创办《细察》，著有《伟大的传统》《大众文明与少数人文化》《英诗新方向》《教育与大学》等。

研究者寻找负效应("研究对象"受影响表现出反社会行为;或被劝说后参与抵抗或暴乱;或完全不理睬、厌倦、疏离)。

对过分批判的和行为主义的方法论的抵制在所难免。20世纪60年代后,反叛的态度浮出水面。此间,通过商业文化,新的一代经历自己形式的政治、文化和个人解放,商业文化是批判的维多利亚时代人及其"大众社会"后继者抵制的文化。"实用批评"衰落,"创作"和其他艺术训练受欢迎;这样的训练始于高等教育,培训学生,使之在实践本位和生产课程的培训中准备从事媒体的工作,而不是抵制这样的媒体。

随着小报、出版业、电影和广播的日益普及,从19世纪后半叶开始,公民身份和消费、商业营销和政治宣传、信息和意识形态越来越难以分辨;由于新闻媒体和娱乐网络都在采用相同的劝说手法去通达同样的人口,这样的分辨尤其困难了。斯卡梅尔(Scammell 2000:351-2)说:"消费行为日益公民身份的特征和考虑……把公民身份和义务置于一边,把消费和自我利益置于另一边——这样的分辨不再可能。"看来,民主和市场是相互需要的。

没有经历过集权主义、世界大战或冷战的人——即所谓"X世代"和后继者,是"媒体原住民"。他们看不到抵制商业媒体的需要,相反,他们被商业媒体吸引,到媒体丰富的环境里去就业并追求艺术实现。普通消费者体验到技术可供性的不断改进,实践能力延伸到社交和自强(如凭借YouTube的辅导),如此,从前专业的或工艺的技能(如写作、制图、视听媒介的生产和编辑)民主化了;横向看来,不同类别的人群学到了前所未有的技能(Bruns 2008;Cheshire 2013;Flowers 2008;Rose 2012)。不久,精明的观察家如史蒂芬·科尔曼(Stephen Coleman (2003,2005)指出,普通的受众,一旦通过娱乐形式"研究"结社的形式,就能够教训"政治狂热者",让那些坚持政治纯洁或评判纯洁的人学一点公民价值。同理,"业余选手"(Leadbeater and Miller 2004)和"创客"(Anderson 2012)被誉为"新革新者"的先驱,引起了一场"新产业革命"。

技术趋势和经济趋势正在从总体上改变媒介景观,数字技术

（Bollier 2008）、互联网（Benkler 2006；Zittrain 2008）、互动媒介和移动媒介（Goggin 2008；Goggin and Clark 2009）、社交网络市场（Potts et al. 2008）涌现出来。与此同时，媒介和传播研究从文学研究吸收"批判的"公民身份，从社会科学吸收"政治的"公民身份，从职业培训吸收"创意生产"。研究公民身份概念的新路径逐一澄清，确定下来了。

在教育环境里，"批判"传统和"媒介效应"传统富有弹性。然而，由于互动性尤其参与性数字媒介的出现，以及用户（首先是信息用户：Gans 2012）、创客（Anderson 2012）或创意消费者（Jenkins et al. 2013）概念的普及，对这些传统不满的情绪随之上升，大众传播那种操纵个性化的（行为主义的）消费者的"指令-控制"模式不再受欢迎了。

近年，从这个人文主义传统生发出创意公民的概念。这个概念不是直接源于公民身份研究，也不是源于政治传播或社会科学。总体上，社会科学对用户动因说（use-agency）持怀疑态度（O'Connor 2010）。自此，人们的注意力迅速转向"新媒介"；在此，媒介化表征包括用户创造的内容和社交网络组合，使人考虑"自己动手的公民"，把人引向所谓"公民身份博弈论"（Stephenson 1967；Gray et al. 2009；Hartley 2012：ch. 6）①。在这里，用户公民常常从娱乐媒介、私密生活和消费的资源创造自己的组合形式和公民意义；同时，他们常常脱离正式的公民参与（如不登记投票选举），脱离曾经建构和教导"知情"公民的"启蒙喉舌"（报界）。因此，观察家注意到，脱离产业时代民主技术的现象，对"新"数字、移动和社交媒介快速理解的现象，同时发生；结果，"公民冷漠"指责出现了，同时，用户互动却呈指数增长（Harris et al. 2010）。

全球化数字时代创意公民身份概念浮现出来，这一概念源自于昔日几个概念对子，尤其"公民"与"消费者"的对子。消费与制造、个人生活与公共参与的新异结合，以及"个人政治"（the politics of the personal）与数字社交网络的新异结合，创意公民身份的概念产生新的意

---

① "公民身份博弈论"（play theory of citizenship）致敬 William Stephenson（1967）的《大众媒介博弈论》（*Play Theory of Mass Communication*）；在这本书里，他试图用娱乐和游戏的焦点抗衡控制和咨询的聚焦。——原注

义，以鼓动变革。公共领域的概念随即受到相应的修正（Warner 2005；Baym 2010；Papacharissi 2010；Harris et al. 2010）。集体行为研究的焦点不是放在选举上，而是放在"街上"或"离线"自愿者活动或基于情感的活动上（Hartley 2012：ch. 6）；放在单一问题运动上（如海洋守护、绿色和平）；放在借助社交网络的有组织游说上（行动起来!）；放在直接但非正式政治干预上（占领华尔街、99%、阿拉伯之春以及其他"春天"）；放在昔日公民倡议的各种形式的众包和众筹上。所有这一切都是创意公民身份大概念的一部分，都是从亚部落知识的基础上增建起来的。作为一个研究领域，创意公民身份和"创意经济"的研究和决策有一些交叉。

第五节 "保健"模式对"欺骗"模式？

凡是有公民的地方，必然有城市；公民和城市都富有创意。根据联合国公布的数字，1950 年，发达国家的大多数人在城市生活；自 2009 年起，世界大多数人在城市里生活；不久，世界各地的人都会在城市里生活。城市是创意生产的中心，既源于公民的创意，也源于公司、产业和制度的创意。从国际范围看，创意产业或创意经济的理念在文化政策和经济规划中日益凸显（Bakhshi et al. 2013）。但和其他好的理念一样，创意产业或创意经济的理念并非没有争议。比如，介绍创意城市的一组论文时，菲尔·库克和卢恰纳·拉扎雷蒂（Phil Cooke and Luciana Lazzeretti（2008）提出一种对立概念（我们/他们）的叙述，明确区分"文化经济"和"创意产业"，这是近乎"体系冲突"的区分：

（1）文化经济："长期培训的艺术家、歌手、博物馆长和音乐人"，其审美地位堪比许多保健系统；文化经济的源头位于学术界和公共机构。

（2）创意产业："濒临欺骗（racketeering）的企业家职能"，在这里，"大家都赚钱，有些人靠犯罪手段聚敛大笔财富"；他们赚钱

的源头在街道、市场上，在私人企业里。（Cooke and Lazzeretti 2008：1-2）

这样的区分显示了经济社会思想里的一缕思路，以及艺术和文化批评里的思路，其偏好是公共文化，而不是私人企业，在文化和创意中尤其如此。这一偏好站在公共/私人分割的一边，产生了创意目的两种不同的模式。如果我们遵循库克和拉扎雷蒂所用的术语，赞同补贴艺术和文化以确保民众福祉的论点就可以称为"保健"模式；反之，赞同为谋利而发展的论点就可以称为"欺骗"模式。这一区分的偏见性质是显而易见的，然而，尽管这一比较引人反感，尽管日常经验中相关的体会晦涩和混杂，他们的区分还是描绘了众所周知的、嵌入机构的分别。这样的差异如表 5.1 所示：

表 5.1　文化经济和创意产业的区分（据 Hartley et al. 2012：68）

	文化经济	创意产业
	"保健"模式（Health care）	"欺骗"模式（Racketeering）
样式	艺术	娱乐
场所	文化机构（GLAM）	场景，节日，购物中心，新奇的事物
价值	民族认同	全球多样性与差异，
引诱物	威望	社交网络（街道，媒介，俱乐部，人群）
代理	公民身份	数字素养
时间	白昼	夜间
年龄段	成人	青年
研究刊物	文化经济杂志	文化经济学杂志

公共文化（"保健"）的捍卫者想要保护它不受市场力量的侵害（"欺骗"）。然而，从创意城市的观点看，重要的是，表 5.1 里的两列特征是共现的，处在熙熙攘攘的符号边界上。所以，与其在两两对立之

间进行选择，我们应该看见，它们是处在结构性的、生产性的冲突中；如果将两者结合起来，我们就可以提出一种独特的创意目的——既不是"保健"模式，也不是"欺骗"模式。我们这个模式设定在创意过程的系统观上。在这里，价值处在"系统冲突"中，新思想由此而浮现出来，走向精致，并反过来引起复杂环境的变革和更新。尤里·洛特曼的研究路径预测，这样的革新发生在系统碰撞中；此时，在符号圈的边界上，在"符号化过程的热点中"就产生摩擦、嗡鸣和错综复杂的情况（Lotman 1990：136；see also Leadbeater and Wong 2010）。

历史地看，这样的张力是在城市里发生的，而不是在战争中发生是；在城市街道上，不对称、不可通约、不可相互转化的系统交会与混合。在创意城市里，思想勃兴，驱动经济增长和文化发展（见第九章"湮灭"）。然而，思想的蓬勃发展要有一个条件：思想有竞争力，相互较量，能用于实践，差异和多样激发原创和新奇，使局面焕然一新（Hutter et al. 2010）。历史地看，这个过程在都市里最激越，在地区首府或国都里尤其热烈，艺术和技艺缤纷绽放，思想交流的机制五花八门，市场繁荣兴旺。创意和城市天生是互相促进的，但这个过程是"非线性的"。它依靠复杂系统的互动和碰撞，生成维德斯和斯塔克（Vedres & Stark 2010）所谓的"结构褶皱"（structural folds）或网络的相互黏合力。他们认为，商界语境下的创业精神是由于黏合力强的群体的交叉而驱动的；在这样的语境下，参与者拥有得心应手的多种资源进行重组（2010：1151）。

城市是人类的发明，高度进化，以应对知识和思想增长和协调中的近似品质、变化和差异。碰撞和分歧驱动变革和革新，结果日臻精致。创意城市里出现互有黏合力的"集群的集群"，促成了人们对日益增加的复杂性和知识的精致化的自我管理。

"欺骗"模式和"保健"模式需要维持临近的关系，以便能互动和杂交。在大城市里，这种生产性对立嵌入了以下领域：高阶的文化机构比如美术馆、博物馆和大学群集在一个区域；街市、购物中心、全球媒体总部在其他区域结伴。这就是迈克尔·波特（Michael Porter）城市群理论的基础。历史上,丛集是初无计划的、解决复杂问题的办法,城市群是累积的结果。复杂性本身源于许多个人的和有组织的行为,刺激这些行为的是创意艺术家的竞争性差异,是"意见分歧、不满甚至疏离的典型辩证关系",(Cooke and Lazzeretti 2008:4);这样的辩证关系又启动新的工作,根据定义,新的工作是新异、原创和革新的。这一条艺术原理适用于市场本位的创意产业,虽然两者大异其趣(Beinhocker 2006)。两者均为创意城市之必需——都在复杂性、竞争、冲撞、创意和协调的基础上兴旺。

第六节 艺术家、消费者和系统碰撞

用城市群理论的艺术原理来分析艺术家时,很容易就看到,"系统碰撞"使个人才能和精力的价值增长。以中国的情况为例:

> 在中国,艺术家可能是演出主办人、业余人士、偶像破坏者或国家雇用的"文化工作者"。她可能是电影导演、演员、歌手、诗人、画家或录像艺术家。艺术家的角色随着时间的变化而变化:从变革动因到国家干部,从偶像破坏者和匠人,最近又成了经济代理人。(Keane 2013:127)

如果像《小不列颠》(*Little Britain*)①的达菲德所言,你是村子里唯一的艺术家,你就很难维持上述活动、功能和角色。在小地区、乡间和偏远地方,系统杂交必然比较慢,选择也不那么丰富。艺术家是城市生产力的组成部分;它们最富创造性的活动最好被视为城市符号指代过程(urban semiosis)的产物。

当然,艺术家始终是经济代理人。实际上,据斯维德伯格

---

① 《小不列颠》(*Little Britain*),英国喜剧小品。

(Swedberg 2006)记述,年轻的熊彼特①以其为模特,塑造他企业家英雄的概念,演化经济学就建立在这种企业家的基础上,现以表 5.2 演示如下:

表 5.2 熊彼特:企业家与艺术家"奇异的相似现象"
(据 Hartley et al. 2013:'Agency';see:Swedberg 2006:250)

静态的多数人	企业家/艺术家
追求平衡	打破平衡
重复已做过的事情	做新事情
被动,低能量	积极,干劲十足
跟随着	引领人
接受现有的办事方式	进行新的组合
内心强烈抗拒变革	内心不强烈抗拒变革
敌视他人的新行为	与对抗自己的行为斗争
在现存的选择中做理性选择	在多种选择中靠直觉进行选择
只受需求驱动,一旦满足立即停止	在创造的力量和乐趣中获得驱力
不掌握资源,新资源又用不上	不掌握资源,但借用需要的资源

创意城市公式的焦点是企业(创业)、创客(艺术家、技工和工匠)和生产过程(以其完全产业化的创意媒介)。创意产业不像其他的经济部类,因为其供给走在需求之前——新创意生产问世之前,人们不知道自己是否会喜欢其产品(Caves 2000)。艺术家和创意企业成功的必要条件是,与"结构褶皱"、见多识广和专注的受众建立跨界的黏合力,与其抱持对话关系,用各种机制去生成并"绑定"引起他们注意的新奇性(Potts 2011)。

---

① 熊彼特(Joseph Alois Schumpeter,1883-1950),美籍奥国经济学家,以"创新理论"解释资本主义的特征、发生、发展和趋于灭亡的结局,著有《经济发展理论》《资本主义、社会主义与民主》《经济分析史》等。

第五章　公民：亚部落的富集创造知识

再者，自数字媒介和参与性媒介出现以来，受众本身就拥有了自己的生产力。生产者和消费者以及专家和业余人士曾经的区分受到挑战了。由于社交媒介和用户生成内容的发展和增长，系统的生产力总体上提高了。数字技术把用户生成的内容与企业（如 YouTube）触摸的内容联系并混合起来，天衣无缝；上传"内容"轻而易举，这就意味着，非专业人士如音乐人、博客、恶作剧者的创意活动能引起全球关注，或创造新的利基市场。消费者和生产者是在相互联系的网络中联系起来。如此，创意城市需要有一大批富有创意的人；他们靠高速宽带或开放的街道联系起来，这一大帮有创意的人是艺术家和企业的补充。

这种敏感性最突出的迹象之一是源于匿名涂鸦的街头艺术。这是引起官方反对的麻辣味重的用户生成的内容，但涂鸦很快就被收编而典章化了——在"酷"的城市里，从"匿名"转向"法律批准"的文本性；涂鸦艺术家有纽约的基思·哈林（Keith Haring, 1980s, New York）、布里斯托（英国）的班克西（Banksy）等人（Banet-Weiser 2011）；有些作品在原地保存下来，例子有：长岛的"五点喷雾艺术中心"、柏林墙或墨尔本的小巷。如今的涂鸦艺术已成主流，有些市议会予以鼓励和特许，造成一个新的区分："街头艺术"得到允许，"涂鸦标记"被涂抹。①涂鸦是城市生活自下而上创新的显著标记。涂鸦有时是匿名青年夜生活的表现，有时又是当代事件引起的晦暗情绪的表现，两德统一后，原东德官方大楼墙上的涂鸦即为一例。哈特利本人在那里看见的标语有："起初，他们带给我们文化，接着，他们夺走我们的公寓。"这是魏玛市墙上的涂鸦。2011 年他还在北京和香港看见支持艺术家艾未未的涂鸦，阿拉伯之春时伊斯坦布尔等中东城市和北非城市的涂鸦，2011 年 12 月埃及"蓝色内衣女"事件后涂鸦即为一例。这是城市符号指代过程最直接的表现，需要过去特色鲜明的艺术家类型和消费者-公民富有生产力的动态冲突。

鉴于使用者作为生产者的重要意义，学习和实验就成了创新的关键

---

① 墨尔本采纳街头艺术，将其作为旅游卖点，制定法规区分艺术和涂鸦。——原注

要素，但标准的创意产业模式缺乏这些要素。新思想可能来自于专家专业化的产业语境之外，包括来自许多用户的知识，以及来自网络代理的知识。这种网络化的和富有创意的学习是非正式的、分布式的、点对点的、即时的、模仿性的。对普通公民而言，这种学习常常和娱乐形式连在一起，而不是和正规教育相联系。但这样的普通人有权成为富有生产力的资源。如此，进一步的经济发展的前提是教育，包括正规的和非正规的教育，那是用户创意生产力和互动发展的必要条件。然而，对创意产业和教育而言，至关重要的与其说是"供应商"，不如说是"用户"。

学生聚集的城市高举全球创意榜顶端，这些学生引领多样化。据马尔科姆·吉利斯（Malcolm Gillies 2013）记述，伦敦的50万学生里有10万国际学生，"大多数伦敦本科生自称不是'英国白人'"。学生是全球混合人、新技术的早期采用者，有比较高的可支配收入（有追求新奇的零花钱），富有流动性、爱试验，奔向特殊的事件、节庆，在租金低的、被人疏忽的地方聚居。如此，他们就发挥了城市的社会学习功能。这不是为准备升大学的工具性训练工作，而是"自然教育学"（natural pedagogy）的文化功能（Csibra and Gergely 2011）；自然教育学是非正式的"系统碰撞"，是人们都市生活体验的一部分。实际上，人们需要聚集，包括在线下和线上的聚集。

在活跃的城市环境里，创意革新在正式（教育和艺术）和非正式（参与和媒介）两个方面都加速了。革新可见于专家组织的"精致"生产，也见于分布式的、自组织社交网络里"新兴的"意义，把这一切联系起来的是思想。正如约翰·豪金斯（2009）所言，"思想是新的通货"。不过，这种通货并非总是货币化的。有些思想在市场外流通，在社交网络和注意力经济里运行。对其他人而言，许多创意艺术家和初创企业证明一个自明之理："新思想"和赚钱，尤其库克和拉扎雷蒂所谓的"靠犯罪手段聚敛财富"也许不是靠类别或意识形态区分，可能仅仅是靠时间来甄别——今天处在边缘的YouTube视频可能会推出明天的"高网值个人"（high net worth individual），如"鸟叔"朴载相。

公民组织不必只为政治，也不必只为处理社会问题，或创造公共产品。所有这些都是集体行为,都有搭便车问题,因为它们需要个人成本,才能产出公共利益。还有其他类别的公民组合,它们常常有参与的乐趣,也产生社会利益。这些组合比如公共节日是公民直接的创意行为,例子有威尔士音乐诗歌竞赛、喜剧节日、爵士乐节日、世界音乐节,以及各种艺穗节,还有以主题、产品命名的节日,或地方主题的节日(图书节、美食节、汽车展销节、土特产节等)。

这类知识可能是累积的、递归的,可能是亚部落知识的组合表达,和亦可能生产抽象(去亚部落化)的知识。为本群体消费而生产的舞蹈、艺术、文学、美食的功能是会聚一个亚部落。通过丰富意义的创造,这样的节日建构公民社群。

节日的生产力不仅表现在亚群体的建构和维持,而且表现在创意重构中。波茨(2011)认为,节日是制度形式的首要例子,名曰"新异现象集束的市场"(novelty bundling markets)。这种市场的发展是为了降低生产成本和新异消费成本的问题,它用专业手段把新异产品打包出售,将其与新产品的试验性尝试结合起来。新异打包的市场是媒体市场和城市的核心要素:它们改进新异产品更新的生产,促进经济和社会文化的革新。

公民身份理论的标准模式把重点放在个人与国家的关系上,以及陌生人间的集体行为问题上。在所有情况下,在合作、伦理、身份、责任和权力等问题上,公民都被当作群体的问题来研究;没有常被当作创意和知识问题来研究。文化科学考察,公民身份之所以能创造和生产知识,那是因为,它遵循的逻辑和外化的亚部落逻辑是相同的。

第二部
群体创造知识

第六章 表意功能：知识的增长

我的牛津大学哲学教授上辅导课时，常趴在桌子下，习惯奇特。他的高嗓门英国腔从桌子下传出来："博尔丁先生，谈论进化，这很好啊，但什么在进化，什么在进化，什么在进化啊？"40年后，我隐隐约约找到了这个问题的答案。进化的东西酷似知识。

——肯尼斯·博尔丁①，《生态动力学》(*Ecodynamics*, 1978: 33)

第一节 什么在进化？

在文化进化中，什么在进化？标准的答案是，某种转换为分析-文化空间（analytic-cultural space）的自我复制的信息单位在进化。比如，理查德·道金斯②的"模因"就提出一种抽象的概念：文化是由自我复制的信息单位构成的，文化使我们能把文化进化摹写为这样一个过程：在随机先验和离散选择之上进行有差别选择的信息更新（Boyd and Richerson 2005; Mesoudi 2011）。这个研究路径围绕信息复制单位（文化粒子），作为知识进化和文化动态的理论，这条路径真有意义吗？

---

① 肯尼斯·博尔丁（Kenneth Boulding, 1910-1993），美国经济学家，曾任美国经济学会会长，论著宏富，代表作有《和平经济学》《经济学的重建》《组织革命》《经济政策原理》《20世纪的意义》《超越经济学》《形象》等。

② 理查德·道金斯（Richard Dawkins, 1941），英国进化生物学家，提出文化基因说，仿照生物基因创造"模因"（meme）一词，将其用于人的思想和文化研究，著有《自私的基因》《延伸的表现型》《盲眼钟表匠》《伊甸园之河》《攀登难以逾越的山峰》《解析彩虹》《上帝之错觉》等。

我们认为，答案是否定的，理由很简单：文化动态和知识动态的单位至少是外在于格式化和抽象化的分析体制，罕有确定和明显的特征。相反，文化正是被揭示出来的对象，或者是在动态过程中浮现出来的。我们认为，这个单位似乎就是正在演化的东西，或者是在文化进化过程中竞争的东西。我们认为，它不是复制信息的离散包，也不是任何基因的类似物，而是宏大复杂系统里的某种连接点（Kauffman 1995；Potts 2000）。换言之，这个单位是知识单位，甚至是离散信息单位，但是相当独特的单位，即意义单位或表意功能的单位。这是有关复杂演化连接空间的判断，这一表述在分析形式上接近符号学，而不是基因学。在这一章里，我们论述表意功能这个概念，将其作为文化和知识进化动态理论的基本分析单位。

我们不主张把文化研究界定为对"社会文本"语境化意义的探询（或深度解读）。文化科学怀有同样的目标，但走向这一目标的路径是叙述生成和建构意义的力量。这样的力量常常被政治化，具有激进化的视角，这是文化研究的返租现象，斯科特·拉什（Scott Lash 2007）做了这样的解释：

> 也许，文化研究从一开始的首要关注点就是权力问题。研究者通过霸权或其等值词分析问题，认为霸权是有效的……霸权的意思是通过赞同或胁迫而取得的支配地位，是通过意识形态或话语来统治。

然而，我们的文化科学不围绕权力论建构，不将权力论当作意义建构的第一推手，不认为权力是"通过意识形态或话语来获取的霸权统治"。更准确地说，文化科学认为，意义是进化力量的产物，而不是（马克思主义意义上的）革命力量的产物；进化力量在讲故事的亚部落层次上运行，知识围绕进化理论形成。文化科学的确为快速转化力量留下余地，但追随洛特曼（Lotman 2009），我们将其称为"爆炸"；解释"爆炸"时，我们凭借的是系统思维而不是历史"规律"（见第九章"湮灭"）。

第六章 表意功能：知识的增长

知识、文化和表意功能是鲜明的进化场域——假设其他两种为常态时，每一个场域都可以概念化，并单独予以研究。因此，有知识进化论（进化知识论见 Popper 2002；Campbell 1960）；也有文化进化论（进化人类学见 Boyd and Richerson 1985；Mesoudi 2011）；还有语言意义进化论（拓扑符号学见 Lemke 1999）。文化科学旨在将三者组合成一个统一的理论，研究文化如何通过意义演化，形塑群体（亚部落）内和群体间的知识进化，而群体本身是动态的，与规模无关的，生生死死的。

第二节 酷似知识的概念

戴维·乔治·里奇（David George Ritchie）是 19 世纪晚期的苏格兰哲学家。他率先发表的一些论述我们今天名之曰"普世达尔文主义"（universal Darwinism），提出文化进化的概念，远远走在时代前面，因为所谓知识大融通（consilience）的观点要一个世纪以后的今天才有大发展并为人所知，那是爱德华·威尔逊[①]的社会生物学里更加棱角分明的主张（Wilson 1975，1998）。里奇很早就认识到文化和哲学发展里的进化思想的重要意义，他想要为其雕刻一块分析空间。请见他的论述：

> 我断言，人类社会呈现出的许多现象是不能用纯生物学意义的自然选择来解释的，我并不是要否定，自然选择理论是真理，而是要拓展其范围。无论个人和种族的自然选择如何，思想、习俗、制度都有一个"自然选择"机制。（Ritchie 1896：170-171）

这是一个明白无误的议程，意在用统一的进化思维方式来整合自然科学和人文学科。一百年以后，另一位显赫的亚里士多德派哲学家丹尼

[①] 爱德华·威尔逊（E. O. Wilson，1929），美国生物学家、社会生物学开创者，著有《昆虫的社会》《社会生物学》《论人的天性》《大自然的猎人》《社会生物学：新的综合》等。

· 127 ·

文化科学：故事、亚部落、知识与革新的自然历史

尔·丹尼特①发表了爆炸性的《达尔文的危险观念》(Darwin's Dangerous Idea 1995)，开篇即论述一种推测性的物质，名曰"万能酸"(universal acid)。因为它是酸，又因其万能，所以它腐蚀一切：没有任何东西能容纳它。这是栩栩如生的暗喻。他提议，进化论就是这样的万能酸：它难以被容纳，却能使其触及的一切转化。丹尼特的观点是，许多人尝试抵制并遏制进化论，但进化论一直是万能酸，烧穿一个又一个顽固的教条，无情地改变人对生命、宇宙和万事万物的认识。丹尼特关于达尔文理论的论述穿透了自然科学和生命科学，以及工程学、计算机科学、社会科学、心理科学等等，使一个又一个的知识领域发生革命性变化。

然而，丹尼特的论述令人焦虑——少数例外是丹尼斯·达顿（Denis Dutton 2009）或罗伯特·博伊德（Boyd 2009）——进化论受到人文学科的广泛抵制，似乎被遏制、甚至被击退了。除了福柯②式的生物权力(Rabinow and Rose 2006；Flew 2012：49)、女性主义的各种生物社会路径和各种后人类主义（Wolfe 2009），生物社会理论在典型的人文学科教师中实为罕见；他们更感兴趣的是此时此刻的权力，而不是自然/文化的进化关系。就进化论思想出现的范围而言，它可能会被描绘成攻击的靶子——"适者生存"优生学，因为它被认为有反进步的思想（比较第一章里的探讨）。因此，尽管生物进化和文化进化有"奇异的相似性"，现在看来，里奇和丹尼特错了，维布伦和威尔逊等人就更不用说了，在人类知识领域里，他们有关进化论普适性的乐观情绪在经验上是站不住脚的。

出了什么事呢？丹尼特的万能酸腐蚀艺术、文化和人文学科之外的一切吗？丹尼特的猜想至今没有被驳倒，那是因为万能酸也需要时间去

---

① 丹尼尔·丹尼特（Daniel Dennett, 1942），美国哲学家、神经科学家，著有《内容与意识》《大脑风暴》《行动余地》《意向立场》《意识的解释》《达尔文的危险观念》《心智种种》《自由之演化》《打破魔咒：宗教作为自然现象》等。

② 米歇尔·福柯（Paul Michel Foucault, 1934-1984），法国哲学家、史学家，著有《精神病与人格》《疯狂与非理性》《语词与事物：人文学科的考古学》《知识考古学》《性史》（3卷）《异常者》《主体的诠释学》等。

渗透一切（像《异灵》里潜伏外星人的酸性血）吗？文化是姗姗来迟的一种进化科学吗？或者说，文化现在不是，并永远也不是进化科学，因为它关涉的是价值（伦理）而不是事实呢？文化研究和人文学科的知识领域是进化论问津的最后领域。我们能把这姗姗来迟的问津视为三种各异其趣的解释：（1）最成功捍卫的解释；（2）最不搭界的解释；（3）琐屑或形而上的解释。

在（1）"最成功捍卫的解释"里，在人文学科和文化里，进化论不适当，因为有人提出了更好的理论；具体地说，各种牌号的马克思主义、福柯主义和后现代主义已经问世。

在（2）"最不搭界的解释"里，由于人在自然界里的特殊地位，由于我们的高级意识和想象力使我们远远超越了"自然选择"，所以最终造就了我们自己的现实；这些观点在所谓"建构主义"的各种名目下游走。

在（3）"琐屑或形而上的解释"里，丹尼特错了，因为进化人文学科的应用只触及到人文学科兴趣和学术的皮毛。人性非常深蕴和复杂，衍生于自然主义解释的理论不足以解释人性。

（一）进化论在人文学科里姗姗来迟最成功的解释

进化论为何在人文学科姗姗来迟，最成功的解释抵御替代性解释和叙述的深层采用和强力回推，尤其抵御社会达尔文主义比较自由放任的含义。在与反社会达尔文主义博弈的初期，进化论曾败下阵来；反社会达尔文主义对进化的自由主义的政治解读持反对态度，它反对进化论政治上有害的指责。

（二）进化论在人文学科里姗姗来迟最不搭界的进化论解释

最不搭界的进化论解释承认，进化论在史前史的解释里也许有意义，但如今它非常虚弱，因为人类发展到高级阶段，进化的低级力量不再适用，至少在人的高端不再适用，人类最出类拔萃的成就已经在高端完成了。然而，何以如此的解释却是另一回事，虽然诺贝特·埃利亚斯"文明的进程"理论是颇具影响力的尝试（见第四章"抛石机"）。马修·阿诺德的高雅文化论述的核心是击败思想和表达里的低级本能，以达成"完美"。其论点是，进化论很可能适用于"他们"，也许适用于过去的"我们"，但不适用于现在的"我们"了。

（三）进化论在人文学科里姗姗来迟琐屑或形而上的解释

琐屑或形而上的解释断言，进化论不能与欧陆理论（Continental Theory）竞争，换言之，琐屑或形而上解释者的概念框架是德法哲学传统生成的，而不是"盎格鲁-萨克逊"的自然科学和经验科学。他们不否定这种解释的潜在相关性，但强调指出，面对迎头相撞的竞争，这种解释根本不给力；来自权力、政治和社会正义内容丰富、说服力强、发人深省的论述是，进化论始终是无能为力的；后现代主义理论性强的批判读物总是携带着这种强有力的论述。也许，这些有力的论述会指向理查德·道金斯（1976）的自我复制"模因"，或指向胜过进化心理学各种不自然形式的论述，借以证明科学路径的浅薄和粗糙；即使与批判理论低层次的实例之驳杂、丰富和细腻相比，科学路径也显得浅薄和粗糙。

这些论点并非没有道理，我们无意拆解这些批评。这三种解释里都有一个相同的信念：在现代人文学科研究里，进化在许多方面被抵制、被免疫或被断然拒绝了，而不仅仅是被忽视了（Boyd et al. 2010; Tallis 2011; for a counter-position see Carroll 2011）。

（四）文化进化问题

然而，我们还是认为，进化在人文学科研究里被断然拒绝的事情并未发生：人文学科研究里围绕进化的辩论尚待发生，这不是因为有效的防御逻辑或替代逻辑，而是因为文化研究里的进化应用远比以前的理解困难得多。

这个问题沿两根轴线的程式化展开：（1）搜寻"文化基因"（即基本的微观应用单位），绕"文化基因"提出文化进化论；（2）因人性进化而产生文化的进化论基础，这个基础约束生产文化的行为，将文化解释为"延伸的显型"（extended phenotype）（Dawkins 1982）或社会技术。通常，研究的路径展开为以下两者的结合：（1）文化基因学（ultural genetics），（2）文化基因（genes for culture）（Boyd and Richerson 2005）。

"文化基因学"认为，文化进化源自生物进化。这是标准的、不容易引起争议的推理路子；实际上，这是达尔文本人的观点，朱利安·赫胥黎稍后对这一观点进行了综合：

> ……这种迄今未经开发的能力是经验的累积性传播。更充分地利用这一能力不仅能使人在进化中取得主导的地位，而且能启动一个新的进化阶段。由此而产生一种可分享、可传输、可日益转化的传统，该传统产生一种新的技术上名曰文化的实体或组织。社会心理方面的进化本质上是文化的，而不是生物的或基因的。（Huxley 1955：7）

结果就是执著追求基因的文化对应体，也就是对文化选择和文化复制单位的追求，其假设是某种"文化粒子"的存在（Findlay 1992；Laland et al. 1995；Pocklington and Best 1997；Mesoudi 2011）。如此，文化进化研究将集中注意寻找适当的"文化复制基因"；人脑就是复制文化粒子的"载体"或"媒介"。因此，文化基因学的宗旨就是搜寻文化粒子。

"文化基因"的论点则有所不同；它并非以搜寻文化粒子为基础，相反，它首先搜寻产生并复制文化粒子的单位。具体地说，它研究的是神经学和认知能力的进化，研究这样的能力如何通过社会学习来创造、生产和复制文化。这样的认知能力是文化进化的要素。这是文学达尔文主义的领域，它建立在进化心理学和进化神经科学之上。这条研究路子往往从心灵（由"进化适应性环境"形塑）进化论直接进入高文化（艺术、文学、文本、电影），不经过中间的干预阶段，这里所谓干预是对广阔文化人类学的关注，或技术、知识和其他"人造物、精神物、社会物"（Huxley 1955：9）大范围演化的关注。对文化进化单位的寻找见于人精神活动的表达，由人类基因组承载，在人类祖先的环境中由强大力量形塑，这是更新世"硬接线"的力量。

然而，在何为文化变异、选择和复制的适当单位这个问题上，却罕有一致意见。进化理论家无论如何总是假设某种像信息的"文化单位"，而文化理论家总是规避任何诸如此类的分析概念，并趋向于自我参照的定义（这些问题的概述见于 Harold Fromm 的两篇文章，*The Hudson Review*，2003）。问题无疑在于，在文化进化过程中"究竟发生了什么"这个问题有难度——正如本章破题引文中博尔丁导师追问的那样。进化生物学花了50年时间才把握了进化的场所——经历了从孟德尔①杂交实验到薛定谔②的"周期性晶体"概念，再到基因的基础化学概念和信息理论概念。经过漫长的艰苦奋斗才得到自我复制信息单位的概念是进化论基本分析单位的成果，这样的突破是种群遗传学与自然选择结合的产物，后来被称为"新达尔文主义"或"现代综合"（Huxley 1942）。

然而，挑战固然困难，但文化进化的场所过去更难，而且现在仍然是更难的问题（Huxley 1955）。根据米歇尔·福柯自己的记述，他的讲演意在"显示我正在尝试发现的这些问题的核心就是所谓的种群。因此，这是构建生命政治可以依托的基础"（2008：21）。但在论述种群之前，福柯觉得，他必须首先理解"治理理性"（governmental reason）和"经济真相"的"制度"，所以他那个系列讲座（和继后的著作）都专注于新自由主义，并没有回到生命政治的谱系（Flew 2012）。

如此，"种群"一直是社会政治建构，不是商务文化建构（即亚部落）。于是，种群的概念就留在那里，甚至留在缜密的社会理论领域；在那里，福柯的生命政治漂向伦理学，而不是"因果序列"。以下是尼古拉斯·罗斯（Nikolas Rose 2006）对"生命伦理"转向的论述：

---

① 若望·孟德尔（Gregor Johann Mendel，1822–1884），奥地利遗传学家、遗传学之父，发现遗传定律。

② 薛定谔（Ervin Schrodinger，1887–1961），奥地利物理学家，量子力学创始人之一，1933年诺贝尔奖得主《波动力学四讲》《统计热力学》《生命是什么？》等。

一方面，在新的生物经济学里，我们为经济开发和生物价值萃取而开发的生命活力前所未有；生物经济学使我们有关自己的观念为之一变，同时，它又使我们自己能用新方式自我干预。另一方面，我们的躯干、肉体的神经化学个性敞开大门，适应选择、谨慎和责任，适应实验和竞争，因而适应生命政治本身。（Rose 2006：'Introduction'）

这是简单的观察——进化单位的识别和理论表述曾经是生物学难题，如今是更大的文化难题。这正是支撑我们撰写这本文化科学专著的动机，它激励我们寻求新路径以提供答案。在过去的一百年间，大多数谋求概括研究人类社会方法论的人比如肯尼斯·博尔丁都得到这样的答案：使变异、选择和复制的文化单位"很像知识"。最抽象的版本是"模因"，其他的版本是习惯、常规和规则等文化复制符号。然而，这些被指认的符号并不完全妥当；相反，文化进化中变化东西的不是酷似基因的信息，或一般的知识，而是贴近表意功能：从现存符号剥离出新意义的倾向，以及意义通过文化"单位"或亚部落的扩散。换言之，这个"复制符号"是行为，而不是物体；（像性生殖一样），表意功能是两个或两个以上系统交叉撞击时出现的"新颖"符号。

（五）表意功能的进化

在文化科学里，文化的演化是表意功能的演化，即亚部落的变化。然而，如果把这样的演化表述为"表意功能单位"，那就会使人误解，那仿佛是谋求给"基本文化单位"贴上"基本表意功能单位"新标签。相反，我们的主张是本体论的，我们推出的文化进化概念是源自组合和关系网络的表意功能，又是亚部落内和亚部落间协商和使用而生成的表意功能。重要的是，表意功能不是物体，甚至不是信息本身，而是运行中的组合结构。在文化科学里，进化的是这些动态的亚部落组合。

而且，表意功能的进化过程是借助符号发生的，其指涉是"什么不是"（即差异结构）；需要对立的"他们"，"我们"群体的亚部落意义才能生成。不同的符号圈互动时，组合结构应运而生；意义网络的发展不是靠内生长，而是靠不同系统生产性的（并非总是友好的）接触。文化进化既不是内生的（亚部落知识每个"种类"里自生的），也不是外生的（外部提供的）；而是产生于许多系统连续不断和无尺度局限的（或分形的）动态机制，即长期相邻的许多系统撞击、冲突和连接而形成的动态。这个模式是洛特曼的符号圈，而不是香农的线性通信（"模因"需要线性通信）。所谓冲突的系统中就有我们这里考虑的系统：知识、文化、社会性、意义。这些系统共同建构、共同演化，彼此无生命驱动（interinanimated）（Richards 1936：47-66），或者是交叠的（Vedres and Stark 2010）；同时也是不同的、自组织的和自我再生的；每一个系统与环境接触都产生新信息，环境里容纳其他系统，每个系统的身份都由与之相邻的其他系统的关系来决定。因此，表意功能进化并获得身份，其身份是在文化、知识和社会性的组合结构里获得的。

第三节　意义和语言、表意功能与文化

准确界定文化研究究竟是什么有一定困难。比如，最近有一位资深社会科学家向本书一位作者说，文化研究更准确地说是一种"心态"（attitude of mind），而不是学科。因此，划定文化研究的范围有困难，文化研究方法的穷尽性描绘也有困难。然而，宽泛地描绘文化研究说什么、做什么，倒是可以相当直截了当的（Storey 1996；Hartley 2003）：这就是说，文化研究降生时就是刺激性的，是对19世纪的学科安排不满而产生的（2003）；它研究文化意义甚至一般的意义是如何生成的，或者说，文化意义的生成是通过各种社会分群、文化习惯或广泛制度的作用完成的。杰夫·刘易斯（Jeff Lewis 2002：13）用"相当包容"的方法将文化界定为"想象和意义"的聚合，这些想象和意义既可能交叠，又可能冲突，它们通过"人的分群和社会实践"运行：换言之，文化是使用中的表意功能；这个习用的文化定义可以是合作的，也可能引起争议。

历史地看，文化研究也曾经是承载意识形态意义的，其分析按照主

体性、性别、阶级、身份、民族、权力和意识形态等口号展开，目的是将其作为社会批评的基础，作为话语领域政治行动主义和政治实践的先导或类型。①作为左派的话语，文化研究显然是"张扬而骄傲的"（Dworkin 1997；Lee 2003；Hartley 2003）。文化研究关心的是，意义如何在不对称的权力关系中产生，如何通过媒介表征、如何由于或通过各种文化冲击的制度（阶级、性别、经济组织等制度）产生的。文化批判的目的是抵制或改造那些制度。

文化批判的过程发展到怀疑意义生成的过程本身，引向哲学上的怀疑主义：真实的意义是否能在语言里达成。在这里，德国-法国传统的欧陆哲学不仅把怀疑的外延指向真理的宣示，而且指向真理概念本身。在这里，"尼采"亚部落（思想群体）和"达尔文"亚部落分手：哲学与科学分手，虽然两者都保持了理性主义的方法；哲学的方法用于话语，科学的方法用于话语外的现象。欧陆哲学追求的是理性主义的不安：语言能对非语言作出什么样的宣示，理性能通过语言作出什么样的宣示（Lucy 2004）。欧陆哲学广泛被解读为非实在论，或对现实的不相信，其另一个标签是后现代主义，因为其格言是"文本之外无一物"（there is no outside-the-text）（Derrida 1976：158-159），但同样影响广泛的是，在更广阔的范围内，欧陆哲学的宗旨是知识生产的民主化和政治化。由此可见，文化科学和欧陆哲学共有一个特征：尝试理解在不确定的条件下意义何以可能，并用语言分析意义；这个特征与科学的特征相同：在有关现象因果关系的可测试的观察中减少错误。

（一）意义科学的先驱

那么，是否有意义科学（science of meaning）呢？意义通常指的是词、短语、说话的含义或所指意，广义地说就是符号的意义。皮尔斯②（1868-1977）提出符号分类学，将符号分为图像符号（icons）、指索符

---

① 由于其政治议程，文化研究在广泛的刊物争鸣中一直是有争议的。——原注
② 查尔斯·皮尔斯（Charles Sanders Peirce, 1839-1914），美国哲学家、逻辑学家、自然科学家，实用主义奠基人之一，留下《论文集》共8卷。

号'indexes'和象征符号（symbols）。索绪尔①(1974)想象符号学是科学，不过他没有把符号学从共时的（结构的）维度推进向历时的（进化的）地位。他把符号分为能指和所指（signifier and signified）。两人的方法论都聚焦于语言结构里可能的"单位"，以支持从有组织序列或符号阵列抽取出表意功能。但两人都没有进一步追求对这类系统的用途作出解释，而意义就是在这类系统的使用中生成的。

关于这样的解释，瓦伦丁·沃罗希洛夫（Valentin Vološinov 1929-1973）也许是提出普通"语言哲学"的第一人，其语言哲学基于语言的使用。他研究语言的路径是对话式的，并不是基于抽象结构的"最小意义单位"。我们应该从这个传统去寻求语言意义的解释。俄国形式主义传统与之类似，研究语言表意功能的俄国革新家有：提出"陌生化"（defamiliarization）的维克多·什克洛夫斯基（Viktor Shklovsky）；提出"狂欢荒诞"（carnivalesque）巴赫金②；稍后提出"语言功能"（functions of language）的罗曼·雅科布逊③；以及俄国形式主义批评家维克多·埃尔里希（Victor Erlich）和尤里·洛特曼。由于政治原因（跨亚部落的苏联/西方冲突），这条前途看好的研究路径对国际学术界的影响姗姗来迟。许多成果没有译成外文，直到20世纪70年代。即使到那时，这条路子仍然是文学批评里一个神秘的流派，陷入了结构主义、解构主义等主义的旋涡，而不是从动力学、社会性和使用的研究推进到意义研究的进化立场；正如我们所示，在洛特曼的成果中（Ibrus and Torop 2014），即使没有正式命名，意义研究已经诞生了。

---

① 斐迪南·索绪尔（Ferdinand de Saussure，1857-1913），瑞士语言学界，结构主义语言学创始人，区分"言语"和"语言"、共时研究和历时研究，著《普通语言学教程》《印欧语系元音的原始系统》等。

② 米哈伊尔·巴赫金（Mikhail Mikhailovich Bakhtin，1895-1975），结构主义符号学代表人物，对文艺学、民俗学、人类学、心理学都产生巨大影响，提出对话理论（dialogism）、众声喧哗（heteroglossia）、狂欢荒诞（carnivalesque）、时空观（chronotope）等概念，著有《马克思主义与语言哲学》《文艺学的形式方法》《文学作品的内容、材料和形式问题》《小说理论》《言语体裁问题》等。

③ 罗曼·雅科布逊（Roman Jakobson，1896-1982），《论俄语音系的演变》《儿童语言，失语症与语音共性》《言语分析初探》《语言基础》《普通语言学论文集》等。

第六章 表意功能：知识的增长

相反，留给我们的是分析传统。从说话人的角度看，意义是符号使用交流之下隐藏的意向或目的（"我的意思是……"）；从听者的角度看，意义是他从对听到的符号作出判断的意义（"我听见你说……"）。因此，自然的结果是，意义不是符号固有的，而是使用者协调的社会关系的产物，意义取决于语境：意义需要社会性。分析哲学里的语义学研究的是语词（文本）或抽象概念与现实的关系。柏拉图构想的是本体论的理想类型，我们在这样的理想类型里构想语词的意义，以"圆圈"一词为例，它对应的是圆圈的理想类型。约翰·洛克[①]将概念语义学（ideational semantics），延伸到理想的交流：概念被编码、交流和解码时，语言意义得到传递，从一个脑袋发出的概念就在另一个脑袋里得到表征。稍后，卢梭[②]循着密尔[③]的路子，将语义学推进到指称语义学（referential semantics）即符号语义学。指称语义学的重要洞见是将意义与头脑剥离，这是洛克的经验主义研究核心，他将意义置于指称客体的世界中。把意义从代理转向客体，这是行动主义的一手，完成"客观性"概念的一个意义（Hartley 2009a：28）。质言之，一个语词或短语的意义就是其被应用的意义，因此，语词或短语的意义是任意的，却是约定俗成的，不像柏拉图所谓的本质主义的概念。

然而，指称语义学有一个基本问题，这是数理逻辑揭示的问题。戈特洛布·弗雷格（Gottlob Frege）和稍后的唐纳德·戴维森（Donald Davidson）认识到，意义所需的不止是概念连接或指称映射，还需要真值意义（sense of truth）。弗雷格指出，若干种表达可能所指相通，却未必意义相同。借用阿尔弗雷德·塔斯基（Alfred Tarski）的真理论

[①] 约翰·洛克（John Lock，1632—1704），英国唯物主义哲学家，反对"天赋观念"论，在认识论、政治、教育和医学上均有贡献，大多数著作已有中译本。

[②] 让·卢梭（Jean-Jacques Rouseau，1712-1778），18世纪欧洲启蒙时代最伟大的思想家之一，激励了美国革命和法国大革命，对浪漫主义运动也产生了影响。他的"社会契约论"超过了英国的经济自由主义和孟德斯鸠的实证论。提出"世俗的宗教"和"自然教育"等伟大思想。所著《爱弥儿》《社会契约论》等对后世产生了重大的影响。

[③] 约翰·密尔（John Stuart Mill，1806-1873），英国心理学家、哲学家、逻辑学家和经济学家，古典自由主义最重要的代表人物之一，公认的有史以来智商最高的人之一，被称为"自由主义之圣"著有《论自由》《代议政治论》《功用主义》等。

(theory of truth),戴维森直截了当地指出,指示物可能会给人假相:一个合乎逻辑、合乎语法、有意义的表达法可能会假装指向某物,但可能故意骗人。以"国王死了"为例,这是形态上合乎逻辑和语法的句子,却未必真实;实际上却是故意骗人,其意义则取决于它的真值。只有在一切交流要素都是真实的情况下,用指称表达的意义可以被完全领会的概念才是真实的(Roberts 2008)。更糟糕的是,这个概念对想象、故事、戏剧和梦境的整个世界即整个符号指代过程的世界置之不理(Eco 1976),使令人不安的(后现代)选择悬而未决:一切交流都是虚假的。

概念语义学、指称语义学和真值条件语义学(truth-conditional semantics)之外的领域是使用中意义的领域。在以上勾勒的研究路径中,隐而不显的命题是,意义指的是语言表达单位,即语言里的语词。其间,我们用纯逻辑语言介绍了自然语言和理想语言(柏拉图意义上的理想语言)的关系。从这个角度看,意义之意义本质上是分析哲学家(如弗雷格、卢梭、奎因、戴维森)的问题。

(二)使用中的意义

但渗透在文化研究里的意义概念是有关使用中的意义(meaning in use)的概念,不是和纯逻辑语言相比而言的自然语言的概念,而是和其他类似语言领域相比而言的自然语言的概念,所谓"类似语言领域"由表现性"文本"建构而成,例子有电影、歌曲、艺术、建筑等媒体;这些领域延伸到一切能编码和解码的社会行为、行动、互动,即所谓"社会文本"。在文化研究模式里,意义是语境的(contextual)和互文性的(intertextual)。单词、短语和说话的意义不仅是它的所指,而且是它和系统里其他词、语、话的关系,以及它的"对应性"。语词意味着使我们想起的事物(Roberts 2008:7)——意义寓于思考中,不仅寓于词里。意义是使用中意义更宽泛的概念(俄国形式主义学派的再发现),本书作者将这个概念用作文化科学的指称概念(referent concept)。

我们还要区分意义和表意功能。意义是名词,具体指一种有意义的属性,或获得公认价值、特点、严肃性、重要性或含义的过程。表意功能是社会文化语境里生成的意义的属性。意义和表意功能的所指并不完全相同，两者的差异类似真理和真实（truth and truthfulness）的差异。行为者可能目的明确地、真诚地追求真实，却未必能生成真理（因此，新闻媒体有误时，其报导有可能是真实的）。与此相似，表意功能是参与交流的行为体的状况，不是交流之外的世界的状况：这是在社会性和身份（第二章"外在论"里推荐的第二种表意功能）里寻求表意功能的状况，这是与想象、信息和感知的内外世界互动的过程，但它不能确保一个具体的意义，甚至不能确保任何意义。由此可见，意义是语言和话语的属性，表意功能是文化、亚部落和社会性的属性。

因此就可以说，并非感知到的一切都会被认为是有意义的，但一切都会被过滤和重构；过滤和重构的依据是使用中（即出于文化语境中）的意义生成系统（如语言）。因此，我们可以借用海德格尔[①]的结构主义格言"语言对我们说话"。表意功能并非真是分析概念，而是人文和文化的核心概念，与价值或使用价值（value or worth）关系密切（换言之，有意义的东西常常有价值或使用价值）。因此，表意功能说的是人行为或互动的动机。本书作者把重点放在表意功能（文化）上而不是意义（语言）上，因为我们最终追求的是把我们的分析和社会语境里的实际行为和选择联系起来，我们重视社会语境，而不是分析哲学或道义语言学（deontic linguistics）。表意功能与亚部落里的价值相联系，借此形塑个人的选择和社会互动。

（三）文化研究可称为"丰裕哲学"

我们追寻表意功能的演化理论，将其视为穿透互动（"亚部落"）种群的意义品质的演化。根据唐纳德·戴维森（1973）的交流意义的"激进解读"理论，马克·罗伯茨（Mark Roberts 2008）提出了他的意义进化理论。罗伯茨宣示，其激进解读的功能相当于语言进化的对应理论，借此，通过进化变异和选择的机制，随着时间的推移，世界的心理表征

[①] 马丁·海德格尔（Heidegger, 1889-1976），德国20世纪最富有创见的思想家，存在主义代表人物之一，代表作有《形而上学导言》《存在与时间》等。

就更加精确了。然而，罗伯茨（2008：29）也认识到，核心的分析问题是，虽然"生物学里有一个信息内容便利的单位即传统的基因，但意义理论里找不到这样的单位"。

文化进化论里没有意义单位。但文化随意义的演化而演化。文化和意义的演化是如何调和的呢？意义是删繁就简的方式，丰裕的世界简化为多种多样的选择。这样的解释接近于意义的经济解释，但它描绘的是丰裕的世界，而不是稀缺的世界。哈特利（2003：ch. 1）将文化研究称为"丰裕哲学"（philosophy of plenty）。这里的差异耐人寻味：面对稀缺，你的选择是交易和机会成本的选择；选择是由你所放弃的东西界定的。然而，面对丰裕的思想和信息，在"生产性浪费"（productive waste）（见第八章）的世界里，选择仍然是存在的，不过，其逻辑有所不同。在稀缺的世界里，理性的行动者对所有的选择进行分类，以计算出最低的机会成本产品。然而，面对丰裕或丰富的资源时，单个的选择是不可能的，但外化的选择是可能的。相反，选择的核心问题是注意什么，是调动亚部落创造的知识。选择遵循表意功能的路子，外化的作用是将表意功能建构成外化的参照系，使个人能做出有意义的选择。表意功能使个人能利用亚部落的知识。

第四节　知识进化

进化就是知识的增长。现代人的"进步叙事"表现出神经质，尽管如此，思考这个问题一个特别直白的方式是，进化是产生更高阶、更复杂或新兴的组织水平，这个"上行"的势头持续不断，直达更大的复杂性。未来学家雷伊·库兹韦尔[①]（Ray Kurzweil 2005）猜想，一个"奇点"[②]将要浮现；届时，知识就成为宇宙的属性。他推论，"化学知识"

[①] 雷伊·库兹韦尔（Ray Kurzweil, 1948- ），美国发明家、奇人，著有《智能机器的时代》《灵魂机器的时代》《奇点将临》《长生不老》等。

[②] "奇点"（singularity），天体物理学术语，物理上一个既存在又不存在的点。"奇点"是雷伊·库兹韦尔提出；指人类与其他物种（物体）的相互融合，确切来说，是指电脑智能与人脑智能兼容的那个神妙时刻。

（自我复制的大分子）和"生物知识"（基因，组织）是 6 个技术进化的低水平时代[1]：

(1) 物理和化学（岩石圈）；
(2) 生物学（生物圈）；
(3) 大脑（符号圈）；
(4) 技术（智慧圈）；
(5) 技术与人的智能的融合；
(6) 宇宙"苏醒"。

库兹韦尔的观点是，知识在知识的基础上积累。这是一个递归的生产过程，一个循环的产出输入下一个循环。根据技术奇点的观点，知识在自身基础上增长，产生逐级上升的复杂性。这个观点已经盛行一段时间，是科幻小说的逻辑，但科学也紧追上来了。现实已经在库兹韦尔的跑道上跑了一半的路程。诸如此类的模式描绘的人类社会技术进步的图像是：进化回馈过程驱动一连串的"爆炸"或"起飞"。但这不止是猜想或科幻，而是科学哲学里的主流工作模式。卡尔·波普尔（1972）构想，知识通过"猜想与反驳"的进化过程增长，认为这个过程与变异和选择机制类似。在《猜想与反驳》(*Conjectures and Refutations* 1963)，他解释道：

> 科学必然始于神话，始于神话批评。科学既不始于观察的搜集，也不始于实验的发明，而是始于事实与神话的探讨，始于巫术的技术与实践。科学传统与前科学传统的分别在于，它有两个层次。和神话一样，科学也传承理论，但它同时又面对理论的批判态度。理论传承下去，而不是教条被传承下去，但推动理论传承的是探讨理论、改进理论的挑战。

---

[1] 我们把 Vernadsky/Lotman 方法论中提出的圈层放在括号里，暗示还有更多的"圈层"。——原注

文化科学：故事、亚部落、知识与革新的自然历史

知识增长是一个进化过程，借此，一代人的真理是下一代人的"神话"。这个理念延伸到其他分布性知识（distributed knowledge）领域的研究。弗里德里希·哈耶克①论市场和价格体系时提出类似的观点，他认为，企业家是代理人（颇像科学家）②。企业家提出可能产出价值或利润的猜想，让市场体系发挥选择机能。哈耶克这个观点是奥地利经济学和演化经济学的核心理念。对哈耶克（1945）而言，"经济秩序是分布式和协调式的复杂的知识结构"。哈耶克（1952）的《感觉的秩序》（*The Sensory Order*）宣示类似的观点，认为心智理论是模式与猜想性模式匹配的复杂结构。

文化研究的进化路径将文化视为知识增长过程，这必然引起进化路径与其他社会技术、经济和外化模式和框架的比较。我们的文化科学认为，其他的文化研究模式和框架都属于"达尔文主义"家族，或多或少重复相同的宣示，遵循相同的变异-选择-复制逻辑，只是在例证上略有不同，例证显示具体进化的进化机制和设想是如何运行的。

事实上，社会科学的进化理论历史悠久，显然走在达尔文1859年《物种起源》（*Origin of Species*）的前头，可以直接追溯到18世纪苏格兰启蒙时期的大卫·休谟③、亚当·斯密④、亚当·弗格森⑤等人。

试看几例。20世纪60年代和70年代，几位跨学科的学者提出"社会进化"理论，试图整合社会、技术和生态系统，以整合复杂系统和协

---

① 弗里德里希·哈耶克（Friedrich August von Hayek，1899-1992），奥地利出生的英国知名经济学家、政治哲学家，坚持自由市场资本主义、反对社会主义、凯恩斯主义和集体主义，著有《货币理论和经济周期理论》《物价与生产》《资本纯理论》《通向奴役之路》等。
② 心理学家乔治·凯利 George Kelly（1955）在《人格建构理论》（*Personal Construct Theory*）里提出类似的观点；这个观点仿照普通人在复杂环境里的行为，仿佛他"像波普尔似的科学家"行事。凯利在假设的解释框架里正在发生的事情，寻求对哲学假设的证明或反驳。——原注
③ 大卫·休谟（David Hume，1771-1776），英国哲学家、经济学家、历史学家，不可知论的代表人物。著《人性论》《人类理智研究》等。
④ 亚当·斯密（Adam Smith，1723-1790），英国经济学家，古典政治经济学派的代表，主张自由放任，反对重商主义和国家干预。代表作有《道德情操论》《国富论》。
⑤ 亚当·弗格森（Adam Ferguson，1723-1816），18世纪苏格兰启蒙运动代表人物著有《文明社会史论》《道德哲学的构成》《论历史的进步和罗马共和国的终结》等。

同进化动力学的原型理论。尼古拉斯·格奥格斯库-罗根（Nicolas Georgescu-Roegen，1971）介绍熵定律（热力学第二定律），确定经济动力学里的"时间之箭"，确立这样一条逻辑：唯有知识增长才能抵消经济体系必然奔溃（熵）的趋势。

另一位先驱是肯尼斯·博尔丁（1978，1981）。他的核心思想是，社会经济系统最终是由知识建构的，社会经济进化过程里"什么进化"的问题是知识的问题。他吸收法国哲学家夏尔丹①"智慧圈"（noösphere）（思想知识圈）的思想，视其与生物平行。在《作为进化系统的经济发展》（Economic development as an evolutionary system）一文里，他做了这样的解释：

> 经济学家所谓的"资本"只不过是加诸物质世界的人的知识。因此，知识和知识增长是经济发展的关键。（Boulding 1977）

熊彼特提出企业家理论，他认为，经济组织和发展驱动的革新是通过"创造性破坏"（creative destruction）机制实现的。在一段著名的文字里，他写道：

> 由此可见，资本主义本质上是经济变化的一种形式或方法，现在和将来都绝不可能静止不变。资本主义过程的进化性不仅是因为这样一个事实：经济生活在社会和自然环境里运行，这个环境又是变化的，环境的变化改变经济行为的数据……资本主义在创造性破坏的常年风暴中运行，我们必须这样看资本主义的角色。（1942：82）

现代演化经济学在理查德·威尔逊（Richard Nelson）和西德尼·温特尔（Sidney Winter）（1982）理论的基础上发展，他们把维布伦的文化进化论（惯例乃习惯和常规，技术乃知识）和熊彼特的有关公司、市场和技

---

① 泰亚尔·德·夏尔丹（Teilhard de Chardin，1881-1955），法国古生物学家、哲学家、神学家、古生物学家、地质学家，汉名德日进，在中国生活20余年，参与"中国猿人"的考古工作，著有《人的现象》《人的未来》《神的氛围》《德日进全集》等。

术的进化论整合起来，建构了这样一个模式：公司习惯和常规演化的模式。

（一）技术进化

布莱恩·亚瑟（Brian Arthur 2009）从复杂系统的角度解释何为技术，技术又如何演化。他围绕三个核心原理展开论述：

（1）一切技术都利用与开发某一现象（技术把理念用于为人服务）。

（2）一切技术都是技术的结合（这就是技术进步加速的原因）。

（3）技术的组件也是技术（换言之，技术是递归的）。这就说明，为何随着技术的进步，市场越来越像复杂的生态系统。

对他而言，技术单位是对自然现象的开发，自然现象随即被模块化，以便被反复组合。凯文·凯利[①]（Kevin Kelly 2010）把技术描绘为不间断的、超临界的系统，技术生成问题的答案，答案又产生新的问题。技术解决这些新的问题，并产生新的问题，如此反复，直至无穷（显然是波普尔式的构想）。如果注意模块化要件以及复杂系统的可分解性，那就把以下的标准问题颠倒过来了："它是如何构造的？"或"选择/变异/复制的单位是什么？"反之，在开放系统里，核心的问题是：这些基本单位和稳定模块是如何被系统本身揭示或发现的。我们认为，在文化科学里，文化表意功能演化的问题更像是这样的：寻求发现文化连接点的稳定场所，这个场所出现，一个亚部落的边界就分明了。

（二）社会学习

在文化进化论里，演化的东西也是知识单位。人类学先驱爱德华·泰勒[②]（Edward Tylor 1871）的文化定义是：文化是一个"复合体，含知

[①] 凯文·凯利（Kevin Kelly），美国互联网先驱和权威，《连线》创始主编，著有《失控》《科技想要什么》《技术元素》《必然》等。

[②] 爱德华·泰勒（Edward Tylor, 1832-1917），文化人类学鼻祖，著有《原始文化》《人类学》《人类早期历史与文化发展之研究》。原书有误，作者把此泰勒的文化定义误置到彼泰勒（美国物理学家艾德温·泰勒/Edwin Tylor）身上了。

识、信念、艺术、法律、道德、习俗以及人作为社会成员所习得的其他任何能力和习惯"。

此定义主张，其罗列的要素均为文化单位；文化单位赖以演化的机制是社会学习。卢卡·卡瓦利-斯福扎和马库斯·费尔德曼（Luca Cavalli-Sforza and Marcus Feldman 1981）以及博伊德和理查森（Boyd and Richerson 1985）建立数学模型，凭借量化方法，从社会学习的角度研究文化的微观演化。理查德·道金斯（1982）提出类似的论点：思想领域和人类文化无需分开来解释，却可以被自然化为生物进化的延伸。对现代达尔文式的人类学家比如亚历克斯·梅索迪（2008，2011）而言，文化动力学是进化的社会学习过程，变异和有差别复制文化单位在广阔的空间中运行。梅索迪等人认为，这个方法论能为社会科学提供一个总体的框架（Hodgson and Knudsen 2010）。

一些新时期文艺复兴学者采用了另一种策略。他们试图把达尔文主义引进人文学科，尤其强调艺术"高雅文化"，而不是强调人类学里的宽泛的物质文化观念。具体地说，丹尼斯·达顿、约瑟夫·卡罗尔（Joseph Carroll）和布莱恩·博伊德（Brian Boyd）从人类心灵进化论出发研究文化；他们认为，演化中的人类共同现象（"本能"）由自然选择和性选择形塑，由此形成的模式可见之于文学、故事和审美选择中。达顿/卡罗尔/博伊德的策略不尝试从进化角度解释人类文化本身，而是试图提出一个命题：人类文化元素（艺术、故事、文学；"精神物"）是人脑演化的产物，因而可以用进化论予以解释。实际上，他们主张的是解释人类文化里特别突出的方面或模式。我们赞同这个策略，但认为，他们真正想要落脚的地方是对表意功能的描绘（而不是对头脑的描绘）。

（三）有意义知识的进化

对知识单位社会学习的重要意义，我们不持异议。至于这些社会文化和技术经济演化，我们的问题是：它们没有解释，这些通过社会学习复制的文化单位首先是如何确定的。我们的文化科学方法论主张，演化的不是知识（信息论意义上的知识）本身，而是有意义的知识（符号学意义上的知识）。

第五节 绅士的文化演化（简短但给人教益的题外话）

支撑英国工业革命（1760-1830）的关键突破是绅士的发明和大规模生产。绅士是一种文化现象，是由几种要素重组形成的：理想化的英国贵族品格，如公平竞争和体面、贵族义务、对真理的无私追求（……和猎捕雉鸡）；从骑士浪漫文化和艺术传统吸收的品德楷模。但塞万提斯[①]唐·吉诃德后的新绅士概念还与其他更实用的要素结合，这些要素用"制造和行动"显示世俗和物质的重点（即法兰西斯·培根所谓的制造者和博学者），或者与我们今天所谓的工程师结合。结果就产生绅士学者，其关怀是科学和文学；或产生绅士探险人，其关怀是浪漫、领导才能和发现；还产生绅士企业家，其关怀是商务和革新。

这些绅士和淑女是文化、社会和经济的生气勃勃的驱动者。何以如此？他们从现存文化组合中造就新的亚部落。实际上，在很多情况下，这些绅士和淑女不是个人，而是社团——最重要的是伦敦的皇家学会（Royal Society of London for Improving Natural Knowledge 1660）和伯明翰的月球协会（Lunar Society of Birmingham 1775）。至关重要的是，这些绅士和淑女的地位不是源自于贵族"血统"，而是源自于企业家成功的果实——金钱。查尔斯·狄更斯[②]的《远大前程》（Great Expectations）抓住了那个转变过程这种令人不安的隐含命题。主人公皮普（Pip）是现代发明的绅士的范式。

对我们而言，对绅士文化所谓"亚部落人特征"（dememanship）这一观察结论并不陌生。戴尔得丽·麦克洛斯基（Deirdre McCloskey 2006）提及这一观点，不过，他用更一般的"资产阶级美德"概念进行表述。绅士社会规范的兴起顺应市民社会的需要，同时有利于成长中的商业社

---

① 塞万提斯（Miguel de Cervantes, 1547-1616），西班牙小说家、剧作家、诗人，创作《唐·吉诃德》。

② 狄更斯（Charles Dickens, 1812-1870），英国小说家，批判现实主义的杰出代表。主要作品有《双城记》《伟大前程》《雾都孤儿》《大卫·科波菲尔》《匹克威克外传》等。

会。史学家乔尔·莫基尔（Joel Mokyr 2009）解释说，"绅士观念兴起，绅士行事不会是机会主义的，绅士是可以信赖的"。正如塞缪尔·斯迈尔斯（Samuel Smiles 1859）所言，绅士观念的兴起是一个广域的文化时刻；他的《自助》（*Self-Help* 1859）是一代先锋，启动了一个出版业的大热门。他写道：

> 真正的绅士极富幽默，小心避免庸劣的行为。他对言行诚实的标准很高。他不推诿或搪塞，躲闪或愠怒；他诚实、正直、率真……尤为重要者，他言行如一。他觉得，真实是"人生之巅"，是人事操守之灵魂。

绅士是一种新的文化形式，是现存文化形式杂交重组的产物；通过社会效仿、承载信号和符号机制，这些新形式广为传播，富有更新的或重建意义的重心。绅士这个新文化形式成为一个平台，稍后的英国工业革命的商业、技术和工业的许多特征就以这个平台为依托（Clark 2007）。绅士的文化革新是一个外化知识的亚部落，新知识在这个亚部落里创造出来。

第六节　文化的性质与生物符号学的超越

保罗·威利斯（Paul Willis）把握住了文化研究原理的核心预设：我们视为自然的实际上是文化的，所谓文化的东西就是社会建构的。

> 我们社会生活基本的悖论之一是，我们在最自然、最平常的时候，同时也是我们最文化的时候；我们扮演最明显和既定的角色时，我们的角色实际上是建构而起的、学习而来的，绝非必然的。（Willis 1979：185）

进化的信条把威利斯这个原理颠倒过来，并认为，我们视为文化的东西实际上很多是自然的，即用进化的观点建构的。我们的文化科学尝试居间考问文化的性质。

自然的外表也许要归因于熟悉或彼此的默许。自巴特①（Barthes 1972）起，政治指向的文化研究主张：文化是一种意识形态建构，比如，媒体、通俗文化和商务-政治活动就在战略上利用符号与象征，目的是要使社会建构的意义、主观位置、主从关系和霸权"自然化"。文化研究的重要任务之一就是辨认、揭示、"去神秘"和批评这种具体化的建构，也就是对它们进行解构。

但同样重要的一个任务是，把"我们的"解释框架和世人广泛的理解连接起来。进化生物学的分析核心里有一个自我复制信息的概念。人们普遍认为，将进化的基因模式用于文化变迁研究时，有必要辨认文化单位，并用分析方式予以表征，使之类似于生物学的选择单位。文化科学的基础就是要解释，为什么说从进化符号学的角度看，这个想法是错误的。

特伦斯·迪肯（Terrence Deacon 1999）解释说，模因概念是符号的退化概念，换言之，它缺乏皮尔斯提出的符号三角结构，只能被模仿和复制（Pocklington and Best 1997；Wimsatt 1999）。由此可见，模因说是抛弃了符号学最具分析力和经验成分的有趣成分。不过，一个较好的视角是把迪肯的话颠倒过来，不用它批评模因说（批评模因说显然是迪肯的观点），而是将其用来阐明这样一个观点：生命领域和符号系统领域共存，凭借这一观察，符号学能为生物研究和生命研究提供一个总体的框架。

用这一路径研究生物和生命的学问名为生物符号学（biosemiotics）（Kull 2000；Kull et al. 2010）。卡莱维·库尔 Kalevi Kull（1999：386）描绘了生物符号学研究范围和抱负：

---

① 罗兰·巴特（Roland Barthes，1915-1980），法国文学批评家、文学家、社会学家、哲学家、符号学家著有《写作的零度》《神话》《符号学基础》《批评与真理》《S/Z》《文本的快乐》等。

第六章 表意功能：知识的增长

生物符号学（biosemiotics）可以界定为生命系统符号的科学。符号生物学（semiotic biology）一个主要和鲜明的特征寓于这样的理解中：生命实体不像机械那样互动，而是像讯息、文本那样互动。这就是说，这里总体的决定论是另一种类型……辨认、记忆、分类、模仿、学习、交流等现象是生物符号研究的兴趣所在；其兴趣还有：在生物学领域应用符号学的工具和概念（文本、翻译、解释、符号指代过程、符号类型、意义）。然而，生物符号学总体上对科学的重要性和趣味性在于，通过对外部自然和内部自然的妥当理解，它尝试研究符号现象的源头，并为人文学科和自然科学的结合、文化与自然的结合铺路。

和自然选择相比，进化论专注信息的复制和处理，更注意性选择（多半是广域信号和通讯的选择）；由于表观遗传学（Jablonka and Lamb 2005）、复杂理论里的生成语法（Kauffman 2000）以及神经达尔文主义（Edelman 1987）的兴起，毫不奇怪，对更丰富通信为本、符号为基础的进化研究法的兴趣就复活了。生物符号学的兴起不止是新达尔文主义模式上的新生创新。由于它强调意义，它提供了有关进化现象的一个全新的观点。杰斯帕·霍夫梅耶（Jesper Hoffmeyer 1996：61）做了这样的解释：

生物符号学的观念认为，生命圈（life sphere）渗透着符号过程（符号指代过程）和意义。有机体感知到的东西亦是与它相关的东西——食物、逃亡、性繁殖等；一切有机体都降生在符号圈，符号圈就是意义和通信的世界……符号圈把约束或边界强加于物种的种群，因为种群不得不占有具体的符号小生境（semiotic niche），也就是说，它们必须要掌握一套视觉、声觉、嗅觉、触觉和化学符号，才能在符号圈里生存。但这样对种群的符号要求常常对成功构成决定性的挑战，这是完全可能的。有机体进化证明，为了在符号圈里生存，其符号手段的发展越来越精致，也许这是最重要的。

文化科学：故事、亚部落、知识与革新的自然历史

他的压轴之举（1995：369）是呼唤"符号自由"：

有机体进化里最显著的特征不是大量令人惊异的形态结构的创生，而是"符号自由"的普遍扩张，也就是说，可供交流的意义丰裕度或"深度"大大增加。

如此，尤里·洛特曼（2005）的符号圈概念提供了一个基本的分析概念，借此，我们把文化研究和文化进化论与更加羽翼丰满的文化科学联系起来。我们借用的符号圈的核心是"环境"（umwelt）的概念。常被人理解为"环境"，但它最好是译为"自我中心的世界"，是亚部落知识概念的积木块。在早期生物符号学的语境里，雅各布·乌克斯库尔（Jakob Uexkull）给 umwelt 下了这样的定义：umwelt "由一套元素组成，这套元素名为'意义因'（causes of significance）或'记号'（marks），动物感兴趣的唯有这些'意义因'或'记号'"（Uexkull 1973）。对乌克斯库尔而言，这些记号是环境里有意义的引起动物注意的东西；它们构成动物感知和交流的环境，它们是动物感知并做出反应的符号；在文化科学里，这个环境是亚部落用符号表明和储存的边界。知识在环境里创造、稳定下来（生成和容纳起来）。

洛特曼继承并发展了沃尔纳德斯基（Vernadsky 1938，1943）的思想，提出这样一个理念：两个或两个以上的环境互动，生成一个符号圈。洛特曼对动物身处符合环境的概念作出贡献，他确认，动物包括人制造意义因的符号，感知到这些符号，并对这些符号做出反应；由此产生的结果构成其他动物的环境。①

我们尝试研究的"意义进化"空间横贯这个领域。我们在此的目的不是把生物符号学描绘为北极星，而是将其翻转过来并证明，这个方法论是一个例子，说明我们改进后的亚部落内的意义演化的概念。意义不止是我们可以批判阅读"深深注入文本"的东西，不仅是一个事后可以

---

① 相互构造的环境生成的符号又是性选择进化论"高成本的信号机制"里的核心符号，比如扎哈维（Zahavi 1977）所谓的"不利条件原理"（handicap principle）。——原注

解释的参照意符。表意功能在符号圈里构造和交流。意义在符号圈里演化,符号圈由互动的环境组成。符号圈是竞争性环境,符号在环境里竞争,在信息和符号极其丰富的世界里"争夺注意力"(Lanham 2006)。

两个关键因素区分符号圈里的意义演化和生物圈里的基因演化:

(1) 符号能征用其他符号;
(2) 新符号能在原地辨认或创造出来。

符号能征用其他符号,因为符号的生产是由符号完成的,反之亦然。符号的制造可以由若干符号直接结合而成另个一符号,或者是靠迂回曲折的方式生产符号:参照其他符号,在其他符号基础上建构符号,否定其他符号,剖析其他符号,携带其他符号,如此等等。这更像是一个群体选择或多层次选择的过程,而不是单个选择的模式(Sober and Wilson 1998; Runciman 2009)。一个符号系统里的意义受重组的制约,所以和稍小空间相比,稍大一点系统的空间就可能有更多的意义(尤里·洛特曼给"爆炸"概念套上"警铃")。符号参照系统称为自生或自我再生系统时,符号生产过程很可能进一步生成新的单位(Maturana and Varela 1980; Potts 2000)。新符号能被生成、发现和揭示,能追加到原有的符号系统,同时又改变符号的关系。何梦笔[①](Carsten Herrmann - Pillath 2009: 18)写道,"知识进化建立在符号生成和演化的基础上"。进化论符号文化有生产能力,其原因就在这里;首先生成意义,继之生成事物。

第七节 表意功能与适婚条件

尤里·洛特曼的符号圈概念提出分析"系统碰撞"(clash of systems)的系统模式,将其作为表意功能和创意存在、整合和持续的条件。底层

---

① 何梦笔(Carsten Herrmann-Pillath, 1959-),德国经济学家、汉学家,近年在中国多所高校任职,著有《秩序自由主义》《中国商业文化》《增长、权力与秩序:关于中国的经济哲学探讨》《演化经济学基础》《文化、网络与华人社会经济行为》等。

的个人可能体会到竞争和对立的关系，甚至是生死冲突的关系，就像猎食者和猎物的关系。然而，在较高的整合层次上，这些冲突可以被视为维持持续性结构的一部分，同一环境里不同的使用者需要维持这样的持续性。这种冲突可能是熊彼特意义上的"创造性破坏"，能产生这个系统更大的多样性。

"差异博弈"（play of difference）传统的结构-符号解释局限于文本符号的运行（Derrida 1976：278-94）。尤里·洛特曼的系统符号学（system-semiotics）是社会性的。它演绎思想（新理念）的源头不是脑子，甚至不是语言，而是会话；文本总是对话体。在这里，在文本和社会的系统差异交叉的地方，表意功能总是最具生产力。因此，我们必须尝试把语言之类的符号系统和城市之类的社会系统联系起来，并将两者与文化理论之类的知识系统联系起来，借以确定，诸种系统的互动可以被视为相互关联、互为因果的。显然，不同的现象比如创意、城市、复杂性和"系统冲突"可以被视为较大互动领域的构造成分（Page 2011）。差异、对话、轮流说话、冲突等并非互不兼容或对抗的证据，而是文化生产力全球运行过程的一部分；兼容或对抗是自马克思主义以来的批判理论的倾向。

"系统冲突"从差异中生成生产力，很说明问题的例子是适婚条件（marriageability）。婚姻容易理解为普天之下的文化习俗，已有林林总总的地方变异，婚俗的变异既是个人的，也是经济的。它需要家庭联姻，既有不兼容和冲突的风险，又有合作和生产成功的希望；个人、社会系统和生物物种都依靠这样的成功。婚姻常和其他系统如宗教、法律、经济纠缠在一起——在有些地方，婚姻因此而更加正式，受规则约束。

然而，婚姻也需要一个开放系统，以求最佳配偶的选择。实际上，对萧伯纳而言，"社群各界为完全门当户对的婚姻"，这是"实际平等而不是算术平等"的唯一检验（Shaw 1937, v：66-69）。在他撰写这本书的20世纪20年代和30年代，区分"上流社会"及其佣人的阶级差别还非常显著。所以，他这句话必定是煽动性的社会主义的——大概这也是他的意图。书名是《聪明女人指南：社会主义和资本主义》（The

Intelligent Woman's Guide to Socialism and Capitalism），献给他的弟媳妇玛丽（玛丽嫁给贵族、准将乔蒙德利 Cholmondeley）。

婚姻平等的挑战仍然是对社会文化平等和开放社会很好的检验，当前国际社会反强迫婚姻、支持同性婚姻的运动就是充分的证明。然而，任何平等都是从差异中生成的。乱伦禁忌要求婚配在非亲属中寻求，在邻人中选择——敌人也是在邻人中选择的（Leach 1964）。同样总体的"心灵世界"（universe of the mind）生成正联系（爱、婚姻、子孙）和负联系（恶邻、战争、死亡），正联系和负联系都产生于相同的关系结构。"系统冲突"充满风险，这不仅是婚姻和世仇的特征，而且是婚姻和世仇（在城市和文化舞台上）上演的基础和条件。换句话说，差异生成生产力和持续性，那是在种群的层次上，而不是个人的层次上。

第八节　激烈争夺的文化秩序

今天理论趋势的一个主要源头是后现代主义的激进词语，诸如颠覆、祛魅、越界、裂隙、去中心的主体性、碎片化、拆解宏大叙事……（Patai and Corral 2005：12）

对有些人而言，文化研究思想史的政治前线，是进步学术实践的前沿，这是帕泰和科拉尔（Patai and Corral 2005）定下的调子。这条路线常常又被人急剧地中性化了，爱德华·威尔逊（E. O. Wilson 1975：4）即为一例。他写道：

> 社会学等社会科学和人文学科是生物学的分枝，等待纳入社会生物学的现代综合（Modern Synthesis）里——这样说也许并不过分。

这是现代文化理论争夺和捍卫的前线，是 C. P. 斯诺[①]"两种文化"的"马奇诺防线"。在这个世界里，文化科学力求以调解人的身份在分

[①] C. P. 斯诺（Charles Percy Snow，1905–1980），英国作家、物理学家，代表作有小说《陌生人和兄弟们》（11 卷）、论著《两种文化与科学革命》等。

析性文化归属的冷战中达成建设性和平。停战的基本条件是:

(1) 文化不是问题,表意功能才是问题;
(2) 表意功能是演化的;
(3) 表意功能是复杂的和符号的。

基于信息复制器的进化理论刚开始深入文化演化的深层复杂性:这些进化理论能从文化研究学到很多东西。同理,文化研究标准的动力学模式有严重的缺陷:它们应该被进化论和复杂系统的默许取而代之。文化研究是分析机制,借此,我们对两者的相互调适进行斡旋。

第七章　新颖思想：创新

革新的过程相当吊诡，因为这里有一个奇妙的认知功能，那就是辨识尚未形成的范畴……唯有在改变世界的过程中，新问题才会形成。生成新异性的重组本身是一个生产过程，需要横跨不同社群的协调与合作。

——维德斯和斯塔克（Vedres and Stark 2010：1157）

第一节　文化两面神

雅努斯（Janus）是罗马神，希腊人没有这样的两面神。雅努斯是起源、迁移之神，变革和时间之神。他有两张面孔，既向前看，又向后看，既看过去，又看未来。过去和现在的主题是永恒的，富有哲理的，见于所有的宗教。但它还带有更冷峻的主题：旧与新的主题，当然还有死亡和毁灭的主题。

文化亦如两面神。向前，它展望新的可能性，展望未来；向后，它回顾过去旧的文化，有些过去的成就将成经典。这里有一个过滤器，经过批判性评估，过去的东西多半已被抛弃，被流逝的时间废弃了（见下一章）。前瞻的文化见于先锋派的表演，见于实验音乐，亦见于节日的小帐篷里，见于流行音乐中。回顾的文化见于博物馆，见于节日的大帐篷里，亦见于学校里的课程设置。前瞻的文化和回顾的文化合成现在的文化，但两者的平衡至关重要。

像雅努斯合体的两张面孔一样，前瞻的文化和回顾的文化紧紧相临共存，由分水岭隔开；分水岭或细微，或令人眩晕，或为时间，或为空间。20世纪90年代，一个令人困惑的跳跃突然发生。星期天上午9点钟，"愤怒"乐队（Rage）的电视音乐节目（即特晚的周六夜节目），播放赞歌，意在让我们体验时间的鞭笞。空间层面的类似体验也可以在伦敦、柏林或北京的步行里得到——新与旧在这里撞击，嘈杂。在其他时候，新与旧的边界受到无情的压抑，被驱除的是新旧边界残留的旧痕（如"美好时代"塞纳河左岸的艺术家），或精英表演的传统即经典（如正宗的器乐），但大众采纳时，传统就成了媚俗（"美好的昔日"）。

这里的问题不是对过往的评价，即不是对经典的文化批评，而是要探讨在时间流程里建构社会文化系统的力量。这个问题的产生不是由于文化的再生产——那是基础。我们要探讨的问题是："未经我们同意就确立的"文化"运行系统"（Pagel 2012）如何应对新异和新颖；以及该系统生成新异和新颖的能力。新颖性的价值存在于其为未来指示的路径。然而，这样的新异又威胁着过去的价值。因此，有效的文化再生产系统有预防新颖的免疫力。系统首先排斥新颖，因为新颖的变化对当前珍惜的、被视为好的东西构成威胁。但进化有效的文化系统试图在变化的世界里生存，无论变化来自外部环境或"他们"-群体的竞争；文化系统能适应变化。这样的适应力取决于文化系统开发新思想的能力。新异和新颖是这种适应发生的机制。所有的文化在故事的层次上都"知道"这样的机制，千百年来，都是如此。文化用神话解开这个谜团。这些神话显示，知识的盗取靠的是神（神使赫尔墨斯，盗火者普罗米修斯）的妙计；这是知识更新的必然之举，永远改变了神和人的关系（Hyde 2008）；神话故事告诉我们，人获取新知识的能力最终驱散了神的黄昏（音乐家瓦格纳用15个小时的音乐剧来表现这个过程）。

新异和新颖的生产之所以重要，并不是因为它审美的崇高或浪漫的竞争，也不是因为它反映了人的完美，不像康德所说的完美，也不像以后的其他人（如阿诺德、罗斯金、凯恩斯；Bloom 1998, et al.）所暗示的完美。新异和新颖的生产之所以重要，只不过是因为，这是生存之必需。我们生活在变化的环境中，需要新思想。这是进化的社会必须具备的条件，不是审美的文化条件。文化新异现象有价值，那是因为它给我们提供了新的思维方式，使我们能使用新的方式思维。

并非所有的文化（亚部落）都能生成或维持新异性。文化受新异性威胁，因为新思想未经过检验，对现存秩序有潜在的破坏力。在不变的世界里，新异是纯粹的不确定性和风险。但在变化的世界里，无论介入新事物的是环境还是"他们"，新的回应总是需要的。新的回应或来自于对远见卓识领袖能力的信赖，他们看到需要做什么；或来自于复杂理论所谓的"自下而上"的解决办法，那是系统内生成的多样性和新异性过滤出来的解决办法。文化科学的前提是，这些自下而上的解决办法——系统内生成的多样性是唯一重要的概念。这是进化论方案中的新异性或多样性，选择机制就是在这个基底上运行的。人类学和社会学里的进化文化理论家这样看世界的，恰当稳妥，富有洞见（Mesoudi 2011）。文化科学试图在这类创新源头洞见的基础上建构自己的理论。

第二节 文化变革的动态尺度

新异和新颖有一个动态尺度（dynamic scale）。在当下的任何时刻，新异都不重要。在人们的日常生活中，创意、新异、新颖和革新并非真的必需，甚至不重要。我们的所思所作多半是模仿的、常规的和日常的，那是我们正常运行之所需。在人类历史上，从更新世至今，在任何地点、任何人群中的随机抽样都产生这样的结果："发生的事情并不多。"任何时候随机抽样的历史都枯燥无味，因为那都是现存思想的游戏。实际的历史罕有新思想。修史讲究新思想的建构，或注重提出新思想的人，其原因就在这里。

事情是这样的：长远看来，从人类历史和史前史看，创意、新异、新颖和革新是真正重要的因素。它们像进化里的基因突变；你多半不注意它们，它们却是长远看最重要的东西。2009年，威康桑格信托（Wellcome Sanger Trust）的科学家发现了大约100到200个你的父母不曾有的基因突变。就你的基因组里数十亿的等位基因而言，这个突变数量并不多；除非你极其不幸，你不可能知道会有这些基因突变。然而，在亿万斯年间，这些突变（当然与选择互动）正是你并非黏菌或环尾狐猴的原因所在。分析地看，文化"突变"也应该如是观。

文化里的创意、新异、发源、新颖和革新（creativity, novelty, origination, newness and innovation）就像基因突变。近距离地看，逐日看，新颖真的不重要，因为大多数践行和体验的文化——高雅文化和普通文化都一样——都是在烂熟的脚本和程序中进行的。我们熟悉大多数自己欣赏的音乐，即使不熟悉其抒情形式，至少熟悉其音色或风格。我们吃的大多数食物早就吃过了。我们心里的大多数念头早已是我们亚部落里驯服的牛马。罗伯特·休斯（Robert Hughes' 1991）所谓的"新事物的震撼"难得一见，这正是其至关重要的原因。

新思想犹如罕见的突变，其重要性在于，它不仅影响你，而且影响你亚部落里的所有人。比如，你消化乳糖的功能可能比你的父母略胜一筹，你用二次方程计算面积的精度可能会超过你的老师，你可能看得到非洲死亡面具与欧洲肖像画的关系。重要的是，在你的亚部落的后代里，凡是接受这点思想的人都会受到这样的影响。隐含的命题是，这一变化能通过其潜在的宏大规模被模仿或复制，并成为进一步变化的基础，进一步的变化使新颖（与单纯的新异相对）近距离看似曾相识，远距离看却深奥难懂。

在文化科学里，新颖性的文化意义不在于研究艺术天才或审美眼光的原因（Boden 1990; Simonton 1999; Galenson 2008）。更准确地说，新颖性的文化意义在于研究这样一个过程：新思想被认可、接受，并在种群里扩散，亚部落（或中观）的种群维持这一思想（Dopfer and Potts 2008）。熊彼特（Schumpeter 1942）把这个过程称为"创造性破坏"，我们称之为"亚部落新颖性"（demic newness）。

独一无二的新异科学是不存在的。更准确地说，从生化学到进化论、行为科学、社会科学和人文学科，新异和新颖的理论概念有不同的研究路径。不同的路径见于描绘或指涉新颖性的不同概念中：突变、变异、多样性生成、发源、创意、想象、新颖、发现和革新（mutation, variation, variety-generation, origination, creativity, imagination, newness, discovery and innovation）等。我们将在下文追溯这一概念，以突显三种路径的总体格局（overarching pattern）；我们用亚部落新颖的形式把第三种路径与文化科学的研究路径联系起来。我们的目标是：（1）如何从生物科学获取新异的概念——从决定论走向随机性；（2）通过行为科学和社会科学的新异概念——从系统走向个体的心灵或意识；最后达到（3）文化科学的新异概念——从个人到亚部落。这三个层次依次发生。

第三节　随机性造成多样性

经典物理学的拉普拉斯/牛顿世界观体现在理性力学（rational mechanics）的场论表述中。在这个世界里，一切粒子都存在于宇宙力场的空间-时间连续体中。原则上，如果你知道每一颗粒子的位置和势能，你就能计算出宇宙的未来史。这种极端的决定论在社会科学里基于理性力学的模式里现身，例子有新古典经济学和马克思主义（Potts 2000）。这里失却的是随机性（Herrmann-Pillath 2013）。

通过热力学——熵定律（entropy law），随机性进入物理学。熵定律假设，时间之矢有一个趋势，一切封闭系统都沿着熵梯度飞行，从有序走向无序。在这里，随机性全然是破坏性的。现代物理学通过量子化浮现出来，其核心是量子的不确定性，换言之，在量子粒子的层面，自然的状态基本上是不可知的。在这里，随机性是本体论的。现代信息论（由约翰·冯·诺依曼和克劳德·香农提出）现身时确认，通信需要嵌入讯息的随机性。

达尔文进化论也建立在随机性上，其形式是变异、选择和复制里的变异。进化选择的刺激在种群中，因此，进化机制若要继续起作用，那就需要一个多样性生成机制（variety-generation mechanism）。有几种多样性生成机制，包括等位基因里是有性重组，也就是两个染色体的随机性混合。随机性生成多样性，多样性靠随机性发现或揭示，或靠空间（场、种群或系统）里的准随机运动来发现或揭示——这个理念是我们新异理论里的第一条。继后评价机制（即自然选择）重视这个空间里的新点，引向有差别的复制。这类模型很抽象，应用领域宽广，从遗传学到机器学习算法都行。

一旦可以将其视为"空间里的随机运动"，我们就可以进一步将其指认为"搜寻"，并能理解为何能再加一个机制，投入形式的机制。一个系统或种群总会把部分资源（时间、能量、人工）投入研究。这样的最抽象的投入形式表现在现代经济增长研究和发展投入模式中（Romer 1990）。在任何系统环境的集成中，多样性生成里都有一个最佳投入模式。

机器学习和人工智能都有多样性生成的模拟式需求，多样性生成要受制于选择和复制。这个模式直接取自于生物学类比与随机数生成器（random number generator）的混合，用随机变异达到计算迭代的复杂混合。这些模式是算法模式，不停研磨，不断生成的新异流成为研磨的谷物，送进选择机制的磨房。在这样的情境中，创意和新异被简约为已知解答的随机变异，简约为适当的探索法，从已有的解答生成多样性。这个模式广泛见于社会科学尤其经济学中。在经济学里，熊彼特式的企业家是多样性生成机制，他们在创造价值命题的的空间里搜寻或实验；市场机制是选择机制。在这个意义上，生物进化（Campbell 1960）、经济进化（Schumpeter 1942; Nelson and Winter 1982）、技术进化（Arthur 2009），以及文化进化的社会学版本（Mesoudi 2011）全都是相似的；表现为多样性生成机制与选择机制耦合的等价形式。

多样性生成乃随机运动（空间里）的模式，以及随后的高价值运动选择（那个空间里）的模式，实际上是搜寻的模式，而不是创新的模式——了解这一点很重要。把变异称为"创新过程"是一个比方。具体地说，这些模式不能解释人类创造力里起作用的高阶的猜测过程；人的创造力倚重的是作为空间的"世界模式"的创造；创意在这个空间里，将这个空间转换到真实世界的语境中。康德早已指出，我们不直接与纯理性数据互动，而是通过诠释与其互动，诠释给纯理性数据添加语义和含义。创造力通过这些结构运行。这是研究创造性新异的进化论文化科学路径，它不能从基于变异的创造力模式着手展开，其原因就在这里。

第四节 意识造就创意

在现代科学观念中，随机性是宇宙和生命的基础。在现代浪漫主义的观念中，创造力是个人的基础。这是一种独特的表述，重点在个人创造力的自由意志（和神或命运的决定性已知相比而言）；人能借此进行选择，人也需要有想象力或创造力的自觉机制。这种知觉模式本质上（且方法论上）是个性化的，其预设是世界上有智能、感知和想象力。这一模式既是人本主义的，也是浪漫主义的，与经典物理学的决定论粒子或中世纪神学相去甚远，因为它围绕个人创意的研究而建立，或将其视为智人，或将其视为更抽象的社会动因。这一模式可见于许多研究创造力的专业领域：神经系统科学、认知科学、行为科学和社会心理、设计研究、组织和管理理论、教育理论、文学艺术、历史和哲学（Boden 1994；Csikszentmihalyi 1996；Simonton 1999）。

这些模式把世界上的新异和新颖与个人的创意联系在一起。创意不是空间里随意的变异（不像上文的多样性定义），而是更接近事物间建立新联系的过程，因此，这是填补世上的空间，而不是在世上游动。创造者改造世界，或用新方式想象世界。创意是适应性智能之下的一个子集，始于想象力，实现新异的客观形式、解决办法或产品。这是主体认知和实验行为，产生客观的差异。创意是个人（洞见、天才）的行为，创意使世界不一样。

在神经心理学和行为心理学中，创意和新异的生成分道扬镳，进入两种特色鲜明的模态：行为体（心理属性）内在的模态；行为体-环境互动的模态。内模式强调用于问题的体验和时间，强调的是重新组合的能力：通过框架推理和类比推理使一个问题空间与另一个问题空间重新组合；创意就是富有想象力地利用知识（Boden 1990）。这一些解释倚重的是普通的认知能力，或快速而直觉，或累积和体验。契克森米哈（Csikszentmihalyi 1996）提出的创意基于他所谓的"流动"，实际上是全神贯注，全力专注，终止于令人满意的结果。创意是巧妙抽象和专注的结果。

在新异的知觉模式里，创意来自于个人头脑的智力和想象力。创意的开发靠个人头脑的准备，或通过直接训练，或通过间接的训练；所谓间接训练就是注意个人生活其间的环境。这个模式用得很广，或被正式采纳，或在隐约的问答框架中被采纳。我们不妨称之为"新异的标准社会科学模式"。它主张：个体的头脑生成新异（即创意），创意的生成依靠个人的条件（智能、知识、经验、天才），依靠个人活动的组织环境和制度环境。教育和环境理论偏爱创意的环境方面，它设想，所有人（包括儿童）的创意都是固有的，创意的表达是环境、组织或制度因素促成的。个人条件和外在因素都是"控制"参数，因此，靠个人"创意人力资本"的投入，或通过个人组织和制度环境的操作，创意是可以"上下拨动"的。爱德华·德波诺[①]（Edward de Bono 1985）偏重个人创意，理查德·佛罗里达（Richard Florida 2002）偏重制度创新，成为表征这个模式的两个极端。

新异性的标准社会科学模式广泛扎根，很有道理。它厘清个人创意行为和倾向，它界定制度的（因而是政治的）控制机制。这个模式很适合方法论个人主义的标准社会科学模式，也适合制度刺激设计的标准政策模式。但这里也存在问题：一方面，遵循方法论个人主义的要求，假设新异来自于个人（因为个人是选择的住所），另一方面，它又假设，知识的住所是个人。文化科学与方法论个人主义分道扬镳，凭借的是：外在论原理（第二章）和亚部落的知识单位（第三章）；在第七章"创新"里，知识单位以创意单位的面目回归。

再者，在新异身份问题上，随机性模式和浪漫模式都是不可知论的、教条的。这两种模式的特征都显而易见。在这个问题上，文化科学持非常怀疑的态度，表现在"社会建构"和"有争议意义"等观念中——但真正的意义是：新异并不以标签的样子来临。所谓新思想是集体评价或现身过程产生的结果。显然，提出并主张新异的必然有个人（如企业

[①] 爱德华·德波诺（Edward de Bono, 1933- ），法国心理学家、主攻思维能力培训，著有《水平思维的运用》《六顶思考帽》《思维的训练》（最后一种有何道宽中译本）等。

家),但在标准的社会科学模式里,辨认并建构新异的过程并没有得到解释。

比如,我们不妨考虑复制的价值。有关新异和创意的高调的现代主义理论认为,创意的价值寓于创意生产过程本身,而不是在继后的采用或复制过程中。但简单的经济逻辑含有这样的意思:价值寓于采用或复制的过程中(权利和财产的探讨实际上是有关这个过程中创造的剩余价值的分配)。创意行为的价值在继后的采用或复制过程中彰显出来。决定价值的是思想的亚部落,而不是思想的原创者。

新异性的随机性模式倚重变异(受制于选择),新异性的浪漫模式倚重个人创意;对这两种模式,新异性的文化科学模式并不会打折扣,也不会拒斥。它试图吸收这两种模式。这两种模式都是小气的解释(使奥卡姆剃刀原理得到满足)并得到经验证据的支持。文化科学路径谋求的是将其提升一个层次,确认那两种模式没有在制度层面上解释的东西:外在论原理、表意功能、亚部落知识("我们"群体)、冲突、规模,以及废弃和湮灭(第八章和第九章进一步展开)。结果,文化科学对新颖的创造性源头作出解释:这个创意过程不寓于个人或社会整齐的抽象中,而是寓于亚部落(或"我们"群体)这个难以厘清的新文化科学观念中,亚部落是一个外化的知识单位。我们认为,亚部落是主要的文化载体和祖本(progenitor)。

第五节 亚部落创造新颖性

文化新颖性(cultural newness)源自于亚部落内。这是新颖表意功能发现和形成的外化过程,这个过程在"我们"群体和"他们"群体的互动边界的张力中展开。显然,随机性(或生成性废弃)和浪漫的个人想象力和创造力在这个过程中产生。但文化科学的核心命题是,新颖的创造发生在亚部落层次;新颖的创造(creation of newness)是亚部落的创造。

随机性的古典理论在空间里搜寻随机性,新异性的现代理论讲制度性环境里的个人创新，随后，新异性的后现代主义观念讲亚部落创造的新颖性。通过外在的、亚部落的、浪费的机制（见第二、三、八章），文化生成新颖和革新，产生爆炸和衰减（见第六、九章）。古典和现代的观点是：创新的个人（作为随机性粒子）生成新异现象，制度性机制在此基础上进行选择，文化就是这个过程的产物。但后现代的文化科学研究新异性的路径是：文化本身产生知识和意义，因为文化有生成复杂空间的能力，复杂空间使自由度和张力维持平衡。

比如，通过会聚思想和张力，城市生成新颖的事物。通过在"我们"群体和"他们"群体之间的调停，民主能生成新颖的事物。通过假设和调停知识的冲突（故事的两面），新闻报道能生成新颖的东西。经典化的文艺复兴艺术家（米开朗琪罗等）当时并不是艺术家：他们是创造表意功能新源头的工匠和企业家。他们的确有艺术才能，但这不是我们知道他们的原因。大多数情况下，我们并不关心，他们的作品多大程度上是由学徒完成的；我们并不知道他们能干的同侪有何作品。莎士比亚既是作家，又是企业家。他的环球剧场是文化生产风险投资的原始模型，他那一帮人是最早的合股公司之一，为通俗娱乐业培育新的观众（Hartley 2013）。在很大程度上，澳大利亚原住民艺术崛起的源头是一个名叫弗雷德·梅尔斯（Fred Myers 2002）的纽约人，他成为这些作品的中介人，为其他亚部落的人建构这些作品的意义，确立了它们在国际市场上的价值。达明·赫斯特（Damien Hirst）、杰夫里·昆斯（Jeffery Koons）和安迪·沃霍尔（Andy Warhol）既创作又营销。这无损于他们的艺术才能，却非常有助于解释其作品的意义（Lanham 2006）。文化介入文化丰裕的世界，借以生成新异的东西，这种大众体验实在是新的划时代现象（Hoggart 2004）。

亚部落对新颖的发现和革新的生成作出贡献，亚部落这方面的特征在它如何配置自由、处理冲突的过程中浮现出来。在一定程度上，它如何安置人、如何管理继后的混乱促成了美好思想的流通（McNair 2006）。文化习俗和制度的功能越像公有的资源库，它们就越能有效地生成新异、驱动革新。在这个方面，文化驱动的亚部落革新的有效模式来自于创意公地和知识公地的研究；这两种公地的研究建立在埃莉诺·奥斯特罗姆（Elinor Ostrom，1990）成果的基础上，她研究了这两种公地与自然资源公地治理的关系。所谓公地是一群人对一个理念感兴趣的空间，这个空间能创造或管理有价值的资源。对成功公地研究的总体发现是，这有助于产生好规则，而不是优秀人。好规则（伴以好故事：第三章"亚部落"）使亚部落富有活力。这是文化科学的一个模板。

第六节 创新的经济社会学：新颖会产生"恼人的冲击"

迈克尔·哈特及其搭档（Michael Hutter & his colleagues 2010）解释说：

> 我们知道，新颖这个观念指的是这样的事件、产品、思想、技术、艺术品以及合作或协调的过程，它们出现时会产生恼人的冲击。

这个新异和革新的观点与以前模式的新异（作为变异或创意）概念不同。这里的新异是硬性的、不招人喜爱的。新异的事物是紧张、摩擦、失调、暧昧和问题解决的结果，最终揭示出新的可能性或机会，供人们捕捉和利用，以创造或提取价值。

经济社会学（economic sociology）里的新颖模式是哥伦比亚大学的大卫·斯塔克（David Stark）以及柏林社会研究科学中心的迈克尔·哈特团队提出的。这一研究路径的核心是多元价值命题的理念，或者是法国社会学家鲁克·波尔坦斯基（Luc Boltanski）和罗朗·戴福诺（Laurent Thévenot）（2006）所谓的"价值层级"（orders of worth）。他们阐述一个价值框架的社会学理论，有6个层级：市民的、市场的、激励人的、名气的和国内的层级，适用于一切精心计算的经济情况。大卫·斯塔克用"结构褶皱"（structural fold）的概念，进一步提出一个基于失调或摩擦的新异性生成和企业家精神的新模式，他所谓的失调或摩擦发生在多元价值评估标准之间，特别强调这样一个概念：这些失调可以是而且常常是可以设置的（Vedres and Stark 2010）。①

斯塔克（2009：15）解释说，"企业家精神是一种能力，那就是让多元评价原理发挥作用，利用其互动产生的摩擦"。他认为，这类革新不是计划和工程意义上的"搜寻"，而是更接近这样一个过程："你不知道搜寻什么时所作的搜寻，一旦发现搜寻的结果时，你却能识别你发现的东西"。空间和结构组织上的不和谐有助于企业机会的发现和实现。这是用"结构褶皱"（Vedres and Stark 2010）概念建构的模式，有别于罗纳德·伯特（Ronald Burt）的"结构洞"（structural holes）的创业经纪的概念。在斯塔克的模式里，组织不和谐是一种机制，支撑创意摩擦生成的组织反身性，以生成"知识生态"；在这样的知识生态中，多元和潜在冲突的评价原理和价值标准起作用，在创业过程中化解为独到的价值评判（Stark 2009：142）。多元、交迭评价标准的冲突被解决，达成一个独到的价值评判，新颖的东西因此而浮现出来。

迈克尔·哈特的研究小组（Hutter 2008，2010，2012）走的是类似的路子，他们的一系列项目围绕"新颖文化资源"（cultural sources of newness）的主题展开：

> 新颖位于革新的核心，在文化资源里浮现，被分析为文化形貌或文化星座。（Hutter et al. 2010）

柏林社会研究科学中心的研究团队参照波尔坦斯基和戴福诺以及斯塔克的研究成果，沿着民族志和文化地理学的方向进一步发挥，同时在演化经济学的基础上前进；柏林团队认为，三种过程对革新具有决定性意义：

---

① 斯塔克（2009）《不和谐的感觉》（*The Sense of Dissonance*）研究三种组织层级系统（一座社会主义的工厂、一个新媒体设施、一个套利交易室）的三种情景，对其组织语境进行民族志分析。他发现，茶叶发现的关键驱动力是不同的价值评判标准的相互作用所产生的紧张与摩擦或失调。——原注

（1）文化形式与实践继续不断的变异；
（2）新颖的演化；
（3）文化里和文化间出现的张力。

如此，柏林团队强调，革新既不显而易见，也不能归因于个人的创意——这两种表述都接近标准的随机性路子或浪漫性路子；相反，新颖是文化变异过程，在邻接性、合作、通信与意义上与文化形貌的具体群集相联系；换言之，这是一个外化的有意义的亚部落。再者，这不是文化为输入和新颖为输出的因果关系过程。更准确地说，这些文化形貌——斯塔克名之曰不和谐的紧张和摩擦——创造企业家能识别和利用的机会。这和经济学家伊斯雷尔·柯兹纳（Israel Kirzner 1973）的企业家能力的概念不无相似之处，他把这种能力称为把握"机会的机敏"。通过新颖现象和机会的同时创生，新颖和革新随即发生。

各种文化都生成新颖现象，但这不是一种文化的总体特征，所以我们不能说一种文化富于革新精神，另一种文化不那么富于革新精神。这是所谓的聚集性谬误：因为我们能说个人富有创意或聪明，我们就能说文化有类似的特征：文化富有创意，或文化聪明。新颖的文化资源指的是文化过程和文化互动的聚集，以及由此而生的必然的摩擦、紧张与失调；通常，摩擦、紧张与失调横跨交迭的价值命题或意义。结果，亚部落在由此而生的机会与获取的价值中去辨认新颖的现象。

这个过程甚至不像富有创意和革新精神，人们也不觉得它富有创意和革新精神。作为紧张状态、复杂结构和拼贴组合的场所，这个过程可能是不和谐、不舒服、有问题的、挑战性的、悬而未决的——一望而知是错的。这是一个文化空间；在此，敏于捕捉机会去消除紧张状态的能力就成为进步的资源，令人惊诧的发现就在预料之中（Shackle 1972）。在这个环境里，实验成为发现的方法，游戏行为——用结构不太明朗的办法去尝试——就可能行之有效。

这个环境还有利于异质性、邻接性、混合与规模，有利于都市环境。换言之，思想在这里碰撞，偶然的连接有可能发生，机会被创造出来并被人确认。社交网络和新异现象成捆的市场（Potts 2011）成为文化的景观，网络和市场集合思想，造成需要舒缓的紧张和压力；在因此而生成的空间和环境里，机会得以彰显。这就是亚部落生成革新精神的方式。其中暗示了对城市作为创意和创新场所经济思想的重新解释。理查德·佛罗里达（Richard Florida 2002，2005）率先倡导创意城市的人力资本模型，认为创意城市是吸引创意人才的结果。克里德（Currid 2007）的论点聚焦于文化和创意景观，认为这是有些城市的竞争优势，她的观点与我们本书的意思比较接近；她强调比较优势和社会时尚风情，认为这是创意机制的关键要素（Aspers 2010）。

我们文化科学论述的路子也许最接近简·雅各布斯（Jane Jacobs 1961，1984）或埃德·格莱泽（Ed Glaeser 2011）的路子。雅各布斯断言，城市在铺张规划、理性化的情况下，在专注开发单个门类的经济规模时，效果最糟糕；相反，如果加强经济基础的复杂结构而有机演化，换言之，如果城市充满活力、很善于发展，效果就最好。纳西姆·塔勒布（Nassim Taleb, 2012）把这个特征称为"抗脆弱"，而不是充满活力；其意思是，雅各布斯的城市观实际上从压力和混乱获益，而不仅仅是具有抗击压力和混乱的活力。用政策话语说，雅各布斯反对发展模式和自上而下的规划，偏重混合利用和自下而上的规划：意思是废除城市规划的分区法（zoning laws）。我们喜爱这些观点，将其视为价值和增长的源头（Hartley et al. 2012），因为它们以有机方式生成稠密的都市文化生态区，亚部落聚集方式促进机会的生成和实现。

这些文化现象需要什么条件才能产生"恼人的冲击"呢？在城市规模上，在较小规模的聚落、地方景观、人的组合或其他社会形式中，什么条件才能产生"恼人的冲击"呢？我们认为，两个基本特征是必备条件：社交网络和自由。首先，社交网络产生人的空间和信息流，使紧张、冲突与失调得以形成（即可以传递）。自由有助于保证，紧张、冲突与失调不至于使系统过热、爆炸或毁灭自己。

我们所谓的社交网络可以指任何技术：凡是在网络中共享信息、达成协调的技术都叫社交网络。克莱·舍基（2008）和查尔斯·里德比特

(2008)指出，革新和创意的性质正在变化，因为社交网络里机会换取的机会处在变化之中。舍基认为，已然变化的是较低的协调和组织的高斯"交易成本"，于是，社会网络上集体做事情成为可能，以前成本太高、难以协调的事情尽可以做成了（Potts 2010）。协调成本戏剧性降低，大众合力创新爆炸性增长，社交网络受到冲击。里德比特（2010）强调指出机会空间的革命，社交媒体技术的使用使革新和生成的分享与合作成为可能（Quiggin 2006）。至于自由，麦克洛斯基（McCloskey 2006, 2010）解释说，分享与合作原理是支撑资本主义的自由原理。

社会建构的不是新颖事物本身，具体的新奇或革新也不是社会建设，至少不是伊恩·哈金（Ian Hacking 2000）批判意义上的社会建设。更准确地说，新颖、新异和革新是具体的文化语境和情景建构的，语境和情景使思想和意义能相互作用，产生潜在的新机会，新机会是在文化语境中形成的。

第八章 浪费：再生产的成功

通讯到来了，却阻碍了东西两半球的交流。

——托马斯·哈代 1915

第一节 论文化生产的效率

在这一章里，我们考察一种功能。进化过程漠视它，但又为它提供一种机制：成功的再生产。当代进化理论依靠三类选择，以解释再生产的成功，它们是：自然选择、性选择和亲缘选择。下文紧接着讲这些选择，而且我们准备给这个三选择的清单追加一个选择，即文化选择或曰亚部落选择（近于群体选择）。我们准备讨论罕有人问津的一个再生产特征。这就是浪费。再生产通常用成功来计量，应该如此——其成功是个体的再生产和物种的存活。然而，在这个过程中，我们发现一个生产力的标尺，其力度和广度远超人的想象力；但大多数的生产力却被浪费了。无论你审视生命或机巧，大多数再生产的尝试都失败了。任何物种或系统的最宝贵的产物、承载未来的载体即儿童也好，智力活动的产物也好，最终都沦为竞争物种的营养品，或沦为无生命的沉淀。这些最宝贵的产物绝不可能开花结果。它们被丢失、摈弃、吃掉、盗走、无孳生力、没被利用、被人遗忘……被消融进入其他生命形式，或者被倾倒进垃圾场。再生产的成功被人珍视，其效率之低下却无人置评。

在这一章里，我们想要将两个事实并置：一方面是惊人的创意生产力，另一方面是超乎想象的挥霍浪费。我们问：这显而易见的效率低下究竟是为哪般？进化是一个冷漠的过程。其冷漠达到了毫无效能那一极端吗？抑或是达到了另一极：在复杂适应性系统的成功再生产中，生产力和浪费在规模上的结合发挥着提升健康程度的功能？一句话，浪费的用途是什么？

若要理解复杂系统（艺术系统、生物系统或其他系统）的进化，那就要注意系统，而不是注意个体。在变化、不确定和动态的条件下，除了竞争和掠食性邻居，还需要个体之外的其他因素；和大多数后代子孙一样，个体创造者也被废弃了。无论我们讨论的是生物或人的创意，创造者都不会在成长过程中存活下来——同理，子孙后代和艺术品都不归因于产生它们的过程或行为者。存活下来的不是父辈或工匠，唯有手工产品存留下来。真正的问题就是尤里·洛特曼提出的问题："一个系统既要发展，又要忠实于自己维持不变，这怎么可能呢？"（Lotman 2009：1；Hartley 2012：212-213）。也许，这个问题的答案就是浪费现象（wastefulness）一词。这是复杂适应性系统成功再生产必然要付出的代价，是系统的代价，而不是个体的代价。

这个问题之所以重要，那是因为我们感兴趣的既有文化分析又有经济分析；既有生产力分析又有效率分析，既有文化分析又有语言分析。我们注意大规模自我再生产系统里生产力的浪费现象，这自然引导我们考虑，这样的浪费是如何发生的，在文化（比如语言）里浪费如何发生，在自然界（比如性繁殖）浪费又如何发生。因此，我们对自然界和文化里成功再生产的研究可能会为经济分析和经济政策提供洞见；至少能促使我们重新思考"浪费"是低效或无效的观念。至于"创造性浪费现象"（creative wastefulness）的功能有何用途——我们的结论是：这是一种革新机制。它使新颖现象的浮现成为可能。这个机制不是效率，而是邻近性。

讲成功再生产的一章自然要讲儿童，包括生物学意义的后代和比喻的精神产儿，即思想和艺术品。什么东西把儿童与浪费联系起来？无疑，自然选择的过程极其浪费。许多生物和其他生命形式（如大象）的后代被摧毁或吞噬的数量数以百万计；也许多数有机体的大多数后代都被毁了。这显然是浪费，是物种逃避被猎食而存活下来所付出的代价。性选择的浪费臭名昭著，生物的性选择浪费惊人，符号的选择也浪费惊人，俨然是"能量浪费的展示"（Fitch 2005），既有"高成本的信号机制"（Gintis et al. 2001）的浪费，又有"炫耀性消费"（Veblen 1899）的浪费。

在这一章里，我们还要考虑亲缘选择（kin selection）（Bergstrom 2003）。亲缘选择使交流进入我们的眼帘（Fitch 2005），尤其要考虑亲子交流。接着，我们要提出另一种选择，我们称之为文化选择（cultural selection）或亚部落选择（demic selection），这一选择与群体选择可有一比（Bowles and Gintis 2011；Gintis 2012；Runciman 2009）。文化科学的两个新问题在这里浮现出来：（1）交流与浪费；（2）儿童与浪费。既然我们通常赋予交流和儿童很高的价值，重新评价浪费的功能可能就必不可少；浪费功能从文化的负面成分变为正面的要素，这对经济学有意义。

在选择的连续体上，从自然选择、性选择、亲缘选择再到文化选择（或亚部落选择），相同的机制在起作用。无论再生产发生在什么系统中——生物系统（自然选择和性选择）也好，交流/文化系统（亲缘选择和文化选择）也好，一无例外。长期以来，人们习惯认为，语言、文化、知识和意义不同于进化和复杂系统（甚至与之不搭界）——这个观点维持不下去了。对进化科学和文化研究，这个新发现都耐人寻味：它们再也不能彼此漠视了。为了研究"再生产的成功"，包括体力和脑力的成本、有机体和信息的消耗、个体和思想的投入、有机体和后代的损耗，一以贯之的方法是唯一合理的方法。

第二节　数以兆计

粒子、距离、星球、系外行星……因此，可能存在的天体生物学的生命形式的计量单位全都是 10 的 12 次方，甚至更高。再往上走，直到谷歌所谓的"10 的 100 次方"或 10 的 100 次方"零"。尽管事实证明，人的意识难以应对"兆"一级的计算，但"兆"一级的计量无处不在，

第八章　浪费：再生产的成功

小至"我"的层次，大至"宇宙"层次。事实上，我们由若干兆的细胞组成，我们身上寄生的微生物也以兆计；而且，我们天天处理无数兆的比特，信息通过感官进入人体，过滤到神经系统能感知的层次。我们浸淫在无数兆的比特里；在过滤无数兆比特的过程中，我们构建了独特的自我。因此，控制论专家海因茨·冯·福尔斯特（Heinz von Foerster）如是说："我们感知的世界是我们的发明。"[1]我们把世界简约为我们能感知的东西——有意义的东西，借以作出这一发明。否则，只要超乎"我"和"我们"不确定的边界，世界的可能性与或然性的尺度就难以想象了。

这些兆数与个体选择和行为相交的现象在性繁殖上最容易识别。性繁殖的成功依靠产生数十亿计的精子，而且依靠把大多数精子淘汰出性竞争的机制。如此，我们如何理解数十亿计的卵子和数以兆计的未参与繁殖的精子呢？它们全然被浪费了吗？表面上看无疑是这样的（请记住，一种有机体的"浪费"是另一种有机体的美餐）。在这一点上，人绝不是独步天下的。在许多不同种的生命中，10 的 12 次方甚至更高阶的浪费都是典型的特征。这可以使地球变色。比如，在北方针叶林里，松树花粉顺河流而下，把广阔的湖面染成金黄色。毋庸赘言，每年长途漂流、数以吨计的花粉最终只能生成很少的小松树。无数的卵子和精子广泛传播，在水面上形成"油污"，附近水滨的度假人可能会将其误解为赤潮，或污染。珊瑚卵成功受精，生成珊瑚虫。珊瑚虫"定居"生成新的珊瑚，但大多数不能成功："对珊瑚幼虫而言，浮浪幼体从形成到定居这段时间的死亡率极高。"[2]它们被吞噬的数量以数十亿计。

大型、长寿的动植物参与的游戏别无二致。它们充分满足猎食者，成为其美餐。开花的植物引诱昆虫和鸟类吮吸花粉。乌龟为猎食者奉献大多数龟卵和幼龟，其他不那么致命的危险也夺走龟卵和幼龟（Frazer

---

[1]　www.univie.ac.at/constructivism/HvF.htm."Was wir als Wirklichkeit wahrnehmen, ist unsere Erfindung" is: "That which we assume as reality, is our invention". 直译为："我们假设的现实是我们的发明。"

[2]　美国国家海洋暨大气总署/US National Oceanic and Atmospheric Administration：http://coralreef.noaa.gov/aboutcorals/coral101/reproduction/.

1992)。许多龟卵和幼龟是生命力强的个体,和存活的个体一样"适应"生存,但它们甘当机运律的牺牲品。这一生殖的系统不是个体的,而是或然率的(这是个体不生存、物种生存的或然率)。

在捕食者和猎物进化的军备竞赛中,父辈谋求繁殖成功的秘密武器是幼子,它们被盲目地射进猎食者的嘴里。这样的浪费即使不被视为后果严重,也可能被视为效率低下。每一个孩子不应该被视为父母需要的孩子吗?这不是物种演化失效的问题,也不是未能将物种基因传到未来的道德问题。我们懂这个道理,因为在这方面最浪费的物种是最长寿的物种。珊瑚的生命可回溯到志留纪,银杏可回溯到二叠纪,瓦勒迈杉可回溯到侏罗纪。

显然,在繁殖方面,存活的子辈少、"效率高"的物种比如人也有"中彩"的或然率,不过,它们是在受孕时"中彩",而不是生育时"中彩"(我们不应该忘记,数以十亿计的共栖的有机体靠我们"浪费"的细胞生存,从细菌到家鼠都这样生存)。我们不应该误以为,克劳德·香农的线性模型通信的传输更有效,会胜过规模和邻近的模型。结果证明,繁殖方面的浪费现象令人乍舌,却自有其功能;唯有在系统层次上,我们才能看见这一功能;在个体层次上是看不见的。个体掉进最近的管道消失时,动机、选择、欲望等等都无影无踪。规律是这样的:浪费使新颖事物浮出水面。

第三节　文化效率

浪费是语言使用里的常态;在传播学里,浪费从未成为需要学术研究或政策研究解决的问题。语言效率的理念从未出现;我们不知道,文化研究或经济研究的任何分枝曾用来研究"语言效率商数"或"文化表现的相关系数"。人们常说,说话成本低,不费劲。

人人皆知,只有在传播效率达成的情况下,符号系统的价值才会被人重视;换言之,在市场营销、宣传、公关等领域,出于商业、政治或提倡的原因,总有人(或组织)想要抄近路完成讯息的传递。这里的

第八章 浪费：再生产的成功

"问题"不是直接表现为语言的或文化的问题。这里的目标不太像是提供语言效率；语言天然的浪费倾向被视为理所当然。靠符号的力量，人们的策略是指向击败浪费的倾向。事实上，商业传播和政治传播都名为"造势"。军事用语的比方暗示，"造势"想要的是征服人的注意力（见第四章"恶邻"；第九章"湮灭"）。换言之，为了夺取胜利，未来造就一条因果链，（借助符号/语言中介）使广告商的意图和消费者行为变化的目标建立联系，供应商需要一支强大的队伍。队伍的规模用它的消耗来衡量。美国传播业 2012 年的支出是 1 兆美元，2016 年的支出预计接近 1.5 兆美元。商界和社群造势的"将军们"雇用、训练并部署庞大的专业大军，政治造势人、游说集团以及众多的公司、产业、改革者、社会组织、活动分子和鼓吹者加强这支大军，再加学术研究的众多领域，这一切都是为了提高传播讯息的效率（改进语言系统总体上太难），无论用什么办法，无论为了什么目的。

最佳的希望效果是，高投入的讯息有时能吸引有些人的注意力（未必能保证后继的行为）。广告很想向你传递讯息，使你做一点它渴望的事情，但你多半不会做这样的事情。于是，虽然以兴师动众之力投入，文化和语言效率在营销传播中却没有达成，投资的回报（改进股票销售、多得选票、改变消费者态度）总是不确定的。即使投资、目的和创意技能极为强势（如零售和选举的努力），大量的语言产品也白白浪费了，这也难免。广告之父约翰·沃纳梅克有一句名言："我的广告费一半白花了；问题是，我不知道哪一半白花了。"[1]广告业所能达成的最佳效果是亲近——把"眼球"售给客户，因为"眼球"真能聚集人群（Hartley 1999），并通过媒体汇集客户的注意力。因为人们喜欢模仿高位者的行为（Earls 2009; Bentley et al. 2011），部分的注意力能转化为销售。

然而，即使这种"再生产成就"也是间接的：信号击中眼球后究竟发生了什么，这个结果仍然是极不确定的。总之，即使广告有效，我们也未必需要它。即使它真能有效地传播讯息，也未必需要一个产业（和

---

[1] 约翰·沃纳梅克（John Wanamaker 1838-1922），商人；宗教、民事、政治领袖，曾任美国邮政总局局长 http://pabook.libraries.psu.edu/palitmap/bios/Wanamaker_ _ John.html. ——原注

学术领域）的不断投入，去更新投入的精力——以渗透一切媒体，每天24小时、每星期7天不间断。如果你要实现说话的高效，说出的话产生你想要得到的行为（Austin 1962），也就是说，传播的因果在说出的话里结合，你最好是经过培训当法官：只有在这种正式的制度背景中，说出的话才能达成说话人的意图（唯有这样的情景中才能达成，因为这些情景是垄断性国家权力的仪式化表达）："我宣判你两年刑期。"

然而现实却是，大多数句子都漂走，无人问津——无论其表达多么强势，无论其投入多么巨大，即使它们看上去是"我们"-群体高价值代表直接指向"我"说的话，即使这些高价值的人是迷人的孩子、流行文化名流、杰出的公共人物、冷漠神祇的世俗替身。我们对这些话全都漠然置之，即使它们向我们传递的信息是"为我们的利益"——我们的健康、福祉或金钱的利益。当然，无情观者的怀疑态度是有道理的；这是一层保护膜，保护我们亚部落连接的感受器。即使在广告生效的地方，即使受影响的人们注意广告并据其讯息行动，意料之外的后果（肥胖、酗酒、吸烟引起的疾病）也可能是戏剧性的，未必是正面的。

除了传播和广告业这个特例之外，符号的浪费也大量存在。传播、创意和娱乐业都普遍面临难以达成传播效率的"问题"——虽然传播是它们的看家本领。由此产生其特殊的结构：为消费者准备潜在选择的库存总目，以减少风险（Garnham 1987），因为谁也难以预知，什么产品受欢迎（Caves 2000）。

以好莱坞为例，由于其他选择很多，电影观众减少，激烈的竞争的就产生了反直觉的降低风险的策略，却反而加大了资金投入：投资两亿美元的超级英雄、外星人或大灾难的大片更可能达成票房的成功（发行第一个周末极其重要），胜过500万至3500万美元的小手工电影。其实，这些"小片"基于文化现实和人的尺度，曾经使好莱坞大获成功（这类大片如今叫"好莱坞诱饵"，意在问鼎奥斯卡金像奖）。常识可能会暗示，3500万美元投资的好看的故事触及观众的生活和经验，比两亿美元投资青春期幻想的片子风险要小；但这不是符号生产力世界运行的方式。

传播并不是信息的线性传输，从A到B。相反，大多数信息被忽视、摈弃，被扔进垃圾堆了。才能或天才不是成功的预报器。成功还需要运气、计谋和时间，以及创业的能量和资金密集的投入——在权力分布曲线"赢者通吃"的残酷逻辑的顶端胜出，就需要诸如此类的条件；区分大片和失败小片的就是这条残酷的权力分布曲线。权力的顶端永远只有一个莎士比亚、一个写哈利·波特的罗琳（J. K. Rowling）、一部《公民凯恩》（*Citizen Kane*）、一个碧昂丝（Beyoncé）；同时，竭尽全力却错失稳定权力顶端的长尾效应总是存在的。这一逻辑——社交网络市场著名的"长尾"（Anderson 2008）的必要条件是，大多数稳定权力顶端的人都在"浪费"自己的时间，但谁也不预先知道，谁是在浪费时间，谁将会胜出。有时，3500万美元的独立预算的电影能打败两亿美元的的大片；可见，"必胜"者可能摔倒，但那不会改变会议室里的盘算。《独行侠》（*The Lone Ranger*）之类的大片在2013年"末日夏天"里狂轰滥炸，更多的片子已在预告：《加勒比海盗5》（*The Lone Ranger*）、《雷神2》（*Thor 2*）、《神奇四侠3》（*Fantastic Four 3*）、重启的《哥斯拉》（*Godzilla*）等。整个创意生产系统的主要特征就是浪费，用生产过剩去回答不确定性。这一特征特别适用于其最富创意的生产力，因为革新的、试验的或先锋的娱乐和艺术的典型特征是低估风险——它们的风险高，收获少。最好的产品常常被人忽视了。

与此同时，富有创意的内部人士指出创意革新复兴的潜在新资源：不是电影，而是电视。历史上深深扎根的品味等级制认为，电影是艺术，电视是垃圾。但在2013年的爱丁堡国际电视节上，受人尊敬的演员、导演、制片人凯文·史派西（Kevin Spacey）讲演时讴歌电视新的"黄金时代"。在17部展演的片子中，他提及《黑道家族》（*The Sopranos*）、《线人》（*The Wire*）、《权力的游戏》（*Game of Thrones*）、《绝命毒师》（*Breaking Bad*）、《纸牌屋》（*House of Cards*）。这些片子构成"最有力的、无法逃避的证据，说明电视之王是有创意的作品"。在这里，大量浪费的原理仍然胜过革新的创意作品。大多数有创意的理念绝无机会登上银屏。每年，数以千计的剧本上传到美国的网络，或受网络公司委托完成，却被宰杀得所剩无几。只有一百多部片子有机会试映，其中的几十部能正式上映，唯有两三部能进入第二季（Gitlin 1983）。这正是好莱坞的实况。就史派西的观点而言，其余的世界仿佛就不存在。他只提及17部片子（全都是美国片），证明一个有创意成功的"黄金时代"。简言之，呼吁更多创意的观点实际上相当于呼唤更多的浪费。他想要影视业的领袖们注意，"与其求保险"，不如"大胆并大力支持我们的使命；要一个环境……要瞄准更高的目标，甘愿冒险、实验，并准备失败"。他提倡这样的行动："如果你想竞争，你必须要进入富有原创内容的游戏"，这样的主张模仿生物的繁殖模式。这一策略必然是大多数高投入故事的大批毁灭，以确保那几个幸运者的成功。史派西大肆吹嘘的创意之"王"就像乌龟：产下许多卵以确保少数龟卵孵化长大。

倘若"人们所思所言里最佳的东西"都注定被"猎食"，请想想，肉体凡胎者日常交往中"效率较次"的东西必然是赌运不佳的。实际上，每个人说的话多半都没"结果"，说出口就完了。如果这是浪费，那么，语言不仅是人最复杂的发明，而且是最浪费的发明。请想想：每个人每天说大约10 000个词。每人每年说出口的词大约就是3.65百万。就70亿人口而言，每年说出口的词大约就是百万的四次方（25 000 000 000 000 000）。有史以来生存过的人共有1 000亿；曾经说出口的词大约就是10的27次方，相当于一个人体内原子的总和。保守估计，一个人一生说出口的词大约是一亿个，且每句话都独一无二。真难想象，什么会构成"效率商数"或"文化表现的相关系数"，更难以想象这个语境下"再生产的成功"。"浪费"的尺度显示，说话在言语共同体里的价值和它为共同体服务的价值是不一样的。价值的基点是保持接触或发出信号，且多半是限于亲属或亚部落圈子，而不是为"原创性内容游戏"提供更大的竞争力。

第四节　儿童与浪费

显然，语言不是为了功能的目的而产出的；效率不进入语言。但生产率要进入语言。为了探索文化再生产的这个方面，我们必须回到儿童

第八章　浪费：再生产的成功

的角色——儿童任何成功再生产系统的"产品"。在这本书里，我们视青少年为特别重要的力量，在"我们"群体意义的再生产中扮演关键的角色。他率先把自己亚部落的"文化生存载体"投射到未来。在这里，我们再次看到的不是对角色及其价值的认识，而是令人难以置信的浪费。实际上，在分析层面上，浪费分为若干个范畴。儿童说话的整个范畴都是打了折扣的，在生命理论和社会理论里都不被重视。它"无关紧要"，因为那只不过是游戏、好玩，或不重要的假装，至多不过是演练，对社会、政治、文化、经济或任何其他系统都不产生影响；其影响仅限于难以确信的"学习结果"。

但我们认为，儿童说话和游戏所产生的东西对文化生存具有极其重要的意义。这个结果就是亚部落里"我们"群体的更新，更新的途径是模仿、复制、分享、调整不重要的说话和念头（游戏、白日梦、调皮），并将其转化为新的有创意的内容和连接性。通过这些活动，同龄组的人每天都在重新发明并更新文化，他们直面自己不确定的未来，是"我们"未来的创造者。简言之，我们认为，儿童不是挥霍浪费的，而是富有生产力的，通过面向未来的实践，他们与语言、交流和文化结合在一起；这里"实践"的意思是实验、排练和行动。

儿童不仅是文化再生产（"我们"群体的生存）的结果，而且是文化再生产的动因——这个观点无疑是反直觉的。但"儿童"或"后代"习惯被视为非此即彼的范畴（全然的儿童或全然的成人，没有梯度）。如果考虑人漫长的成熟期，那就容易看到，在家庭和居住区、在有中介的交往中，儿童是长期的交流人。新一代人养育成年后，父母的功能才告完成；一代人成长大约要25年，通常，这也是"青年"过渡到"成年"的年纪。几代人的年纪有交叠，产生一个儿童的持续流；儿童被照顾、管理并导入"我们"社群的语言和知识系统的制度化，既在家庭内完成，也在家庭外完成；儿童学习各种各样的能力，他们的语言、知识和社交网络随之扩大，社会学习过程继续不断。如此，一批又一批儿童持续不断的波浪缓慢流动——从咿呀学语到蹒跚学步到少男少女再到"青春勃发"——一波又一波的儿童流在家庭组织中扮演重要的和指引

· 179 ·

的角色，也在广泛的政治、文化、经济和社会生活中起重要作用。不过，儿童的作用至少在起步时是通过交往或符号生产完成的，不是通过工业生产完成的；儿童通过工业生产发挥作用是传统的看法，虽然在许多情况下，儿童兼有工人的作用。正是在交往、符号、文化和语言生活中，儿童证明有自己的生产力——虽然他们也复制、模仿、排练、游戏并浪费自己的时间。

然而，几乎在一切文化叙述里，儿童的能力都被人打了折扣，遑论在经济叙述里被打折扣。那样的观点偏爱抽象的、理性选择的个体，即假设的成年人。这种假设的部分原因是，大多数关于人的进化思维都聚焦于自然选择和性选择，成功的婚配是这种研究的目标。儿童在研究过程中不起作用，在进化论中几乎完全被忽视了。这是生物学色彩遮蔽了社会事实和符号事实，但生物学事实与社会事实和符号事实是截然不同的。从人类学角度看，儿童是"无能的"（Leach 1965），直到他们成年的能力靠仪式得到确认（青春期仪式、考试、离家/离故乡、就业、结婚）。在经济学和文化研究里，儿童也不被授予能动力。谁也不考虑他们的符合生产力和社会生产力，除非是在遭遇危险时——此时的他们是所谓受害者，而不是行动者。

但近年的互惠利他理论（reciprocal altruism）与合作研究却发现，需要在自然选择和性选择的基础上加上"亲缘选择"或"包括适应度"（inclusive fitness）理论（Foster et al. 2006）；蒂卡姆·菲奇（Tecumseh Fitch 2005：212）称这些理论为"近年最重大的对进化论的补充"。菲奇方法论对本书的研究宗旨至关重要，因为他关注语言进化，把"亲缘选择"视为前人诸多解释所遭遇问题的"优雅解决办法"。他写道，"交往的亲属常分享彼此的最佳遗传兴趣，所以亲缘选择有利于个人（尤其父母），个人能增强亲属（尤其后代）的生存机会"（2005：213）。他有感而发："作为语言进化的重要力量，亲缘传播几乎完全被忽视了，实在是令人吃惊。"（2005：214）

我们想补充说，亲属交往不是简单的自上而下的或单行道的"亲辈关爱"（文献里总是这样解释的）。父辈和后代都在交往：这两个交流

第八章　浪费：再生产的成功

"系统"的能力、兴趣和语言有所不同（Lotman 1990）。①此外，成熟缓慢的动物（比如人）的"后代"长期以"儿童"（依附者）的身份在父母身边流连；他们不仅仅是嗷嗷待哺的鸟喙（对父母关照的刺激），从一开始，他们就是自主的会话参与者，交流的能力迅速发展，重要的能力不仅用来与父母交流。与外部世界交流时，他们可能"无能"（无力无助）。但在形成关系的交流世界里，在确认寒暄联系的交流世界里，他们非常活跃（Jakobson 1960）。他们的拿手好戏是符号指代：故事、电影、游戏、假装、白日梦、幻想和可怕的焦虑（关于生存、身份、性、社会性和成功的焦虑），以及自我向环境的映射（包括戏弄、欺凌、色情短信、喧闹等负面的实验）。

我们了解这些情况，因为许多成年的发明家和革新家述及他们的童年或童年期的洞察力和经验，那是对他们创造新生涯的鞭策。毕加索即为一例，广告人和企业家查尔斯·萨奇（Charles Saatchi）写道："毕加索反复指出，他用4年学会像拉斐尔那样作画，耗尽毕生精力学习像儿童那样作画。'所有的儿童都是艺术家。我们的问题是，成年以后如何维持艺术家的修养'。"（Saatchi 2013：255）

有一个人的成年生活被童年时代的噩梦驱动，而不是由梦想驱动。这个人就是"倡议"（他本人用语）世界语的柴门霍夫（Zamenhof），他的世界语是世界上最成功的人造语。他写道，"我为发明世界语的念头奉献一生；婴幼儿时，这个念头看上去很荒诞，但它伴我终生，不曾离去"。那是什么念头？俨然是一门全新的语言，其宗旨是克服亚部落的对抗（群体间敌意）；在他的成长过程中，亚部落的世仇危害他所在的城市：

> 我出生并度过童年时代的地方指引我毕生的奋斗事业。故乡拜

---

① 我们不是在说，父母和孩子操不同的语言，而是说，既然婴儿降生时不会说话，初始的母婴交流靠的是语境和非言语手段，洛特曼称之为"微笑的语言"；随着时间的流逝，在母婴的交流里，言语的作用与日俱增。换言之，母/婴交流确立了一个符号圈，在这里，不能互通的语言交会（或冲突）产生强大的意义生产力（有利于婴儿的存活与安康）和社会性（纽带），即使母/婴交流只有最低限度的言语"内容"。——原注

义尔斯托克的居民分为四个特色鲜明的成分：俄国人、波兰人、日耳曼人和犹太人。他们都操自己的母语，并把其他族群视为敌人。在这座小城里，天性敏感的人对语言分裂造成的苦难比其他地方的人更有切肤之痛；每走一步他都看到，语言的多样化首先是或至少是影响最大的因素，是把人类大家庭分割为敌人的基础。父母把我养育成理想主义者；他们告诉我说，所有的人都是兄弟。一旦上街，每走一步我都觉得，我看到的人都是特色鲜明的俄国、波兰人、日耳曼人、犹太人，如此等等。这始终折磨我幼小的心灵，尽管许多人可能禁不住对一个孩子"为世界感到痛苦"莞尔一笑。①

柴门霍夫只争朝夕：1887年中学毕业时，他已发明了世界语。世界语存活下来，成为世界上最宏大的人造语或辅助语，会说世界语人多达2 000万；世界语在世界语言100强中有一席之地。柴门霍夫无疑是天分异常的孩子，但我们通常认可的孩子里，还有更多的人受深刻洞见的驱动，有意志力将自己的洞察力付诸实践、贯彻到底。但他们是被轻视的一群人，常受到各种各样的指责：玩小儿游戏、不理性、不负责任、没有能力。为今天的问题找答案时，儿童的洞见被白白浪费了。然而，出于分析性洞察力，儿童在开发日益增长的知识网络，忙于"发明"未来；他们在"发明"自己的亚部落。

第五节　白费的语词？

儿童是话包子，不仅对父母喋喋不休，而且对兄弟姐妹、家人、亲属和亚部落、同龄人或"名誉亲属"说个不停（Konner 2010：506）。在

---

① L. Zamenhof, Originala Verkaro, ed. J. Dietterle, Leipzig 1929, 417-418. 见 www.umatthias de/latino/latin_ en. htm. 柴门霍夫的"煎熬"有道理。他的故乡拜义尔斯托克多次易手，立陶宛、波兰、普鲁士/日耳曼、俄国的贵族或征服者轮番登场。在俄国人统治下，它遭到大屠杀（1906）；在纳粹统治下，它的犹太人被隔离，并被遣送进死亡营（1941-1944）。这就是他恐惧的未来，他发明的世界语（Esperanto 意为希望者）意在提供另一种选择：那是他幼年时代理想主义的、也许又是非常实用主义的动机。——原注

第八章　浪费：再生产的成功

这样的语境中，他们分享刻画"我们"群体未来的狂热、玩笑、歌曲、热情和其他身份标记，他们学会各种各样的民间故事，即文化知识和全套本领。①在亲属交往中，儿童是双向或"自下而上"的词语方，其兴趣未必与父母的兴趣相同，也不盲目模仿父母的兴趣。此外，他们积极地实行从亲属向亚部落的延伸，他们在受照料、上学、非正式闲暇或"非生产性"活动中发展自己的社会性；他们参与的活动很多，从教堂的礼拜、剧场看演出到街上的邂逅或游戏场的玩耍。诺贝尔奖得主阿尔贝·加缪（Albert Camus）有一句名言："我们所知的那一点有关道德的修养，我是在足球场和舞台上学到的。"②运动队不仅是政治亚部落的排练或比方；它培养运动员超乎亲属的"我们"社群的知识。

上文业已提及，我们的观点是，把浪费用作一种方式，去透彻思考一些问题：如何了解文化的演化与存活。在你能想象的最浪费的系统中，罕有匹敌语言者。语言是"低成本"的、无限的，语言不是稀缺资源，而是超富裕的资源。我们这个物种里无残损的样本都平等享用这个资源，谁也不付费，只需付出时间和邻近的条件。从亲属、"名誉亲属"等人包括通过中介与我们交流的人（明星、名流、老师、牧师、萨满、幻想人物和虚构人物）都可以学到语言，没有性别、智力、社会等级、历史时代、相对富裕的差别。除了偶然的事故或疾病的损伤外，人人都会说话。

然而，语言自然是亚部落的。语言为一切操本族语的人提供享用语言意义的机会，同时又敌对性地排除说异邦话的人享受这样的机会。这样的亚部落差异会传播偏见性敌意，柴门霍夫童年时就遭遇这样的敌意；但双语能力和语际翻译能架起沟通的桥梁，丰富双方的资源。有可能，语言差异在先民部落间形成了一种"版权保护"机制。他们保护自己的"知识产权"，防止未来群体的竞争性掠夺。由此可见，语言差异本身是

---

① Iona and Peter Opie 率先系统研究儿童在游戏场上说的话和听到的话。见：www.indiana.edu/~liblilly/shorttitle/opie.html; and hear http://sounds.bl.uk/Oral-history/Opie-collection-of-children-s-games-and-songs-.——原注

② Quotation and discussion at: http://frenchfootballweekly.com/2013/11/07/goalkeeper-philosopher-outsider-albert-camus/.——原注

浪费性的，就是说，在系统层次，它需要发明的浪费。现存的语言数以千计（约7000种），超过这个数量的语言已经消亡。一些语言像灯火一样熄灭了，嵌入其中的独特的知识、比方、语境痕迹、意义连续体切分意义单位的方式也随即消亡（Leach 1964: 328-329），语言作为"我们"群体第一标记的功能也随之消亡。语言消失、消亡或演变成别的语言。

在《有线文化》（*Wired for Culture* 2012）一书里，进化生物学家马克·培杰尔试图解答为何有这么多语言的谜题。他用社会学习的方式试图破解这个问题，指出，"人类是动物界的独特物种，能进行文化学习或社会学习"（2010: 38）。这有道理，两个关键的特征接踵而至：（1）只靠观察我们就能模仿新异的行为；我们能向他人传输"行为"，他人有理解这一行为的机制。（2）我们知道自己在模仿什么，能推断动机、意向，能选择去模仿最好的东西（如心智理论，再加镜像神经元功能）。没有任何其他动物有这样独特的能力。然而，从设计的视角看，如此之多的语言看上去及其铺张浪费。难道一种语言不够用吗？

在人类文化进化中，为何增生出若干大型语族？这个谜题大概可以这样来理解：这是促进群体内社会合作的适应性机制。语言是辨识"自己群体"里他人的文化标记。你需要延伸与他们的合作，以应对"视觉剽窃"（visual theft）的问题。培杰尔解释说，"我们有不同的语言，因为我们的祖先用语言画圈，保护自己的合作群体，辨识我们群体里的人，保护我们的知识，不让与我们竞争的群体偷听。"总之：

> 为了社会运转，……自然选择找到了使个人兴趣与群体内他人兴趣结盟的办法……人和情感，情感促使我们将自己社会里的其他人（操同样语言者）视为"名誉亲属"。这样的选择意味着，极其丰富的累积智慧和才能成为可利用的资源，比任何个人或家庭能指望生成的资源多得多的资源。这是我们遵循的选择，我们在世间行走依靠的文化存活的载体随即产生。（Pagel 2012: 72, 81）

必然的结果是，依靠新语言群体连续不断的创建，这个选择机制得以运转。这个机制不仅在自然语言的层次上发生,而且更多地在语域、习语、口音和说话方式上发生,凭借其他社会信号机制和文化文本的形式发生了。因此,新异和新颖的生产可以理解为一种机制:维持或更新内群体合作的范围或网络。由此可见,语言的"产物"没有白白浪费,这个产物是亚部落身份。

作为一个物种,我们在生产语言方面似乎表现出"非理性的热心",在"消费"语言上却不那么机灵。在语言使用者的社群里,讲演、叙事、音乐等高成本的信号机制的其他交流形式迅速产生,同样迅速地,旁观者也养成对等但相反的能力:怀疑、蔑视或压制这些交流形式。诸如"创意写作"、"公共讲演"的课程数以千计,不少的学科传授交流性劝服(修辞、营销),但我们不曾听说有传授"聆听"或"理解"的课程;甚至没有讲"阅读"的课程。[①]聆听的功能受重视,那仅仅是被用作安全的要素(人的听力在夜间更敏锐),或被用作别有用心的偷窃,比如偷听、窃听、监视和数据挖掘。在日常生活中,作为社会实践的语言接受能力是无人传授的;语言接受情况在学科研究中被人忽视,在文化投资或经济投资中没有得到改善。

交流必然是高度不对称的。说出的比听见的多得多。难怪,系统论专家尼克拉斯·卢曼(Niklas Luhmann)断言,交流不能被理解为意义从一人到另一人的线性传递。最好把交流理解为一种手段,个体借其处理与临接环境相关的信息;环境里充满符号信号和其他有意义的信号(潜在的食物、危险、伙伴)。大多数信息都没有被任何有机体处理,它们可能在追求自己的目的,或者没有注意外部环境,仅仅是在监察自己的边界,确保其完好无损。大多数接收到的信息根本就没有达到意识(即有意义)的层次,近年的脑科学研究不断证明这一点。

卢曼说感知走在理性之前,但"感知"本身已经是彻底过滤后的表现,过滤后的信息才能感受到。也许正是这个原因,语言和说话才极其冗余,言语上、语法上都有大量的冗余;重复(电话响两声)似乎预先

[①] 文化素养教育恪守深奥的阅读或评判性阅读,其典型特征是假设儿童的阅读能力,只专注读什么,而不是如何读、为何读、读文本,不注重读者。——原注

就容忍无人接听的情况。因此大多数说出的话都浪费掉了，浪费掉的不限于广告商的广告词。说话的人——姑不提系统——知道这一点。效率在这里会产生致命的后果。我们面对的是这样一个物种：在语言的生产中，它肆意挥霍（只顾说"我，我，我！"）；在语言的接受中，它却挑三拣四，本能地挑拣，刻意地挑拣（Kahneman 2011），因为就运行功能而言，只有小部分听见的语词是需要的，或留意听见的。由此可见，生产率依靠意义的"成功的再生产"，不是只依靠说话。

作为外部论机制（联系大脑和知识）和亚部落形成机制，语言把个性（说话）与社会性（对他人的知觉）结合起来，成为文化"使用"的基础。这一特征使个体能在分层的尺度上缩放，如此，抽象观念和机构能代替自然人（个体），能在社会里运行（作为交流者）；于是，我们将抽象的力量人格化，把人的特征赋予公司，从而生成更多的语言。因此，话语的生产独立于人的能动性和语境，给"心智的宇宙"（universe of the mind）里不被使用的符号徒增数量而已。

在符号和文本层次，语言在结构上也是浪费的。语言是"谎言，全盘的谎言"。凡是能被用来讲真话的东西都能被用来撒谎（Eco 1976）。因此，每一句有命题的话至少有两个潜在的意思："情况就是这样"（Wittgenstein 1922），或"我在骗你"（Hyde 2008）。这使生产率倍增，用途上却更浪费，因为一半或一半以上的潜在意义并没有实现。但这种浪费不是纯粹的失效。这种浪费嵌入了最早的人际交往中。新生儿的第一声啼哭可能是单纯的情感表达（"我不能呼吸"……"我饿"……"我不舒服"等等）。通常，这引起妈妈的回应，乳头的安抚，大人的注意等等。新生儿的第二声啼哭是什么意思呢？它说"我饿"，但它的意思可能是"我想要那安逸的、减轻我焦躁的照料，那是我第一声啼哭引起的注意，所以我要重复那样的啼哭，虽然我的身体情况有所不同了"。这是新生儿起初的交流，其指向是引起说话者-关爱者的回应。这是最早的社会性"表达"，但它并非完全的诚实；实际上这是撒谎。不久——也许立刻——妈妈就学会把"饿"、"疲倦"、"不舒服"的哭声与"要照顾"的哭声区别开来；婴儿也学会知道，假装并非总是有效。相互学习、有予有取是语言学习过程的特征，从一开始就是这样的。在你来我往的交流中，信任经受考验，慢慢地积累起来，正是因为真相并不是语言固有的要素。

语言的欺骗性使群体能应对真相的难以捉摸的性质。通过亚部落的"普遍-对立"属性或"我们"对"他们"的边界信息，言语和社群的联系建立起来。这就意味着，一切命题内容仿佛都需要听到两次：一次是真实的（有希望的、包容的、家族性的、"我们"的）；另一次仿佛是谎言（害怕的、外在的、竞争性的、"他们"的）。每一个说话人监察每一句话，检测其他说话人是否值得信赖，并据此评估其主张。我们内在的新闻记者必然要问杰里米·帕克斯曼（Jeremy Paxman）那个著名的问题："这个撒谎的狗杂种为什么对我撒谎？"更微妙的是，我们必须区分"情况"是这样和"情况"不是这样，但不必完全摒弃后者：我们仇恨谎言、妄想和幻觉（谎言、妄想和幻觉的发现把"我们"说话人变成"他们"）；但谎言、妄想和幻觉用于亚部落里的创造性想象（虚构文艺、宗教等）时，我们会喜欢它们。诀窍是何为前者，何为后者；然而，实际情况是，语言把两者不加区分地混淆起来了。

第六节　儿童的文化发明

在《童年的演化》（*The Evolution of Childhood*）这部巨著里，梅尔文·科纳（Melvin Konner）把游戏纳入"社会学习与教育"那一章（2010：500-517）。他指出，在狩猎-采集人的游戏里，"传授、观察学习和游戏结合起来，实际上成为同一的过程了"（第500-517页）。

> 无论少年组的年龄结构如何，游戏都是其主要活动之一。游戏是一个生物谜团……通常被说成是低效的、部分重复的运动……没有明显的目的。这种行为把大量精力的投入和风险结合起来，表面上看没有意义，构成进化生物学的核心悖论。（Melvin Konner 2010：500）

在更广阔意义上，他说，"儿童彼此社会化和文化濡化（enculturation）……但他们传输的不仅是文化必须的行为和知识；儿童的群体可能会传递成人觉得不尽如人意的行为，他们能成为变革的动因"（Konner 2010：661）。这与晚近的自然教育相符，西伯拉和盖尔盖伊认为，自然教育就是进化性适应（Csibra and Gergely 2011：1150）。他们说：

> 我们倡议，自然教育（natural pedagogy）的进化适应之所以必需，那是因为先民早期进化时的技术发明需要认知上模糊的知识和技能。这样的技术包括其物质化的人造物和专门知识，其性质是文化固有的……习俗、仪式和新异的符号系统也可以通过自然教育传承给下一代，如果没有交往知识的迁移，现代社会机构是难以想象的。在这个意义上，自然教育不仅是文化产品，而且是人类丰富文化遗产的资源之一。

文化——含知识、技术、符号系统、机构——是通过"自然教育"传承给下一代的。换言之，儿童的"主要活动之一"是在愉快又有竞争性的同伴中既教育自己又互教互学（并不负担指定的任务）、增长知识；他们学习如何在主体间和自主的背景中运用这样的知识。他们在游戏中假装，与亲属、同伴、客体、符号原本无目的互动弄假成真；他们在环境中学习，包括：

（1）语言的内容，含表意功能、规则技能和习惯；

（2）合作、模仿、竞争和冲突里的社会性，含游戏-打斗和游戏性行为（Konner 2010：288）；

（3）冒险、重复和报偿中的进取，含边界的测试；

（4）技术，含机构规则和形式；

（5）递归知识或认识论，含心智理论、修改规则和解释的能力、"合作性学习"及继后的"濡化"。

儿童不被动接收语言、文化、知识或意义；他们使其更新，儿童能成为"变革的动因"。总之，儿童在游戏中假装的是未来的亚部落。其

第八章 浪费：再生产的成功

价值对进化生物学是一种悖论，因为价值演化的"载体"是文化。

语言是人类发明的最复杂的系统（城市也许能开始声称自己够格成为复杂系统）。其深度和广度与人类共存（我们被指定任何人群或时期没有语言），然而，语言遵循自己的进化路径，无论个人怎么想、怎么说。在自发的神话中，不存在语序先后的理性选择。语序的选择是游戏规则决定的，语法并不是个人的天才；语法是由说话的紧迫需要和直接环境决定的，个人对语法的回应是直觉的，带情绪的，而不是理性的或刻意的（Kahneman 2011）。我们使用人发明的其他"通用技术"（general technologies），通用技术也使用我们；这些通用技术包括文化（Pagel 2012）、技术（Arthur 2009）、城市（Jacobs 1961, 1984）、文字（含数序符号和乐谱）（Goody 1986; Ong 2012），以及互联网（Benkler 2006; Barabási 2002）。个人创造这些通用技术，这些通用技术又反过来对个人的行为施加系统性的因果力量。语言不是通常意义上的技术（不是由外在于人体的物质材料做成的），但它的确是在智人进化的初期"发明"的，是布莱恩·亚瑟（Brian Arthur）描绘的那种方式发明的技术。通过组合演化（combinatorial evolution），它利用人已有的发音器官（喉头、舌头、牙齿等），一套不同于其他大猿的器官，将其用于新的目的，大概是用于交流中的母婴互动（Fitch 2005）。

和生物物种一样，大多数曾经有人使用的语言都已经消亡。但在我们说话的过程中，新的语言正在形成。《纽约时报》2013年载文称（亦见 O'Shannessy 2005）：

> 密歇根大学的语言学家奥香内西研究年轻人的言语凡十数年，其结论是，他们说的话既不是方言，也不是名为克里奥尔语的混合语，而是一种有特殊语法的新语言。在澳大利亚北部领地，有一个孤悬一隅的村子，约700人，他们操的言语叫赖特瓦尔皮里（Light Warlpiri），那是他们的本土语。[①]

[①] 'A Village Invents a Language All Its Own'. By Nicholas Bakalar. New York Times（14 July 2013）: www. nytimes. com/2013/07. ——原注

这里要注意的是，这种新语言仿佛自下而上产生——出自 35 岁以下的年轻人，而不是出于"长者"；长者的职能是保护已被接受的知识，却不得不适应新的环境。赖特瓦尔皮里并非这种环境中浮现出来的唯一语言。澳大利亚田野考察的语言学家费利西蒂·米金斯（Felicity Meakins）的调查确认了另一种语言，叫作格林迪伊米金斯（Gurindji Kriol，见图 8.1）。她指出："在澳大利亚北部许多偏远地区，语言丧失的同时也有语言新生。新的土著语出现了，这是土著性的现代表现。"

图 8.1

配文：儿童发明新文化：Kalkaringi 社群的三个土著儿童告诉费利西蒂·米金斯，他们是如何寻找蓝色石头的。照片 Peggy Macqueen © 2010。

这一切都不能用方法论的个人主义来解释。除了与同类联系的欲望，个人的动机或选择不可能产生这样的后果；产生这种后果的，唯有社会化条件下相互联系的大脑的相互作用，简言之，被群体生存的"欲望"所驱动的文化能发明新的语言。同样的规则适用于民族的口音比如澳大利亚口音，和与之相伴的民族认同。儿童发明了这些文化价值成分，因为成人来到澳大利亚时带有原来的地方口音（伦敦土音和爱尔兰口音最突出）。他们的孩子在新殖民地的语言和社会混杂与互动中形成了新的口音，其互动包括和其他语言、土著语言或地方口音的接触。唯有这样才能解释，为什么不列颠英语派生出来的众多社会形成了独特的、有时不能互通的口音，口音又为何演化为新的语言"种类"，比如新加坡英语（Ansaldo 2009）。

第八章 浪费：再生产的成功

这里有一条重要的规律：方法论的个人主义失策，因为它聚焦于理性选择或自主选择。就是说，对群体的忠诚成为社会学习的一部分，这样的社会学习常常被放在"童年"的名目之下，将其贬为鸡毛蒜皮的东西，"游戏"而已——不赋予它因果关系的力量或生成的力量。然而实际上，母婴交流和儿童的互动产生并创造社会性，以及成人运行其中并获得身份认同的网络。理性和自主性是成人个体的特质，被认为不适合儿童；从方法论上看，儿童被视为不理性的依附者，因而在法律上和科学分析中，儿童都被忽视了。

遗憾的是，个人主义的方法论无法解释，为何婴儿、幼儿、儿童、少年和年轻人能对群体的形成和生存产生影响；实际上，作为下一代，他们是未来生存的原动力。科纳说："有些'恶'的倾向比如懒惰、幻想、冒险、性行为、自私和暴力是极端重要的进化适应。"（2010：669）此外，儿童维持并控制"独立的"儿童文化；科纳发现，这样的文化在人类是寰宇咸同的，在动物界却是闻所未闻的："游戏、玩笑、迷信、咏唱、歌唱和小调、口语套路、符号手语以及手工玩具……谜语、讥笑、诅咒、发誓、咒骂、戏弄、欺骗和结伙"（2010：662）。靠这些手段，包括"用力量实施羞辱"（欺凌），儿童"浸淫"在文化中。

因此，尽管不该被分析性解释忽略，青少年也不完全像"我们"群体里的其他人。重要的是，就通常的经济活动而言，人们常用消费和交流的习惯来界定儿童，而不是用生产和目的来界定他们。一般地说，他们所作的决定不是经济学典型分析里的决定；许多儿童（儿童演员和模特除外）的表演、生产、设计和网络也不是文化与媒介研究的典型分析对象，虽然他们是最忠实的粉丝和受众。因此，研究决策（经济）和生产（文化）的人干脆把儿童和年轻人从他们的分析框架中省掉了，只把儿童当作消费者。但在这个语境下，"消费"的意思不是指其与薯条的关系：这里的"消费"不是产品的最终使用。相反，儿童和少年的文化和媒介消费是在角色轮替序列的开端；这里的消费是生产性的——是群体认同、个人认同和交往社会性的生产。

善于观察的人都熟悉依恋群体身份的激情，有些学校在体育、辩论和其他竞赛活动中培养这样的感情，这样的活动团结"我们"群体，排斥"他们"群体。同样尽人皆知的是，这些活动模仿"成人"的忠诚，比如爱国主义和工作场所的纽带（"母校情节"、"伊顿公学运动场"等）；这些活动的相当一部分尤其运动一直维持到成年以后，成为终生的特殊标记。但这个明显的结论并没有坚持到底——幼稚特征和部落主义有生产力和创造性，不仅仅面向"我们"群体的未来，而且积极地创造"我们"群体，以面向未来。

对体育、仪式和竞争的"部落忠诚"遭到无情的批判，被斥为"发展受阻"（arrested development）（从幼稚状态到理性状态的发育没有实现），例子有维布伦尖刻的《美国的高等教育》（*The Higher Learning in America* 1918）。但有一点很明显："成人"的关怀穿透儿童和少年的亚文化、狂热和忠诚；"童稚的"活动和亲近贯穿一生，既影响个人，也影响民族。一个共同的特征是"部落主义"，即对"我们"群体的忠诚，外加伴生的仪式、秘语、对同侪的忠诚（著名的有好莱坞的"同人电影"和澳大利亚的"同伴情谊"），以及对外人（用性别、种族、民族、年纪、宗教或竞争地位界定的身份）攻击性。还可以指出，就个人而言，"发展受阻"的标签有负面的意思——自恋、"贱女孩"圈子、对差异缺乏同情以及无知的骄傲。①这里的要点是，这类"部落主义"、"幼稚"、"青年文化"、"发展受阻"，以及与之伴生的游戏性创意和狂热都告诉我们：儿童不是"发明"未来的理性的个人；他们创造明天，靠的是对"群体身份"的忠诚，而不是靠自私自利。

儿童用数字设备和网上游戏玩耍，建构并形塑一种政治组织，以及将来会体验到的公民身份（Hartley 2012：ch. 6）。常识告诉我们，选举和纳税的成年公民是现代民主的建设者和形塑者，他们用的是方法论个人主义和理性选择的一种版本。然而，与之相反，本书作者认为，儿童

---

① 比如，美国首位民选的女州长、得克萨斯州的米里亚姆·弗格森（Miriam 'Ma' Ferguson）在1920年代就一语双关地说，她反对双语教育（很可能是他人编造的）："如果英语耶稣基督用英语很好，得克萨斯的儿童用英语也很好。"Wikipedia：Miriam A. Ferguson. ——原注

既互动又和社会广泛交往,包括线下和线上的交往;他们产生的影响并未受到官方的注意,力度却在增长。顾名思义,儿童不是公民……但系统的再生产若继续不断,儿童就必然变成公民。因此,公民形成的实际过程是由儿童本身"承载"的——他们个体地、集体地且有差别地——在自己的行为、组合形式中成为公民,获得公民身份。自然的结果是,在同样的时间里,他们既是制度化公民身份最不重要的要素,因为他们不是公民,又没有选举权,却又是最重要的国民,因为他们创造性地肩负起未来国民的现实任务。他们发明新的语言,包括内群俚语、行话、亚文化风格、新群体动态结构、可用技术和要件的新用途。随着数字媒介和传播的发展,儿童实际上成了公民身份变革的首要动因,正是因为他们未必深思熟虑的行为、偏好和无意之间的交往组合可能会为将来的"自助"公民身份的新形式创造新的模式。

对青年发明活力的潜在创新能量,有一种默默的或无意间的承认;成年人尝试接过其创新能力,由此可见年轻人的创新潜能。一方面,在主流的通俗文化里,理想的人群似乎是青春期的消费者,他们的偏好把其他受众排挤出局。年轻人的白日梦和浪费时间被商品化,写成小说或剧本,成为电影院里的动作片和泡妞片,成为真人秀和射击游戏里的相互竞争。另一方面,洋溢的青春越来越被视为心理失调或社会失调。个人青春勃发的行为被视为病态,结果就是对精力和创新过剩儿童的临床监察和大量用药(多动症;利他林药)。到青春期时,儿童被训练成俯首帖耳但志向高远的人(像小大人);他们对生物政治的自律过程和成就惟命是从。行使集会权的年轻人群体常常被视为犯罪的"他们"群体、帮派和暴民,被视为耽于酗酒、吸毒或陶醉于古怪思想的人,或非理性的粉丝,需要改造。除了年纪轻以外,如果他们表现出亚文化、移民、有色人或阶级、性别的特质,如果他们吵闹喧哗、不守规矩、行为不检点,显然就会对社会的控制文化构成道德威胁(Skeggs 2005)。地方媒体与执法部门联手用"他们"的身份来发布对"我们"的社群构成威胁的故事,而这些"他们"很可能就是由我们自己的孩子构成的。治理的话语大谈"保护和矫正"及社会边界,看年轻人越界就能看到社会边界。很少有与之抗衡的话语（除科幻小说）探讨儿童和年轻人创造社会边界的角色，探讨延伸社会边界或适应变革。当然，这种边界管制是亚部落的，它要确保未来与现在分离，同时这种管制又维持日益增强的监视和安全产业，这样的产业是一种保守的力量，主要冲击成人的文化和社会。亚文化研究的先驱迪克·赫伯迪格（Dick Hebdige）阐明亚文化研究对文化的一般教益：

人们设想，人类文化是一种协商的情景，是主体间的差异协商——实际情况不是这样。相反，仿佛有一个机构在口授：这是世界必须的新陈代谢。人人都须快乐，所以你有这个使人类均质化的梦想，你要涤荡骚乱的人格特质和新陈代谢，这样的特质和机制曾经产生艺术、冲突和快乐。（在 Dugdale 的访谈 2004）

嬉戏、幼稚、淘气的自主公民身份，像艺术和创业精神的其他实验形式一样，是"骚动的"，具有潜在的攻击性，有危险或风险，对已经确立的规则和权利尤其如此。但这正是这种身份的力量所在，它提供的"骚动人格特质"与"艺术和冲突"相联系，激发的不是冒犯，而是更新。可以说它更民主，肯定更富有生产力，胜过正式的公民身份版本，因为它是参与性的、面向未来的、点对点的、生成于自组织的"自下而上"的网络。因此，如果通过中不溜儿文化产品和服服帖帖人群去谋求"使人类均质化"的控制机制，就可能会给文化造成严重的破坏，导致另一种滋生力小得多的浪费：使未来的开放性和潜力付诸东流。

"新"数字网络媒介延伸到童年的空间和时间，这些媒介有：基于计算机的社交网、移动设备和全球分布的娱乐形式。所有这些新媒介给儿童的行为和选择赋予更多的意义和影响力，迄今为止，学界的认识还跟不上。比如，商界紧紧跟踪儿童网上的行为，判定儿童的偏好，以满足对各种产品的需求，并借此影响产业的进程。但儿童的偏好远远超乎商界，延伸到儿童喜欢的社会和组合。政府和其他机构正开始熟悉他们的爱好。有鉴于此,当代的"儿童拯救者"不无忧虑,他们试图限制并杜绝儿童上网,不让儿童参与网络世界的活动。今天的儿童和年轻人将生活在未来,未来就是他们的发明。这些发展态势之新颖并不在于其"新",而是在于,儿童从同龄人的大量非正式学习以及群体的形成是在网上进行的,因此,他们的活动对调查和监视是开放的。

第九章 湮灭：弹性与僵化

> 她昔日的荣光已然淡去，
> 显赫的名号消失、力量衰败。
> 然那是懊悔的代价，
> 她悠久的使命走到尽头：
> 男子汉们禁不住落泪悲伤，
> 纵使伟大的岁月已成历史。
>
> ——威廉·华兹华斯，《威尼斯共和国的覆亡》

文化是"我们"群体的知识。在文化研究或社会文化人类学语境下，对群体的探讨通常是支撑社会身份的分析；在那里，社会身份等于你认同的群体（Tajfel 1974），其分析遂成为建构主义的（个人＝他们组成的群体），但这不是我们的视角。相反，我们想要聚焦于文化作为群体知识存在的方式，而不是群体身份的一种形式。唯群体拥有文化，虽然个人显然是一个群体或许多群体的一部分。文化是群体的特征，不是个人的特征。这一主张和卢曼（1991）的意思相通：他说，个人不交流，"唯有交流在交流"。

文化造就群体，群体创造知识。因此，文化动态是群体的变革或知识的变革。这个抽象观念与文化和文化动态的标准进化论模式有云泥之别。标准的文化进化论模式是：文化存在于每个人的脑子里，在社会学习里复制[①]（Cavalli-Sforza and Feldman 1981; Boyd and Richerson 1985,

---

[①] 社会学习（Hoppitt and Laland 2013）的各种个人对个人机制发生的过程，含纵向（亲子）和横向（同龄人之间的知识迁移。教育和学习理论去掉学习的社会语境和层级流动（成人教儿童）。进化模式自下而上，显示学习者（含儿童）追寻学习对象的过程（见第八章）。——原注

2009；Mesoudi 2011）。注意这里的"社会"学习指的是向对象（有社会联系的他人）学习，与个体的学习不同。所谓个体的学习是，个人靠自己琢磨获取知识，比如靠实验获取知识。社会学习获取知识是通过这样一种机制：认识到已有人握有的知识，可以靠模仿获取他的知识。社会学习里的"社会"不是群体互动那样的"社会"，而是个人可以学习的"他者"即某个对象的占位符（placeholder）。这样的对象既可以是个人，也可以是社会参照物，但这个研究方法里没有意义群体。通常隐含的意义是，对象来自于"我们"群体，而不是"他们"群体。"模仿"之说并不能完全捕捉这种文化动态里的情况，因为它漏掉了一个方面，我们可能辨认的重新划界：重新界定"我们"的边界，以包容新的思想。

从文化科学的视角看，知识增长，作为群体知识的文化随之变化；如此，"他们"的知识就纳入"我们"的知识。这个跨界的过程发生在群体的层次，而不是个人的层次，且多半是有关传播群体的跨界。在这里，所谓群体就是一个有效的传播范围，涵盖"信息、说话和理解的"一切选择（Luhmann 1991：254）。这个跨界的过程不是有关个人有差别模仿的过程（Luhmann 2013）。因此，文化动态的社会学习模型导向一些初级的分类。一个关键的类别是文化湮灭（extinction）的现象。

文化湮灭是文化完全衰减的风险或实际的衰减；按照人类学的理解，文化湮灭是模仿或社会学习以复制文化的失败。反过来，这是人为文化复制时的干预模式，目的是要保护文化，使之不至于湮灭。然而，文化科学模式提出一个不同的视角去审视文化湮灭，文化科学用外在论、亚部落富集度、表意功能和浪费的棱镜去看文化湮灭。按照这个观点，文化湮灭的意义大概不是社会学习和复制的失败，而是僵化的结果，僵化的缘由是：保护文化并限制把文化用作知识。

文化湮灭可见于城市的兴衰，城市是主要亚部落群体，是文化的载体。城市向知识开放时就发展，过分保护自己的知识或文化时就衰败。衰败的原因有时是对人的交往或贸易关上大门，更常见的原因是对新思想关上大门；未必是因为与世隔绝，而是因为过分保护现存的行事方式，常常表现为繁文缛节、过分规制，以及对寻租行为的容忍（Olson 1982）。

有趣的是，"他们"的知识转化为"我们"的知识时，知识的增长的确像文化湮灭，因为表面上看，一个文化知识自己的身份认同似乎消亡了，与此同时，政治颠覆、社会文化湮没、入侵、战争、征服、帝国主义扩张之后，相关资源随之弱化。然而，从文化科学的视角看，这里发生的事情也许更接近经济学所谓的"分解"（unbundling），文化知识的内容整合进了另一个群体，因而被转化了。这不是再创造，而是知识的重组，其要求是，思想被抽象以备重新使用。这接近我们的文化动态模式：思想整合进"我们"群体时，文化随之发展，换言之，从知识的视角看，"我们"群体扩张了。思想不能被重新整合时，文化湮灭随之发生；文化湮灭有多种原因，包括因过度保护而诱发的僵化。湮灭不是复制的失败，而是重新整合的失败。

第一节 趋社会性的结群动物，在冲突和衰减中磨砺

我们立论的基础是这样一个模式：人是趋社会性的结群性动物（prosocial groupish animal）。具体地说，像其他动物一样，人有整套的进化产生的认知回应和行为回应，名曰本能（Tooby and Cosmides 1992）。对进化文化人类学家（evolutionary cultural anthropologist）而言，社会学习的能力是界定人性的本能（Mesoudi and O'Brien 2008；see also Darwin 1871），这样的观点把文化自然化。实际上，王博浩（Pierre van den Berghe 1990：428）解释说："文化是人的独特适应方式，文化也在经历生物学意义的演化。"

人之本能的一个例子是趋社会性的偏好，即信赖非亲属并与之合作的倾向（Bowles and Gintis 2011；Morgan et al. 2011）。趋社会偏好支撑社会学习，社会学习一般优于个人学习。有趣的是，人之所以有趋社会偏好，那是因为群体冲突引起的群体选择（Henrich 2004）。萨缪尔·鲍尔斯和赫伯特·金迪斯（Bowles and Gintis 2011：17）解释说：

第九章 湮灭：弹性与僵化

人的集合（如觅食的群落、族群-语言单位和民族）的出现、繁衍及其生物学的或文化的湮灭，以及特色分明的群体层级的机构在演化过程中的成功和失败，这是人类进化过程中基本的有时最重要的影响。群体边界的维持（比如通过对外人的敌意），以及群体间的致命冲突，这是人类进化过程两个重要的方面。

这就产生了本能的狭隘观念和本能的利他思想之间复杂的演化关系。（狭隘观念＝对外群体的敌视；利他思想＝对趋社会行为的偏好。）此外，在先人的环境中：

> 大多数利他主义者是狭隘的，大多数思想狭隘的人是利他主义的，大多数思想狭隘的利他主义者与其他同类者结群；在我们的祖先生活的环境里，对资源的争夺有利于思想狭隘的人数众多的利他主义者群体，因为他们乐意代表同组人与外人进行敌对的冲突。（Bowles and Gintis 2011：134，146）

人性既是利他的（趋社会性的），又是思想狭隘的（敌视结群性的）。在社会群体里，我们是高度合作的；在合作的群体里，我们是高度社会性的。[①]但我们可能对外群体态度恶劣。这一点已被亨利·泰弗尔（Henri Tajfel 1970）令人不安的一系列实验证明。他提出最小群体范式的概念，作为歧视（用本书作者的话说就是亚部落的有效性）的起点。人这个动物是社会性的、合作性的，但其社会性与合作性的对象在我们的亚部落内。结果，在人类进化史上首要的惩罚机制就是把人驱逐出群体（古希腊所谓"贝壳流放法"）；在更新世，逐出群体常常是致命的。[②]

转化成知识以后，这个结群性就能解释我们在第三章等地指出的

[①] Frijters and Foster (2013) 认为，只有 5 种原型群体：互惠群体（有大小两种），分层群体（有大小两种），以及网络群体。——原注

[②] 实验研究证明，在人为构拟环境里，被逐出群体的报偿高于在群体内被排斥的报偿，不过，得到过多物质报偿的受试者报告，他们主观的安康幸福感还是相当负面的（van Beest and Williams 2006）。——原注

"普遍-对立"的群体属性：在"我们"群体里，一切知识都是可知的、所有人都可以获得；但这样的知识与"他们"群体的知识对立。在社会科学里，群体常常是靠功能和兴趣界定的（社会学用阶级或兴趣界定群体，经济学用结盟或组织界定群体）。在文化科学里，群体用整合性知识的广度来界定：群体可能是城市、人群、民族或语言；"我们"知识与亚部落同一，与个人的知识或抽象知识不同，个人的知识或抽象的知识没有具体的亚部落源头。用这个观点来看问题，进化文化动力学（evolutionary cultural dynamics）研究的核心不是社会学习（观察、模仿、复制），而是知识被引进亚部落的过程（不顾人们对外人知识的敌视态度）。

这是群体分析标准逻辑的迁移，是功能性的或目标指向的迁移。群体有共同的利益或目标，聚集一起是为了实现利益或目标。根据这个定义，群体为追求这个目标时是合作的，目标的实现通过个人对组织的顺从来完成。不过，我们在这里的论证路子是，我们把注意力转向群体作为自传播系统的交流方面，而不是群体的合作本身。

文化科学把焦点放在群体的边界，放在思想和知识跨界成功或失败的过程中。请考虑两个例子：（1）处境"危险"、寻求保护的文化，（2）城市及其发展、繁荣和奔溃原因。在这两个例子里，作为自传播系统，群体的运行方式彰显了文化动态。我们解释，为何僵化预示湮灭，文化的弹性如何在"我们"群体边界扩张中产生。

第二节　如何保护珍贵遗产

联合国教科文组织的非物质文化遗产名录含298项，亚美尼亚史诗"不怕鬼的人"、孟加拉国的包尔歌、猎鹰的驯化、巴西阿雅比人的口语和图像表达，以及中国的皮影戏等。①教科文组织云，这个名录是"对正式发布的文化杰作的颂扬"。但实际上这是一个观察名录，因为教科文组织认为，这些"文化遗产"与濒危物种类似。

---

① http://www.unesco.org/culture/ich/index.php?pg=00011.

第九章 湮灭：弹性与僵化

显然，对于人类创意产品和人类文化最精美产品的分类和检索，这个名录都是高层次的贡献。登上名录是保护过程的第一步，全球保护遗产"项目"是过程的结局。自20世纪中期以来，这种官方的认证和美化一直在加速进行。人们普遍认为，这是官方认证艺术的胜利，但其实际后果却并非总是有心插柳。地位升高后，受到保护的文化客体有超越其运行知识点的僵化倾向，成为纯仪式的东西；一旦被判为"濒危"，它们就会受到保护性干预以免湮灭；但保护的过程把它们隔绝起来，难以和文化、社会和经济的其余部分进行生龙活虎的互动，它们被包裹在层层的保护膜中，只生成有关它们自己的知识（旅游等知识）。

这里的大问题是如何保护有价值的遗产——自然的、物质的或文化的遗产。据判，因某种大规模的"难免"过程，它们受到加剧损害的威胁；"难免"过程的例子有帝国主义、全球化或环境保护。保护是通过集体行动、减轻损害实现的。各种形式的文化"损失"受这种关切的影响，包括与强大文化形式或主流文化形式竞争不成功而产生的关切。保护珍贵的或脆弱的东西时，第一步和（人的本能）就是提供防护盾牌。其典型的结果是新的治理规则，这些规则界定所有权、延伸保护性管制、限制其使用。如果强有力，这些规则为身处险境的文化提供盾牌，限制其不受约束的互动，保护它不受外界的劫掠。第二步就是人为地提供支持，补贴其生产、表演、发言权，或提出人为的要求。如此，身处险境的文化就受到规章的保护，或公众托管的保护。我们"提高觉悟"，知道某文化遗产在"保护"之列。我们规范其使用；使之免受外在力量的冲击。然而，这个解决办法常常导致僵化的"仪式"文化，虽保存下来并受到保护，却不再生机勃发。

那么，如何保护濒危的文化而不至于被扼杀它呢？许多国家通过官方机构（如文化部）展开工作。比如，法国设有政府机构保护法语，以及媒体和电影业；他们认为，这一切处在危险中，被全球化和市场经济损害。又比如澳大利亚，保护澳大利亚土著视觉艺术产业见证了艺术行政化和管理机构化的增长。

保护珍贵的东西时，经济学家趋向于用保护产权的办法。环境资源受集体行动影响的两难困境就是标准的例子。经济学家认为，受到恰当的刺激时，保护的效果最好；第一步就是厘清产权，以便把与风险损失相关的外在因素内在化。保护的最好办法就是确保有市场需要它。但当这个贵重的东西是活生生的文化时，那也许是不充分的间接的办法，因为那需要广泛的知识产权创新，而创新是困难的，且难以界定和实施。文化科学视角既不坚守官僚主义的保护濒危文化的本能，也不赞成经济学家知识产权主张的本能，我们假定，文化是离析的、强健的、可以营销的。我们认为，解决这个问题的办法是，不要把问题视为文化连续性（或文化复制维持率）的问题，而是看两个群体相遇时会发生什么。

在博弈论的一般用语里，两个群体相遇时会触发合作或逃离的决策（Bowles and Gintis 2011）。而且，此时的决策通常被简化为一个更简单的问题：两个代理人相遇。代理人玩策略：或合作（贸易、合伙），或逃离（争斗、偷窃）。不过，虽然个体代理人能代替群体（如部落、组织、民族），两个群体相遇却产生另一种语境，纳入了两者边界的意义，即"我们"和"他们"的意义，还产生了边界两侧不同知识和文化的意义（就是说，不仅资源不同）。两个群体相遇时，一个边界产生，跨越这个边界，资源从一个群体流向另一个群体（恶邻、战争、征服），或者不同的资源在两个群体间互相流动。

但两个群体相遇时，还有一些情况是两个人相遇时不会发生的。首先，人员、思想、知识、文化和语言跨越边界流动时，其流动未必与资源的流动方向相同，流动的原因也未必相同。其次，边界本身可能移动，改变群体的定义，可能并不涉及资源的移动。在这个场景中，社会征服或经济征服一般被理解为是一方的变节投降，实际却是一种文化合作形式。表面看是湮灭，实际上是边界移动的整合。

第三节 什么是文化湮灭？

湮灭的意思是，曾经活着的成员不复存在；从词源来看，它与扑灭相关，意为"扑灭、摧毁、抹掉"。作为进化论的比方，湮灭一词用于

第九章 湮灭：弹性与僵化

一个生物物种（生物分类的物种）的终结。对个体而言是死亡，对物种而言是灭绝。基于这个比方，湮灭的概念延伸到文化理论：论及文化演化时，同时也在说文化湮灭的前景或风险。

湮灭是进化里的高度程式化的事实。大约99.9%的物种业已灭绝。物种的平均寿命约为1000万年；物种的生命始于特化，终结于湮灭。大多数湮灭是一个渐进的过程，种群的数量低于关键的繁衍阈值，远在最后一个个体死亡前，灭绝已经注定。原因很多，但灭绝通常是小生境竞争的结果；物种不能适应业已改变的栖息地时，必然走向灭绝。但灭绝有可能是猎杀、病菌或外部震撼的结果。外部震撼足以引起大规模灭绝的现象，十分罕见。大规模灭绝叫"灭绝事件"。总体上，灭绝遵循幂律分布（power-law distribution）（Ormerod 2005）。

物种的个体死亡比显示，灭绝是明显的悲剧（所以，"灭绝是永恒的"已成为营销术陈词），因而决定了我们用永远失去的风险去思考问题。这样的情绪才能从自然领域传递到文化领域，达成这样的价值判断：文化湮灭是永恒的，是悲剧。但值得考虑的是这样一个问题：既然进化极端强烈的（而且似乎是白白浪费的）倾向是杀戮大量的物种，为何"进化本身"不觉得灭绝是悲剧。现代进化思想围绕基因中心观建立（Dawkins 1976），一个物种的灭绝是基因重组，但其中的许多基因也存在于其他物种身上，也许就在生存竞争中胜出的物种身上，而战败的物种早已灭绝了。关键是，进化不在乎物种，只在乎基因。换言之，物种是一套"我们"基因，与"他们"基因迥然不同。

类似的理解应该延伸到文化。我们担心文化湮灭，以及湮灭事件，全球化是当代首要的风险因素。但我们常常没有注意，即使具体的聚合模型和相关的载体不能继续存在，文化元素仍然可能继续下去。比如问，古希腊文化湮灭了吗？如果指的是某一群体承载的习俗、行为和技术的具体群像，无疑，古希腊文化早已湮灭：完全湮灭了。但同样明显的是，其他希腊文化元素仍然存在于当代的文化习俗和文化风尚里。实际上，鉴于公元前500年至今的人口增长，由于希腊文化元素广泛进入西方文化（艺术、政治、哲学、甚至体育运动），那就可以说，如今的希腊文

· 203 ·

化多于古典时期的希腊文化，而那种古典文化已经湮灭。史学家威廉·杜兰特（William Durant 1939）写道："除了机器，在西方的世俗文化中，很难有任何东西不是源自于希腊。"无疑，这是欧洲中心主义的夸大之词，但点明了本书作者的观点。为了意思明晰地论述文化湮灭的问题，我们需要小心谨慎地议论群体，以及有差别复制和选择的许多形式，它们形塑了文化进化。

文化动力学标准的分析观点宛若有差别的信息复制过程，这个过程是从生物/基因中心进化论借用的比方。在这个复制过程中，文化单位从一个"载体"复制到另一个载体；文化湮灭就是这个大规模复制过程的失效。然而，从文化科学的视角看，文化动力学研究的是知识如何整合进群体（即知识外化的亚部落生成），包括使知识跨越边界从"他们-知识"迁移到"我们-知识"的前景。这样的迁移改变或重构知识的意义（就是说，知识定位在亚部落里）。

这种意义方面的变化似乎是丢失甚至湮灭，因为知识的意义有所迁移，离开以前的亚部落联系和语境了。但这也是知识如何更新成为文化的机制，它使知识处在群体里。当知识从"他们群体"整合进"我们群体"时，意义随即发生变化。从外群体的视角看，这像是湮灭；相反，从内群体的视角看，这像是新异现象或发现。由此可见，从亚部落的视角看，知识湮灭是相对的。从一个参照点看，它像是文化湮灭，从另一个参照点看，它却是文化爆炸。

那么，什么是文化湮灭呢？文化湮灭是亚部落知识意义的丢失，不光是复制的失效。洛特曼（Lotman 1990，2005）认为，文化湮灭不同于自然界的生物灭绝，因为文化知识是可以储存、继后被重新发现并重新激活的，比如，古希腊文化在文艺复兴期间就被人重新发现。然而请注意，古文化记述的失而复得实际上说的是两种形式：（1）信息即符号系统的文本失落——手稿的失而复得并被翻译；（2）这些文本的语义及其与符号圈里另一个概念系统的连接。洛特曼解释说：

> 边界在符号圈里有另一种功能：边界是加速符号机制的地方，

在文化环境的周边,符号流动总是更加活跃,试图把符号附加在核心结构上,其意是取代核心结构。比如,古罗马历史清楚显示,它更顺应自然法则:这是一个文化领域,发展迅速,把外部集体(结果)纳入自己的轨道,并将其转化为自己的外围。这就强烈地刺激外围的文化符号和经济发展,外围就把自己的符号结构输入核心,确立文化先例,最终征服文化中心地区。

洛特曼(Lotman 1990)认为,新思想只在群体的边界上产生,这些群体是部分重叠的语言、文本的符号系统或文化系统。他接着说(Lotman 2005:212):

> 古人建构自己的所谓"野蛮人",至于为何叫野蛮人,那倒无关紧要。一种情况是,这些野蛮人拥有更加古老的文化;第二种情况是,他们形成的文化谱系可能很广,有古代高度发达的文明,也有处在原始阶段初期的部落。然而,通过建构据称单一野蛮的世界,古文明可能自认为是文化上唯一健全的文明,这个单一野蛮世界的主要标志是:古文明的文化缺乏一种共同的语言。分布在符号边界一侧的外部结构被认为是无结构的。

洛特曼洞悉因符号系统冲突而引起的进化的文化动态。我们可以在此基础上发挥,以便对社会政治和经济的征服形式及其对文化的影响获得新的理解。

第四节 作为合作的征服

15000年前更新世结束,全新世开始,一个形塑文化动态的核心力量是征服的角色。征服是群体间和文明间的冲突,一方接管并吸收或摧毁另一方。正如以上各章所述,大规模破坏性武器(金属兵器和战马)开发以后,国家兴起,这些冲突随之加速。这发生在青铜时代(Gintis

2012)。通常，这些冲突解读为战争的同义语，或被视为为了争夺领土和资源的敌对意图的同义语。然而，文化科学研究文化动态的路子说明，这样的征服名义上是领土和资源的夺取和控制，但如果把重点放在知识和文化的变化上，我们又可以把征服理解为深层形式的合作。

请考虑两种文化动态模式：(1) 个人互动，一人（承载者）从另一人获取文化信息；(2) 群体互动，一种文化与另一种文化对抗。在第一种情况下，首要的机制是社会学习。在第二种情况下，首要的机制是征服和战争（另一种机制是贸易）。就个人继承而言，文化动态首先是有差别的复制。文化变化的过程通过定位化的顺应和社会学习展开，通过若干平行机制实现：偏离的惩罚；正报偿的外部性（positive pay-off externality）；顺应的偏好；交流。在个人互动的故事里，没有群体或征服，只有有差别的复制，或个人有差别的文化信息的吸收。

在另一种（更帝国主义的）故事里，知识容纳在群体里。亚部落的知识即文化赋予群体能力，群体周期性地互相较量以判定各自知识的有效性。胜利者常常获得战败者的部分资源（在荷马时代的希腊名为"geras"，"战利品"是个人荣耀的主要通货）。胜利者往往把自己的文化/知识强加于战败者。在短期内，这可能是且通常是破坏性的，请想想任何内战后的劫后余波。然而，从较长时期来看，正如托马斯·索维尔（Thomas Sowell 1998）所示，这样的征服可能会使被征服者受益：

> 民族间的生产力变化常常可追溯为文化资本的迁移——在较早的时代，从英格兰人到苏格兰人、从西欧兰人到东欧人、从中国到日本，在中世纪，从伊斯兰世界到欧洲。这样的迁移并不代表互相抵消或输赢，因为知识传递给他人时并不在源头处减损。

我们遵循这个表面上辉格党人的、更准确地说洛特曼论述的路子，不过，我们尝试提出另一种观点。群体在边界上冲突，资源从战败者流向胜利者。但文化发生的变化常常更为复杂，罕有像索维尔暗示的那样简单：胜利者强加生活方式和制度，意思是说，即使征服导致继后的文

第九章 湮灭：弹性与僵化

化改善或裨益，征服必然意味着一种形式的文化湮灭。这样的"跨界"并非总是战争行为，相反，如果一个群体感知到自己的文化虚弱、他人的文化相对强大，"跨界"可能是应邀而来的预防措施。群体的扩张可能会因同情或同感而形成，或者因亚当·斯密所谓的"道德情操"发生。民族主义、群体自豪和身份并非总是正价值，自觉的负面评估能成为文化变革的强大力量。反过来，自豪的身份认同能成为变革或适应的抑制力量。

若要理解征服作为文化演化的模式，我们需要把焦点放在这些边界上发生的事情，或为敌对行动，或为投降。标准的模式是，资源流向胜利者（这些"战利品"仿佛是对成功征服这的报偿），被征服者被迫接受胜利者的规则和文化（这是臣服，或输家的代价）。成功的征服之后，资源和文化反向流动。然而，在文化科学的征服模式里，发生的变化是"我们"群体和"他们"群体边界的重新划分。制度规则可能会强加于被征服者——在新的保护国里生活，但边界重划时发生的事情是，原属于一个群体的知识属于一个经整合后的更大的"我们"群体。在这个过程中，意义变了，迁移到新的指代物，更复杂精细了。这种作为合作的征服，复杂性增加了，技术和语言里很容易看到这样的变化，贸易里也能看到这样的变化。在我们这个模式里，文化是有所演化的传播群体。文化动态是作为传播系统的群体互动的结果，产生的是内群体或"我们"群体的扩张；作为新元素的传播系统被吸收进边界重新划定后的亚部落里。通过文化整合过程，外部人转化成了内部人。作为自传播群体，文化是自创生系统（Luhmann 2013），所需条件是，边界内的知识必须能自我复制。

文化湮灭不是个人复制在种群规模上失败的结果，也不是征服本身的结果。文化湮灭发生时，群体再也不能发挥自我再生传播系统的功能。这不是复制的失败，而是自我传播的失败（或者用洛特曼的话说，这是自传播——自描绘、自反性和递归性的失败）。反过来，这可以理解为僵化过程。换言之，引起湮灭的是来自内部的僵化，而不是来自外部的征服。

· 207 ·

第五节 规则与僵化

在文化科学里,事物停止生长的问题和它如何停止传播的问题是密切关联的。这里发生的事情是,它僵化了(ossify 的本意是有机体化为石头,喻意是灵活的东西变得僵化)。在这个过程里,系统的规则大量增生,系统遂逐渐僵化,因为规则的增生会抑制系统的变化和适应。这样的规则使系统更容易否定或阻止新的信息,而不是促成新的信息。系统随之自动化,失去与自己进行有机交流的能力。交流关闭,生长随即停止,这就是僵化——规则增生以防止外来者进入系统(用经济学的话说就是创租)。

比如,阶级结构的累积制约流动性,窒息社会系统的适应性。规章的增生约束创业精神,窒息经济系统的革新。流动性和创业精神是社会经济系统自我传播的机制。又比如,企业或组织可能会走向僵化。组织的知识结构,是做事情的方式,起初的创新活力蔚为壮观,却很快趋向于官僚主义的管理规则。这里的逻辑是信息的效率,规章替代了审慎的裁量,其潜力是承载小得多的知识甚至智慧,比如,员工高产能的标准化经营就需要特许经营的运营手册。规则创造组织里的信息效率和决策效率,同时也保护组织不受外来信息和知识的影响。实际上,这正是规则的意图——限制外来信息,除非经过具体协议的允许。但这里的交易是,组织可能僵化,不能适应业已变化的情况。大学也是显著的例子,其规则增生,意在提高效率,专业规范运行,但无论有意无意,结果却是关闭许多与外部知识交流的路子,使适应力僵化。再以版权为例,这个法权明显旨在禁止后续的使用(成为产生租金的机制)。结果却是,版权被重重规则捆绑(名曰许可协议),思想的创造性再用走向僵化(Hargreaves 2011)。

规则丛生引起的僵化是文化崩溃的条件,实际上是群体被人征服的原因。但这又能解释,为何征服不同于直接的文化较量,至少从长远观点看,文化征服的重要举措是取缔业已僵化并使文化衰弱的规则;这些规则削弱文化作为传播系统运行的能力。政治经济学家曼瑟·奥尔森（Mancur Olson 1982）解释说，市场经济的民主国家往往累积寻租规则；在这里，信息不对称使有组织的小企业（如产业界的游说人）打败大型的组织混乱的群体（如公民）。于是，经济秩序僵化，造成周期性奔溃。经济秩序再也不能有效地自我传播，就是说，创业思想不能整合进"我们"群体，不能使之振兴。这类保护规则成为经济消亡的动因。

基于知识的群体若要维持弹性、避免奔溃，它就要开放，要能成为自创生的通信系统。通信（而不是信息）被挪到更接近文化进化论的核心位置。作为湮灭模式，系统不再进行通信时，作为意义生产的系统，它就开始僵化。这一模式可见于城市的生死（简·雅各布斯语）。城市是"我们"群体的另一种形式；在此，别处传来的思想可以整合进知识系统的边界内，能被再使用、被赋予新的功能；这是一个亚部落的熔炉，在多价位的亚部落交叉的、互相交流的边界上，意义处在演化之中。

第六节 大城市是符号指代的生成器

乔尔·科特金（Joel Kotkin 2005）征引笛卡尔论 17 世纪阿姆斯特丹的一句话，笛卡尔云，大城市应该是"可能性的总库存"。我们的研究团队发布了《创意城市指数》（*Creative City Index* Hartley et al. 2012）。这项研究要求我们指认大城市的成因，并为这些因素代言。我们从中获得的核心洞见是，以新的方式理解文化在形塑城市里的作用：为何一些城市是创意性全球都会，一些城市则不是。简言之，我们的回答是，城市在符号生产中能达到什么程度。

这不是通常理解城市如何伟大的方式，通常的方式倚重帝国力量或经济力量的计量（Hall 1998）；晚近的研究更偏重制度质量和人力资本的计量（Florida 2002；Glaeser 2011）。城市的伟大之处在于，它们是生产性珍贵资源的核心。这些论述逐渐变为知识本位的外部因素、溢出效应和技术丛的描绘，它们认为，城市是把知识引进群体的机制，造成"可持续的竞争性优势"（Saxenian 1994；Porter 1990）。论"创意城市"的作家有查尔斯·兰德里（Charles Landry）和理查德·佛罗里达。他们强调这样的战略需求：培育对这些珍贵的全球移动因子的吸引力。当然，我们赞同他们那个总体的命题：城市必须有竞争力。

文化科学对城市的看法在细部上与上述几种视角不同。我们仔细考察，什么因素构成创意城市的潜在优势。比如，在青年文化、实验空间和"新异现象集束"（novelty-bundling）的场合（节日、交易会、市场）（Potts 2012），人们能毫无顾忌地混杂交往，能不受歧视地参加高阶的竞赛。但在现有论全球性城市的文献中，五星级宾馆、博物馆和航空工业都被强调过分了。在我们的文化科学里，文化不是城市吸引人的要素，而是符号生产资源；在应对复杂问题时，资源使城市成为演化的、自组织的、极富生产力的机制。规章的累积使这个过程停止时，城市就告死亡；无论规章的本意多么高尚，即使政治上受命在身，它们都会窒息创意表达，给创生性符号生产力泼冷水。城市死亡的方式与文化湮灭的方式类似，那就是：它在规章制约中僵化，驱力使它保护自认为重要和珍贵的东西；它停止实验，其符号圈停止扩张，不再与其他符号圈互动；如此，它就可能开始分崩离析。至此，作为建筑和人汇集的城市也许会继续，但它不再是生产新思想的有生产力的城市，就像"威尼斯共和国"——华兹华斯悲叹威尼斯共和国的"灭亡"；其石头（罗斯金语）遗存下来，成为旅游业的一首挽歌。

（一）作为亚部落的城市

全球化是千百年之久的进程，推进着各国人民经济、文化、社会和政治生活有增无减的相互依存。它向着一切"我们"群体的普世化扩张。全球性城市处在这个进程的前沿。在文化科学里，城市是亚部落的首要例证。在人均计算的因子比如文化设施的公共支出、宾馆饭店的数量等方面，全球性城市彼此相像。这在意料之中，因为人员和资本的流动相当自由，经济政治制度有着广泛的可比性。然而，在消费合作尤其数字创意"微观生产力"（Hartley et al. 2012）的层次上，城市表现出的差异要大得多。文化科学的路径显示，"消费者活动"——数字连接的社交网络里，普通市民非专业的创意生产力——应该被视为复杂文化经济革新系统的一部分。这种系统的范例就是当代的世界性城市。城市是日常创新力的熔炉，其运行机制是驱动创造的快速实验、社会市场反馈和社会学习过程。在这个方面，一些城市胜过其他城市，胜出者能成为伟大的创意城市。

（二）何谓大城市？

不久前，何谓大城市的答案是一个简单的算术式：人口+财富+帝国=实力。

纽约、伦敦和巴黎是大贸易都市，是帝国与财富的首府：这使它们成为强大的全球性都市，我们不必再考虑具体的因果要素。当然有更大的城市（如墨西哥城、雅加达），但那些城市比较穷，不是现代意义上的全球性城市。以前的欧洲大都会先后成功登上全球性城市的名单，例子有佛洛伦萨、威尼斯、热那亚、里斯本、阿姆斯特丹和维也纳；非西方帝国的首都比如伊斯坦布尔也曾经闪亮登台。再往前，我们可以纳入雅典、罗马、君士坦丁堡、西安和亚历山大城；再往前追溯，大马士革和比布鲁斯也算是世界性都会。根据上文的算术式，所有这些都是大城市。其他在极盛期同样了不起的城市业已在历史上湮灭（如底比斯、巴比伦、乌尔、哈图萨、吴哥），或者衰败为地方性城市，如11世纪的吕贝克。城市历史学家彼得·霍尔（Peter Hall 1998）和乔尔·科特金（Joel Kotkin 2005）强调的是一个简单的政治经济算术式：实力地位+肥沃平原+有效制度。大城市是首府，是权力的住所。到中世纪，城市又成为商业的住所，因为权力向世俗世界迁移了。此间，全球性城市围绕贸易港口、网络枢纽兴起（如汉莎同盟或英格兰的五港同盟），而不是围绕城堡和宫殿兴起。如此，随着人们因创业谋生而不是为施舍或租金进入城市，世界就开始都市化了。城市成为人的聚集地，人们自愿离开乡间、迁居城市，意在靠自己追求更好的生活，与邂逅的其他人一道谋生。

像都市社会学家简·雅各布斯（Jane Jacobs 1961）一样，都市经济学家埃德·格莱泽（Ed Glaeser 2011）认为，城市是生长的，不是规划的，是在良好制度和有效市场的刺激下，自组织产生的结果。城市是与吸引人的方便设施一道兴起的——这是经济地理学家理查德·佛罗里达（Richard Florida 2002）在他的"创意阶级"模型中提出的一个观点；这个模型表达的是，新城市经济是新兴产品，是新思想和吸引力的熔炉，高度流动的精明而干劲十足的人被吸引到这个熔炉里。全球性流动的人力资本是建构大城市试金石，自然资源不是这样的试金石，积累的实物资本不是试金石，政治权力也不是试金石。根据这个观点，城市是人的复合体，人越会创业、越是能干，城市就越伟大。

在较早的定义里，大城市之所以大，那是因为它有实力、有财富；它是历史伟业的中心——实际上是历史伟业的储藏所。在新的定义里，大城市之所以大，那是因为想要发财的人选择迁居那里。定义的焦点迁移了。以前，大都市是大帝国首府，这是浪漫的多半静态的观点。在新的定义里，大都市是全球化的、全然动态的观点，是符号复杂结构吸引人的地区。这是伟大城市分析焦点的迁移。在较早的模型里，城市之伟大等同于这样一个观点：支撑城市的帝国或王朝是否了不起。但既然帝国在第一次世界大战以后已经崩溃，全球化以来民族国家作为经济体已经弱化，城市再次兴起时的面目颇像700年前兴起的城市，它们是商业熔炉，是开发和经济发展的场所。

论城市发展的历史文献和理论文献[①]可以归纳为三个重要的观点：（1）城市很重要；（2）城市有兴衰；（3）城市相互竞争。历史学家和经济学家往往把城市动态视为自然的进化过程，强调其动态效益。他们的焦点是使城市在竞争中成功胜出的策略和制度。大多数都市社会学家和很多旅行家把焦点放在流动诱发的竞争所引起的问题和困难，强调流离失所、社会问题、社区破坏等方面。他们指望城市一级的政府干预和规划，以减轻这些问题。

文化科学的大城市研究路径站在历史学家和经济学家一边。它偏重

---

① 论全球城市崛起的文献卷帙浩繁，论者有 Peter Hall 和 Joel Kotkin 等历史学家，Saskia Sassen 和 Manuel Castells 等城市社会学家，以及 Paul Knox 和 Peter Taylor 等城市地理学家。——原注

建立在开放和人力资本上的政策面，但理由略为不同。文化科学承认，动态的进化过程造成动乱和过渡问题，包括城市基础设施、传统文化形式及相关职业的"创造性破坏"，但这里需要创业精神的和战略的回应。

全球性城市不用外生性因素去理解，而是用内生性问题去理解。所谓内生性问题有：什么使住在那里的人和其他因素生产率更高、更有效？胜过他们在其他地方居住时更富生产力、更有效率？换言之，为何现存的"顾客"留下来？为什么其他地方的人以及其他要素需要迁移到那里？换言之，为何新"顾客"纷至沓来？这样的路径把重点放在城市提供的创意生产裨益。使城市伟大的是其符号生产力——生成新符号和意义、新信息和参照物以建构机会和表征的新语言的能力。规划和保护使符号生产力削弱，符号生产力靠开放兴旺。符号生产力是一个计量的标尺，我们用符号指代的强度与人口的关系来构建这个标尺。符号生产力的强度弱化时，衰减和湮灭就在城市里露头。我们用"创意城市指数"（Hartley et al. 2012）来计量符号生产力。

（三）创意城市的源头

过去的创意城市并不是从预制的计划中兴起的，而是以复杂结构问题的自组织解决办法中浮现出来的。预先规划的城市要达成创意城市地位有一定的困难，从联邦首都和世界城市的关系可以证明这样的困难，例子有美国的华盛顿特区、澳大利亚的堪培拉、巴西的巴西利亚或尼日利亚的阿布贾。无论如何这些容易被人遗忘的首都都不可能比各自国家有机培育的世界级城市更加耀眼。它们赶不上纽约、悉尼、里约热内卢或拉各斯。但这样冒险一搏的城市所在多多，从宪章城运动（Paul Romer）、韩国的松岛新城到中国许多建设之中的新城市。

城市的有机发展，靠的是继续不断的新才干和思想的融合，以及由此而生的磨练与选择。大城市的价值和意义系统冲撞和冲突的结果，也是和谐与共同体的产物。这些城市经验的移植是有困难的。中国香港和新加坡成为全球性城市，那是通过外来移民的协同创新能量；既有来自英国、中国大陆、东南亚和南亚的移民，也包括本地的公民（他们也源头不同），它们遇到了开放的空间和机会。这两个城市起初很小，始于追求贸易和网络，但它们的活力和革新来自于捕捉机会的个人，不是预先设计的。大城市的发展始于内，它们把外来资源融合起来。表面上看，这是大城市发展的悖论，但从文化科学的视角看，这是可以理解的。正如简·雅各布斯在1961年所描绘的那样，大城市是一个复杂的耗散系统，耗散系统把能量转换为信息，生成的结果既有价值也有浪费（Georgescu-Roegen 1971）。

大城市客观的标准尺度有人口、产业和市场增长，它们是评估创意城市的必备条件，但并非充足基础。预测创意城市时，我们还需要知道，它如何促进新思想的表达，它能在多大程度上适应指向未来而不是过去的意义形式和价值形式。市民的生活以创意实验为中心时，城市如何发挥其实验空间的功能呢？在驳杂的人口里，既有年轻人，也有企业家和移民。年轻人试图开始富有生产力的生活，与现有安排的纽带薄弱；企业家和移民也谋求再创或改善直接的生活。在创意城市里，市民对改变价值和偏好必须持开放的态度，他们要重塑自己的意义评估。历史地看，在驳杂的人口和异质的制度中，城市是生成新价值的协调机制。就社会学习的范围而言，就传播的符号生成范围而言，城市富有生产创意力。

在这样的城市里，意义和价值为争论者开放（要求自由），社会学习可以发生（要求秩序）；按照这个定义，城市是动荡和冲突的场所。这未必是互相讨伐的意思，而是实验、协商、失调和发现的空间（Popper 1963；Stark 2009）。它们未必有伟大的领袖，却必然有伟大的市民。很少有人能举出18世纪和19世纪伦敦和巴黎的市长，但许多人了解这两百年伦敦和巴黎伟大的市民。与此相似，许多人能举出"硅谷"著名的市民；若要他们举出该"城市"的政治领袖，他们会很为难，要他们说出房地产开发商，他们会更为难，虽然如今全球著名的房地产大公司在这里起家。有创意的全球性都市之所以著名，那是靠其市民的成就，而不是靠其政治领袖的成就。

第九章　湮灭：弹性与僵化

《金融时报》（*The Financial Times*）的建筑批评家埃德温·希思科特[①]阐述吸引人的因素——不是"可栖居"指数（经常让"讨厌"的城市胜出），而是"复杂性、摩擦性和嗡嗡声"。他喜欢的是"广大而复杂的地方，你不会认识每个人，你未必总是知道下一刻会发生什么事情；既有机会又有冲突的地方，但你能在人群中找到安全"。希思科特问道，穷人和移民如何"提高自己、重塑自己？有向上流动的机会吗"？他列举伦敦和纽约，说它们像"吸引移民的磁铁，正是因为它们使那种新生活得以开始"。这个观点的意义是强调创意市民的角色，尤其来自边缘市民包括年轻人的作用，他们重塑基于这一角色的文化、产业和经济（Hartley 2009a, 2012; Potts 2011）。创意城市的动力必然是年轻人、外来人的蓬勃精力和产业实验，是创造新思想、挑战现有思想的人。创意城市必然是复杂的、有挑战性的，其"可爱性"胜过"可居性"，创意城市必然是先锋的，而不是中庸的，多元混杂中常有文化、人群和思想的冲突。

第七节　复杂文化系统

群体再也不能整合新知识时，文化湮灭随即发生，因为规则的僵化使它不能有效地交流。文化的死亡不是因为其不能复制并将知识传承给下一代，而是因为它们再也不能把外部的思想整合进"我们"群体，或不能生成新思想并将其与其他思想联系起来。一般认为，创意革新和文化湮灭是对立的两极；创意革新把现存的文化排挤出去，引起文化湮灭。从这一诊断看，保护濒危文化的妥善方法就是人为地复制它：义务教育、公共行动与支出、文化福利和补贴或优惠待遇。然而，文化科学要解释说，我们可能误解了创意革新和文化湮灭的关系，我们认为，两者不是对立的，而是互补的。保护濒危文化的正确办法不是人为地隔离它，使它能被复制，这是因为在那条路上潜伏着僵化和湮灭。保护的最好办法

[①] Heathcote, E.（2011）"Livable v lovable"（"可居性"对"可爱性"）. *Financial Times*（UK）, 6 May. ——原注

是整合它，把它带进"我们"群体，也就是将其送进文化革新，而不是对它疏而远之。

人是结群性动物，我们的文化也是结群性的。这是进化心理学和社会心理学、进化人类学和历史反复发现的不争的事实。结群性产生部落主义和民族主义，还产生语言、组织和市民社会。因此，不能认为结群性是弱点，是要用政治制度和社会工程予以铲除的污点，也不应该不加批判地给它标上价码，不方便时就使之从我们的分析中消失。结群性是文化科学的关键概念。实际上，有人已开始将文化定义为"结群性（亚部落）知识"，这大有裨益。研究文化如何成长和变革时，这个视角使我们能更好地迈出第一步。

用"社会性"复制的微观信息单位去为文化的动态建构模型，这是社会科学（含教育理论）的标准路子。在文化科学的路径里，文化动态被视为思想系统的自创生再生产——源自内部的文化更新——外加外部思想在"我们"群体里的整合，这是再造的自然化过程，使外部思想不再是"他者"。

文化再造和群体知识的更新过程达成效率后，文化就有了弹性。社会系统是生成性的符号系统，需要开放，其要求是：系统规则相对少，设计具实验性，能容忍系统内的多样性和差异。这样一个系统必然是浪费的、效率不高的（见第八章）。它可能被视为混乱的，或处境危险的。总体来看，我们必须理解，浪费和低效又是赋予适应能力的标准。促成系统成长的特征同时又是你试图合理淘汰的特征。文化科学使我们能钻到这个看似矛盾的表层下去领会，文化的成长和弹性最好是被视为复杂结构的一种形式。

演化达成的文化系统可能是复杂系统。我们在技术意义上去理解复杂系统这个词，它是一个窗口，系统状态-空间的窗口，秩序和无序平衡的系统（Kauffman 2000；Barabási 2005）。复杂性是适应的弹性，这个弹性维持并复制群体内现存的知识，维持足够的无序，以便为新思想开放。文化复杂系统既不是秩序井然的文化（传统的、保守的），不是群体内全然稳定的知识；也不是混乱的文化（实验性的、批判性的），不是群体内全然越界的文化。更准确地说，文化复杂系统是有序和无序的结合、封闭和开放的结合、"我们"群体和"他们"群体的结合，这三个特征同时存在的结合。系统论和自创生模型（autopoietic models）强调系统边界的存在，边界使动因与环境分离。这是耗散系统高品质秩序与低品质环境秩序的分离。边界是复杂结构的区域（Potts 2000）。因此，从分析的角度看，文化动态的建模可以通过个人-群体-系统的微观-中观-宏观概念来完成（Dopfer and Potts 2008）。在文化科学里，这就是文化进化发生的地方。

第三部
结　语

第十章　亚部落富集的自然历史

> 本书介绍一种人本主义的经济学——"人文经济学"（humanomics），引导人们注意意义却又不放弃行为，用书面文献而又不忽略数字，并且把人的洞见和数学科学结合起来。
>
> ——戴尔得丽·麦克洛斯基

第一节　文化在社会里的用途

本书谋求从根本上重新建构一个概念，阐述文化的实际运行和功能。显然，文化是传承过去知识、身份和意义的一种机制，因而是资本和财富的一种社会形式。"我们"（我们的宗族）谋求保护和再生产所有的文化资本和财富；这是文化的基本模式，它横贯人类学、社会学、文化经济学，形塑文化政策的标准路径。

但文化又是新颖现象生产和知识增长的一种机制。此外，这种生产机制利用的资源是难以预先指认的，但新颖现象的生产可以在社会系统和符号系统的任何一点上出现，在系统间的任何一点上出现，这是一个动态的过程，这里的新颖现象包括新知识资源和系统，以及新的内容。

我们在这里提出的文化科学是文化研究（文本的、历史的研究）和演化经济学（分析性的、复杂性的）的杂交学科。也许，我们应该像俄国人那样，称之为文化学（culturology）[①]，而不是文化科学（cultural

---

[①] *Wikipedia*: culturology.

science），但 culturology 是系统的人类学或社会学意义上的文化的科学研究：文化如何构成，文化的功能元素、宏观基础和宏观生态——但这不是我们的主要目的。相反，我们构想的文化科学是研究文化的社会用途的科学，我们说，文化科学是知识、新颖和革新增长前景的引擎。

从一开始，我们就很关注源自文化研究的一个主题：雷蒙德·威廉斯（Raymond Williams 1958,"文化是普通的"）的普通文化研究，以及文化用途的研究或文化生产力的研究。本书的核心主题是：文化造就群体，群体创造知识，群体紧张而冲突的边界变化时，新思想（对知识的贡献）随之产生。新颖和新异不是"利用劳动和资本输入的思想生产"（经济学家会这样表述），而是群体边界的重组，结果，思想就有了表意功能（meaningful）。这是文化动力学的进化模式，这个模式是在亚部落富集的机制中产生的。

这是新颖与革新的独特模式：文化科学模式。在具体条件下，文化产生新颖事物，这是知识增长过程的一部分。通过这个复杂的、进化的符号机制，文化科学研究外化知识的增长。凭借这个机制，文化造就群体；在群体里，思想有表意功能，群体生产新颖事物和知识。这是一个浪费奇多、矛盾形塑的过程，但归根到底，这是知识赖以增长的机制。文化科学是文化作为变化和动力源头的研究。

这不仅是文化研究的新路径，而且是文化经济学的新路径——这样看问题颇有裨益。文化研究的新路径把重点放在文化动力学的动因，而不是文化资本的政治（with a focus on the agency of cultural dynamics, rather than the politics of cultural capital）；文化经济学的新路径把重点放在文化即生产（新颖和革新的机制）上，而不是文化即消费（市场和产业的一部分）上。根据文化科学的路径，文化生产新颖现象和知识。文化在社会里的用途与其说是有关文化资本的生产和消费，不如说是有关新异性的生产。在这个意义上，外化的亚部落表意功能模式实际上是一个替代理论（alternative theory），与其说是人类学/社会学模式或政治经济模式，不如说是与经济生产功能（或投入）模式竞争的模式。

在革新的投入模式里，新思想和革新的生产靠的是结合资源（资本、劳动等）的输入。这个投入模式位于现代增长经济学（growth economics）的核心，其形式是知识的生产功能（Romer 1990）。为了增加革新的输出，我们增加输入的水平。本质上，这是通过革新和新知识的经济增长模式，也是科学的经济模式（Arrow 1962）。然而，文化也可以用另一个革新模式表述，这就是我们提出的外化的、亚部落的概念，我们把文化模式视为一种依傍语言和故事的经济学模式，是"我们"群体结构和表意功能的一种模式。这就构成群体经济学（比较 Frijters and Foster 2012）和身份经济学（比较 Akerlof and Kranton 2000）的新路径。但在这条路径里，文化都是知识结构，不是策略或政治结构。

我们把这个"新文化经济学"（new economics of culture）和"新文化研究"（new cultural studies）放在文化科学的名目之下，其核心是有关文化社会用途的理论。我们两人都认为，这是文化的唯一功能。其他功能是累积的、多元共现的。更准确地说，我们把重点重新指向文化研究的这个功能角色，以生成新颖和革新。这是一个更广域的观点，它研究家庭、公司和整个经济，其分析往往用生产功能（即输入-输出）和效率，把每一个功能单位界定为生成某一具体的产品。如此，输出的增加或效益的增加都来自于更好的技术或更有效的组织。提高产出的办法就是提高输入的水平，或改进生产的技术。如此，我们从公司和经济体的经济学走向文化研究，无论这经济学的基础是新古典主义（文化经济学）的或马克思主义（文化研究），其隐含的命题是：输入-输出的生产模式同样适用于新异和革新。换言之，新颖就是另一种商品。然而，这不是我们文化科学的观点。新颖、新异和革新的生产有另一种解释：亚部落富集度的外化解释。这是另一个重要的外化的社会用途，这是被人忽视和误解的一面。

第二节 文化科学的诸多特殊意义

文化科学是"文化经济学"和"文化研究"的全新路径，有若干特殊的命题。

（一）革新是普通现象

雷蒙德·威廉斯（Raymond Williams 1958）认为，文化是普通现象——那是文化研究的基本原理，如果文化是普遍现象，那么，革新也是普通现象。这是对革新因果关系分布的判定。在标准的经济学模式里，革新与其投入成比例，反过来，革新是制度刺激的功能，其目的是达成创意、创业、竞争驱动与合作组织的经济行为。在这个方面，革新是独特的，它不是经济事件的自然进程，处在特殊的制度条件之外（那样的条件实质上描绘制度的现代性和市场经济）。在这种投入驱动和制度决定的模式里，革新是内在动力，根本不是普通现象，如果不是因为有特殊的动因即创业者，革新就承担了制度运行的任务（Schumpeter 1942）。

然而，从文化科学的视角看，革新和新颖普普通通，分布广泛（外化于诸多亚部落中），是亚部落（知识造就的群体）富集和紧张的互动。[1]

这是对革新理论的重新思考，它不倚重外部冲击和强力刺激（经济学看世界的方式）的表述，而是从多个角度来考虑，穿越经济、社会、文化、技术、制度、法律和心理的系统。革新是普通现象的文化科学观点显示，这是研究革新的宽泛得多的跨系科路径。

（二）重新思考文化政策的目标

在很大程度上，大多数国家的文化政策形貌都可以称为"福利模式"（welfare mode）或"保健模式"（health care），而不是"欺骗模式"（racketeering）（见第五章"公民"）。文化政策预防损失的风险；矫正市场失灵；支持它喜欢的成分。从文化经济学的视角看，文化政策存在的理由是用"好"的经济外因去矫正市场失灵。然而，从文化研究的视角看，文化政策是人事-政治和社会-经济结果的战场。在这两种情况

---

[1] 看来，我们对文化生产力的重新思考与托马斯·潘恩（Thomas Paine）的《人的权利》（*Rights of Man* 1792）有大量对应之处。他反对世袭政治，主张代议制民主，所依据的理由与我们神似——这是新颖主张的重要例子，它张扬行为、结构和基于权力的解释模式。——原注

下,"政策"都限于国家的职能(比如,它罕有应对作为参与者的商务策略)。

但从文化科学的视角看,情况略有不同。具体地说,文化政策可以考虑目的和对象。它未必把焦点放在国家对文化形式的保护上;面对文化生产明显的市场失灵时,为了保护丰富的多元文化生态,或政策担保的集体的矫正行动(在名义上"资本主义"体制内),文化政策不必把重点放在国家对文化形式的保护上。相反,文化政策可以被视为革新政策的"软实力"翻版。

也许,更简要的是,文化政策和革新政策相互联系,两者关系之紧密超过一般承认的程度。实际上,文化科学认为,文化政策能用作一种形式的革新政策,即商务策略;我们可以用文化机制去形塑新思想的发展和知识的协调,进而形塑革新的结果。不当的文化政策可能就是(迄今在意料之外)不当的革新政策,反之亦然。

(三)群论地位的增强

文化科学的建构围绕人的社群理论,把人的社群视为知识生成的结构(亚部落);亚部落的创建特征(founding characteristic)是,它们被视为互相对立的外群体。因此,把注意力指向群体研究,用建构、稳定、生产等理论,至关重要;注意为此目的而采用的文化机制,亦很重要;可供采用的文化机制有:符号圈、智慧圈,以及用数字技术或其他技术的社交网络。本质上,文化科学需要一个子域,从多种理论的跨系科一致性聚合起来的子域,从而提供一个群论(theory of groups)。

文化科学的革新机制是群体边界移动并整合(即使之有意义)新思想的机制。文化是群体身份建构的过程,这个过程使有意义的思想成为知识。这就是亚部落的概念:亚部落是文化协调的知识群体,例子有基本的经济单位比如公司和家庭,还有社交网络市场(Potts et al. 2008)、公地(Ostrom 1990)、受众和节日(Hartley 2009)、科学、文化类别、城市。如此,群体被重构为文化建构的、张力生成的场所,提出一个支持并解释这一建构过程的群论就日益重要了。

当然，广域地看，诸多科学里群论众多。对生物学家和经济学家而言，群体是集体行为的合作问题。对数学家而言，群体是身份和聚集问题。对社会学家而言，群体是分析单位，对人类学家、政治学家和行为主义的个人主义者而言，群体是难以捉摸的谜团。语言学家则认为，语言造就群体。进化语言学家认为，群体造就语言。群体可以是新兴的现象，或线性的结果。群体由信息构成，亦由事物构成。重要的是，文化科学必须最终建基于统一的、广义的群论（或我们觉得的亚部落理论）。在这方面，文化科学有所发明：亚部落的建构是"普遍-对立属性的建构：亚部落向"我们"群体里的一切知识开放，与"他们"群体的知识展开对抗性竞争。这样的对抗生成革新和新颖的现象；在热战和冷战中、真实的战争和形而上的战争中，对抗生成革新和新颖的现象，都是一望而知的。

（四）重新思考文化研究和演化经济学的成果

文化科学研究计划的重要意义是，它整合两个不同的研究计划，并为其增值，它们是：文化研究；经济学的演化论/复杂理论路径。我们努力在本书各章里阐述了一些重要的论点。

但还有许多工作尚待我们去做，最明显的第一步是编制我们所谓的文化研究和演化经济学的"过期档案"（back-catalogue trawl），以便用文化科学的棱镜去回眸集体的成果。

这就是我们一直在谋求描绘的成果分类：外化的知识；群体建构机制；表意功能的发生；浪费的产生；新颖性的建构；"我们群体/他们群体"的界面；敌视和边界的重划；湮灭和保护主义。循着这些路子描绘过去的成果，这是很有价值的第一步。第二部是寻找具体的要点，予以发扬。如此，文化研究的学者也许会觉得，文化科学是一个可能的研究方向（Ostrom 1990）。

（五）重新思考跨学科合作的价值

文化科学总体模式的另一个重要成果是：在它的邀约下，演化经济学和复杂理论与社会科学和政策更紧密地携手合作。道理很简单,这些路径的合作提供了概念、理论和分析的框架,有助于文化研究的特殊元素转化为文化科学。

(六)什么是文化科学之后的后现代?

通常,后现代主义被表征为20世纪的一种文学艺术运动,其特点是各种形式的摈弃和批评,并最终走向"解构"的现代主义幻想,试图对现实进行客观的、不受观察者影响的解释。文化科学提出一种新的后现代主义理论,重点放在另一个方面:起点和重组的多样化,达成的解释不仅强调解构倾向,而且强调创造性的或富有竞争力的重构倾向。这是一种新的后现代主义理论,其焦点较少放在批判的一面,较多放在多元同步选择上,或丰裕结果的选择上。后现代主义尚未"圆满":它用怀疑的态度检验现实,却没有迈一步去研究分布式知识创新的可能性。我们强调在思想"市场"上竞争的多元起点,指出:后现代主义过早被人抛弃,被误解为批判遗产的运动了。我们最好把后现代主义理解为在丰裕世界里去中心化的创新运动。按照这样的理解,文化研究和演化经济学都是"丰裕哲学"(philosophy of plenty)的一部分(Hartley 2003)。丰裕哲学是自己动手的达尔文主义(DIY Darwinism)。

后现代的人文学科和后现代的科学是我们文化科学研究计划的核心要件。该计划统一而一致的问题是:什么构成群体?群体边界上发生了什么?知识如何增长?我们用亚部落视角去重温后现代主义的"跨界"主题。

(七)重新思考开放的文化价值

最后可以指出的文化科学的意义是:开放性(openness)是文化生产力的主要原理,也许还是其核心原理。开放性意味着适应的视角,而不是规划的战略视角。规划要求标准化的输入,需要对动因和子域进行集中化的控制。这类结构性的官僚主义模式在以下情况下行之有效:心里有已知的目标,有达成目标的已知的方法,有可知或可控的环境。但在更开放的环境里，这样的方法就不那么行之有效了。

在许多方面，有效的文化系统是适应开放环境的系统。但开放的系统根本不是自由放任的系统，因为这样的适应力需要复杂的组织。更准确地说，重要的是防止事无巨细的规划和努力：比较宽松、较富适应力的路径更好，因为在多元动因的环境里，它们能更好地利用散发的、不断变化的信息和机会。

开放意味着对冲突和紧张的容忍；实际上，这个模式使人积极地寻求开放、要求开放，并将其用作一种管理机制，用于检验知识、创造多样性及发现机会（Stark 2009）。这个理念表现在"新异现象集束的市场"（novelty bundling markets）（Potts 2012）的论述里。在这些模式里，和谐与共识并非总是纯粹的好事（good），因为它限制了检验和更新知识的能力，使人发现新颖现象的能力受到局限。没有和谐与共识，开放性的理念就像是问责的公共关系，而不是批评或反驳——批评或反驳是法律和科学检验的基础。本着同样的精神，冲突、紧张和复杂性并非知识系统的敌人。冲突、紧张和复杂性是特征，不是病毒。

第三节 亚部落富集的自然历史

亚部落演化或文化演化促成知识的再生产，而不是促成个人甚至文化群体的再生产。但知识是不能简单再生产的（那样隐藏着湮灭的危险）。知识的再生产必须伴有增长：增加的新颖度。这个过程绵延不绝的生产力怎么估计也不会过分。

实际上，从智人登场起，我们就可以看到知识技术和经济变革的关系。这个相关性用图 10.1 的纵横坐标来表示。

但我们还可以看到，这个过程与一个程式化的尺度的增长相符，这个尺度可称为人均亚部落身份归属（对数的左侧纵坐标）。我们建议把这个示意图用作演化的模式——文化、知识、技术和经济自然历史的模式。

图 10.1 的横坐标的对数尺从旧石器/中石器到现在。时间线上第一

个重大事件是所谓新石器"革命"（但见第三章"亚部落"），智人从狩猎-采集的生存过渡到定居。这个时期越来越复杂，技术装备日益复杂，但仍然是口语文化时期，多半的知识符号表达是语音（稍后有少数的石器）①。顺着这根横坐标，我们追踪一个接一个的"爆炸性"的知识增长，这些变革与具体的技术发明相联系——文字/数学、印刷术、广播、互联网，以及尾随技术的广泛使用而实现的文化重新排序。每一步变革都产生更广阔、利用知识宝库的的社会基础，都见证了知识流动的快速博弈变化增长（脱离民族-地域传承的流动）。

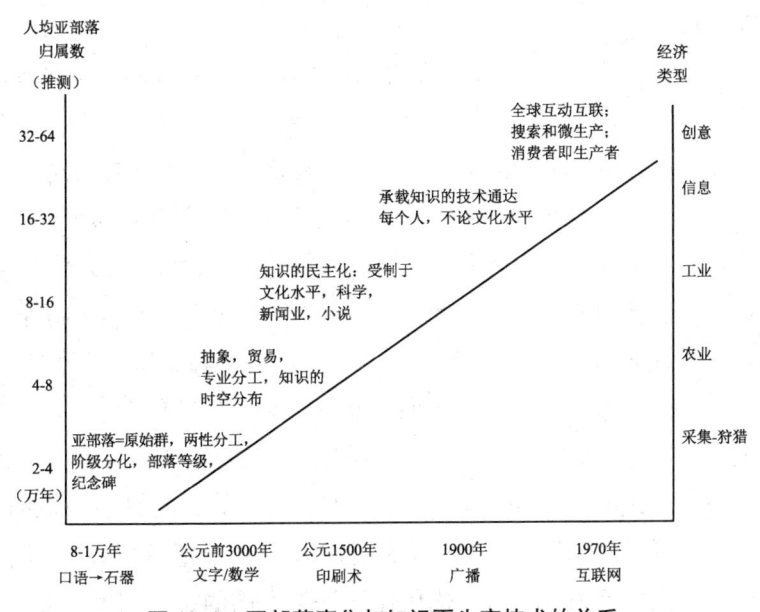

人均亚部落归属数（推测）		经济类型
32-64	全球互动互联；搜索和微生产；消费者即生产者	创意
16-32	承载知识的技术通达每个人，不论文化水平	信息
8-16	知识的民主化；受制于文化水平, 科学, 新闻业, 小说	工业
4-8	抽象，贸易，专业分工，知识的时空分布	农业
2-4（万年）	亚部落=原始群，两性分工，阶级分化，部落等级，纪念碑	采集-狩猎

8-1万年	公元前3000年	公元1500年	1900年	1970年
口语→石器	文字/数学	印刷术	广播	互联网

图 10.1　亚部落富集与知识再生产技术的关系

以上演化逻辑表述的灵感来自于马歇尔·麦克卢汉（Marshall McLuhan 1962）和沃尔特·翁（Walter J. Ong 1958, 2012），特此表示感谢。在这里，我们感兴趣的是技术与群体形成的关系。这两位先行者都强调技术与心灵活动的关系。我们却不敢肯定，文字、印刷术、广播和互联网直接影响"人的心灵活动"（human mind）。然而，为研究文化与

---

① "石器"含巨石器、石雕和岩画。——原注

知识的关系，那倒不必预设心灵的变化（那是因时间的距离而无法挽回的研究对象）。实际上，我们想到了另一种基于不同亚部落——实际的社会群体加虚拟的或想象的尺度，个人在不同的时代可能归属于不同的亚部落。我们认为，我们熟悉的翁（Ong 2012）提出的口语-文字-印刷术-电子文化序列仍然重要，却未必是与"意识演化"（evolution of consciousness）直接相关的一部分；相反我们认为，"意识演化"是知识增长的一部分；我们猜想，知识增长对个人的冲击不在于改变其思想（或神经科学家 Susan Greenfield 所言的大脑），而是增加个人所属的亚部落归属数目。

麦克卢汉-翁模式的精要是"媒介即讯息"（the medium is the message），意思是说，知识再生产的媒介（口语、文字、印刷术……）形塑思维模式，进而形塑传播和生产的可能性，我们在这里把这样的可能性与"经济类型"联系起来（见图 10.1 右上角）。这些经济类型是累积性的：农业经济建立在生存经济形式的基础上，并维持生存经济形式，工业经济建立在农业经济的基础上，以此类推。"经济类型"一名突出了它拓展中的边疆的特征。

我们可以指出两个基本的特征。第一，这些时代是一个过程，累积并构成序列，每两个时代间由一次"爆炸"（洛特曼意义上的爆炸）分割。每一个时代由一些精英（如祭司、统治者、诗人）开启，他们采用一种"新的媒介技术"，该技术在种群中（包括亚部落内和亚部落间）扩散，然后稳定下来，成为时代传播知识再生产的主导制度。第二，这个过程用对数表示，就是说，它是加速发展的（又见 Hartley 2008：ch. 3 的频率加速叙述：从"低频率"的石头到"高频率"的社交媒介）。

我们对这个剧本的贡献是，通过知识再生产和经济类型变化加速的技术演化阶段，追踪亚部落富集的路上发生的变革。我们猜想，"人均亚部落归属数"（demes per person）也在累积性地增加。我们对一种文化、社会或经济里亚部落的总数不感兴趣，正如语言学家不必计算一门语言里语词的总量，或一天里说出的句子有多少的一样。相反我们相信，估计（不必精细）一个人在普通的活动中所栖居的亚部落归属数量，是可

第十章 亚部落富集的自然历史

能办到的;或者更重要的是,估计长时期里亚部落归属数量的加速增长,也是可能的。显然,亚部落身份归属的多少因人而异,所以,我们这里计算的是"代表性"个人的亚部落身份归属。同样明显的是,亚部落辨识并不精确,准确提炼这些概念的定义还需要大量的工作。即使这样,有些计量标准也不言自明,比如,族群、家族、性别、语言、年龄段、部落(稍后的阶级)、地域(稍后的国家)、分工(稍后的职业)和结社的群体(稍后的公民身份)。从概念上猜想,我们认为,任何亚部落的维度都是模糊的,逻辑显然是单调的(井然的顺序),就是说,人均亚部落归属数随着知识再生产接二连三的"爆炸"而累积。互联网文化里的亚部落富集度(人均亚部落归属数)比广播文化里的亚部落富集度高,广播文化里的亚部落富集度又高于印刷术里的亚部落富集度,以此类推。再者,和以前的时代相比,后来的亚部落选择阵列包含了多得多的"虚拟"亚部落(如故事、幻想、社交网络或受众承载的亚部落),以及"抽象的"亚部落(如与城市相比的国家,或与宗族相比的"人类")。

我们遵循洛特曼的符号圈模式构想亚部落的概念,以便估计人均亚部落归属数随时间而变的情况。他的模式不谋求表明亚部落的内容。我们不试图限制亚部落的内容,甚至不断定,其内容是"经验的"或"想象的"(因为从个人观点看,其内容是经验和想象皆而有之)。正如伊布鲁斯和托罗普(Ibrus and Torop 2014)所言:

> 洛特曼提出的符号圈是无数的异质动态过程的蓄水池,有爆炸性潜能。他强调符号系统空间、互连性和多维性的重要意义,强调把文化元素的关系和互动置于前景。

因此,我们不能肯定说,全新世有多少亚部落或符号圈。彼时,知识再生产的主要技术是口语传播——口语和歌唱。我们猜想,那时的亚部落归属数不多,也许,每个原始群(多半是大家族)大概只有两三个亚部落。与专门化知识相关的可能是进一步的亚部落富集度:比如,男人事务/女人事务的知识；与个人在部落等级里地位或分工（如追踪、医疗、狩猎、采集、发布预言的人）相关的知识。那时，每个人归属的亚部落可能不超过 10 个，取决于他所操语言的数量、他互动的群体的多少，以及他能获取的知识的种类的多少。考古记录（随葬品）显示，到新石器时代，与"家务生产方式"相关的分工证明社会复杂性增加，亚部落的富集度随之增加。在《新石器时代经济》（*Stone Age Economics* 1974）里，马歇尔·萨林斯（Marshall Sahlins）说，整个时代的特征是符号丰裕。在这个时期，亚部落的知识进一步外化，通过石器和圣地"广为传播"，成为故事和文化身份的媒介（如第三章"亚部落"所描绘）。那时，亚部落通过贸易、"送礼"和边界上的接触而交流，或友好，或冲突；所以，每个人的亚部落富集度可能因这样的交流而增加，同时，"想象"的亚部落——游戏、故事或扩张和期望的压力（你可以说"希望之乡"或"山那边的绿草地"）里的亚部落——也达到了前所未有的规模。

　　文字（和数学）的发明和剩余产值有关，社会和政治组织里的劳动分工创造剩余产值，定居后的农业生产需要这样的分工，新月带的发明尤其突出。文字之所以是革命性或"爆炸性"的，因为它使知识跨越时间和空间并维持不变。文字促成了记账，使贸易、契约、货币和法律在规模和复杂性上成为可能，把时空上隔绝的社群联系起来。数学和计算能力使抽象程度更高，使人能用新的方式创造和使用知识。与个人有关系的亚部落归属数目拓宽到超越口耳相传的范围。个人能与古代、远方和想象的人结成亚部落富集的关系。如果个人的力量足够大，他就可以把力量投射到许多亚部落群体。

　　印刷术的民主化效应使亚部落组合进一步革命化，限制亚部落富集度（比如，宗教改革把《圣经》送达每个家庭，消除了教士在基督教里的中介作用），从而打破精英维持权力和控制权的能力。印刷术使现代性的三大文本系统即科学、新闻业和小说（Hartley 1996）浮现出来，这三大系统都需要阅读印刷品的能力；起初，这样的文化素养局限于少数的精英。印刷文化的民主潜能花了几百年才渗透到所有的人。知识再生产的印刷形式出现了,其扩张的净效应使人均亚部落归属数增加:"阅读公众"的创生使个人能与许多群体结盟,却未必见过这些亚部落(民族、粉丝、协会)成员。这样的知识公地和专业知识以指数增长,却可以凭借印刷品跨文化普及,应运而生的是教育和探究驱动的发现、创业精神和产业;实际上,印刷术使工业经济成为可能,代议制民主和现代民族国家亦应运而生。

借助一些媒介(起初是电影和广播、20世纪中叶起有电视),广播技术大发展。印刷术和广播的差异是,广播传播不再受识字素养的约束,所以广播技术的知识再生产能通达每个接收者。电子传播加速了信息本位的经济生产的发展。由于这种扩大传播效应,由于进一步的群体虚拟化或抽象化,人均的亚部落归属数又一次增加。

互联网始于1970年代,不过,到了1990年代晚期,互联网才气象万千。从一开始,它就有一个不同于以前知识再生产传播形式的重要特征,即双向传播:普通用户既是内容的接收者,也是内容的生产者。[1]互联网是参与性的,可以搜索的,因而有创造性。在这里,亚部落的空间可能相当大(多元亚部落),是高度网络状的。

第四节 文化如何运行

知识再生产的自然历史经过了几个阶段,或洛特曼所谓的"爆炸",已如上述:从口语到文字、印刷术、广播直到今天的互联网。每一次爆炸或知识再生产技术潜能飞跃时,人均亚部落归属数随之增加(我们猜想,这样的归属按指数增长)。

请考虑如下命题。

首先,亚部落归属数增加,知识获取的范围随之增加,抽象水平亦随之提高。知识再生产的新技术使发现亚部落和进入亚部落归属的成本

---

[1] 用户生成的内容合成与性互动在广播媒介里萌芽,比如社区广播(Rennie 2006),例证了一个更一般的规律:许多"新媒介"的"新"特征实际上经过了反复的演练,然后才发生了整个系统的"爆炸性"重组。——原注

降低，壁垒降低，排斥他人的难度随之增加，换言之，靠排斥他人来保护知识和文化的难度增加了。经济学家认为这是降低租金（及效率增益），但这也可以被视为通达范围和注意力的开拓（注意力本身的经济价值被低估：Lanham 2006），以及文化素养的提高，如此，亚部落里的每个人的意识和能力都随之提高。这样的增益靠抽象程度的提高，知识从被围的一隅释放出来、范围扩大了（锁定在此地此时的知识能跨越情景、时间、地方和使用者）。知识再生产的外化技术的变革使亚部落的规模扩大、人数增加。

第二，人均亚部落归属数增加，规模和"浪费"随之加大。如今，文化的规模已达全球，亚部落的规模可以亿万计。但亚部落可以很小；大多数人在庞大（虽不明确）而变化中的亚部落归属数有归属身份。我们生活在异常丰富而复杂的符号圈里。这种环境里的繁荣发展需要连接功能上的浪费，以便生产适应性（或新颖性）所需的邻接性（许多"挂钩"以实现很少的"勾连"）。亚部落几何是日益增加是网络几何。

第三，人均亚部落归属数增加，选择和想象力随之增加。在知识再生产的技术的口语（言语和石头）阶段，在亚部落归属的选择上，几乎没有什么选择。彼时，亚部落局限在一地，纵向遗传，无明显变化（祖先传下，仅在无意间修改）。除了偶尔的边界事件外，文化是静态的。不过，知识再生产技术的每一次革命都使这一局面改观开放，加速知识的增长和演化。亚部落公民身份在时空中错位，并成倍增加，被虚拟化，并被储存起来。人们获取多种生存方式的可能性增加，公民身份就充满想象力和创造力：比如效仿远方故事的英雄主义、恬淡寡欲、虔诚、欢宴、诚实、激情、认真、绅士风度或创业的冒险精神。

亚部落公民身份的关系建立起组织和结构，组织和结构促成经济和社会政治（制度）系统的增长和发展。亚部落的解放驱动经济演化。接过不仅是符号的增殖，而且是物质的富裕——涨潮把人人高高举起。

再设想图 10.1 左侧纵坐标的人均亚部落归属数。我们可以想象某一文化里的一个典型人物（在知识再生产技术序列某一点上的人物），他有特定的人均亚部落归属数，大约 20 个亚部落吧。显然，那是一个人口

第十章　亚部落富集的自然历史

种群的平均数：有些人的亚部落归属数会略高或略低这个平均数。比较年轻和富裕的人往往会积攒较多的亚部落归属数，因为他们的性向和通达能力都比较强。

此外，个人的亚部落归属总数在一生会有变化：童年期迅速上升，随即达高峰，成年期逐渐下降，沿着一条准随机的、环境依赖的路径。我们猜想，每个人的"人均亚部落归属数"人生变化图类似于著名的加德纳技术成熟度曲线（Gartner Hype Cycle），曲线显示，高峰位于新技术初显和被采用之间。①

加德纳给技术发展各期的命名富有启迪意义，分别是："过高期望的峰值"（Peak of Inflated Expectations），"幻灭的谷底期"（Trough of Disillusionment），"稳步爬升的光明期"（Slope of Enlightenment）和"生产力的平台期（Plateau of Productivity）。图 10.2 旨在显示新技术采用的加德纳成熟度曲线（Gartner hype cycle），但这些阶段也适合描绘人生亚部落累积和变化的历程，从童年和青年期（高峰期）到家庭和工作责任期（低谷期），到德国人所谓的成年期（Mündigkeit），即责任、关爱、行动期（爬升期），再到成熟期（平台期）。在每个阶段，人均亚部落归属数都有变化，这是我们的直觉——却是可以验证的直觉。

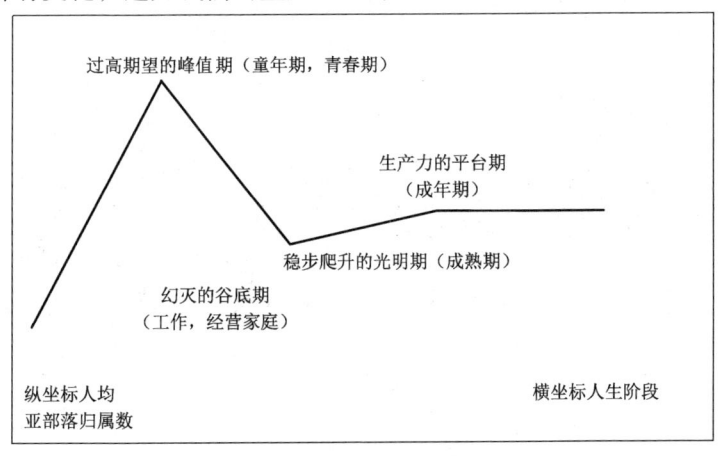

图 10.2　人生人均亚部落归属数示意图（借用技术成熟度曲线的猜想）

---

① See：www.gartner.com/technology/research/methodologies/hype-cycle.jsp.

人们用故事建构亚部落，能编好故事的人成为强有力的名人。但我们也和儿童一道编故事，或者更准确地说，儿童建构亚部落。文化不仅是成人才能的产物，而且是由儿童集合形成的，儿童在闯世界的过程中累积并组合亚部落，包括新旧的亚部落。亚部落边际的移动是由儿童渴望向上的精力（对新经验和知识的渴望）推动的，那是高度社会性和高密度符号的童年，在模仿、游戏、实验、消磨时光、淘气和冒险中学习的过程。看上去可能像混乱不堪、浪费光阴、需要保护、无足轻重；儿童在经济学里的地位并不闪亮，其原因大概就在这里；经济学默认的是理性的成人。但在儿童和成人的情况下，问题的初显都不是源自文化，而是源自观察：是未能找准"文化的问题"。文化的"问题"是如何找准新知识；在这里，儿童展现身手，学习知识，分享知识，更新知识。

　　文化科学的宗旨是提供分析框架，以构想一个通用的文化理论——这里所谓文化理论是原初文化研究"普通用途"意义上的文化。文化科学不是把重点放在政治上，而是放在文化的演化意义上，把文化当作新颖和革新的发生器。我们诚恳地希望，本书能聚集一些理念和模式，以推进文化科学研究，讲一个有关文化性质的故事。

谢　辞

文化科学的建设已有很长一段时间，一路走来历经急剧的变形。没有澳大利亚研究委员会（ARC）属下的创意产业中心（CCI）的支持，我们这本书会一事无成。我们深表谢忱。我们特别要感谢昆士兰科技大学（QUT）的约翰·班克斯（John Banks）。在我们研究项目形成初期研讨中，以及第二章"外在论"的准备中，他贡献良多。他建议本书命名为"文化的性质"，这也许是另一本书命名的好主意：我们期待那样一本书问世！我们要感谢皇家墨尔本理工大学（RMIT University）的特伦特·麦克唐纳（Trent MacDonald）。在本书即将完成的阶段，他对我们手稿的批评至关重要，而且，他还为本书第九章"湮灭"的研究提供了基础（见 Hartley et al. 2012）。

约翰·哈特利感谢：

- 迈克尔·哈特邀请我 2013 年访问柏林社会研究中心（Wissenschaftszentrum Berlin für Sozialforschung），感谢托马斯·培佐尔德（Thomas Petzold）及其同事的热情好客

- 感谢 2008 年以来积极投入文化科学网络和研讨会的"快乐的团队"，尤其何梦笔（Frankfurt School of Finance & Management）；感谢 Alex Bentley, Paul Ormerod, Alex Mesoudi, Richard E. Lee, Evelyn Welch and Pierpaolo Andriani。他们的工作是指引我们的灯塔。就"文化科学"而言，令人愉快的是，何梦笔鞭策我们前进，定下了一个令人生畏的标准，这是本新兴的领域的好兆头（Herrmann-Pillath 2009, 2013）。

- 感谢昆士兰科技大学创意产业中心（CCI）的同事：Jean Burgess,

Lucy Montgomery，Burcu Şimşek，Axel Bruns and Michael Keane；感谢科廷科技大创意产业和创新中心（CCAT）的同事：已故的 Niall Lucy，以及 Tama Leaver，Eleanor Sandry，and Henry Siling Li。

• 一如既往，最要感谢的是 Tina Horton，我常惊奇地发现，她的亲近令我多产。

贾森·波茨感谢：

• 昆士兰科技大学创意产业中心（CCI）的同事，感谢中心给予"文化科学项目"的支持。在某些方面，文化科学对某些类型的学者是一种跨系科的诱饵，就像猫薄荷使猫儿兴奋一样。在过去的几年来，我们从来访学者、研讨会和平日的讨论中得到慷慨的支持。

• 感谢德国耶拿的马克斯·普朗克研究所的 Ulrich Witt 及其同事，感谢德国耶拿的弗雷格结构科学中心的 Hans-Walter Lorenz。

• 感谢皇家墨尔本理工大学经济金融与市场营销学院的同事 Prateek Goorha and Sinclair Davidson，感谢他们参与研究项目的讨论。

• 最要感谢的是 Ellie Rennie，她写书比我强多了。

感谢赞助人：

• 约翰·哈特利获澳大利亚研究委员会联合会（Australian Research Council Federation）赞助，赞助项目："多媒体用途"（*The Uses of Multimedia*：*Citizen Consumers*，*Creative Participation and Innovation in Australian Digital Content*），项目编号：FF0561981，2005-10。

• 贾森·波茨获澳大利亚研究委员会未来研究赞助，赞助项目："革新公地"（*The Innovation Commons*：*How Australian industries are pooling innovation resources and why this matters*）项目编号：FT120100509，2012-16。

• 本研究项目在澳大利亚研究委员会创意产业卓越中心（This research was conducted at the Australian Research Council Centre of Excellence for Creative Industries and Innovation）实施，项目编号：SR0590002），2005-13。本书的观点是两位作者的观点，未必就是该研究

委员会的观点。

我们感谢欧洲-澳大利亚科学技术合作论坛（Forum for European-Australian Science & Technology Cooperation）、澳大利亚昆士兰州图书馆，尤其州图书馆的 Lea Giles-Peters，感谢他为首届国际文化科学研讨会（Brisbane 2008）提供的帮助。我们感谢杜伦大学生物学与文化协同进化中心（Centre for the Coevolution of Biology and Culture）2010 年对第二届国际文化科学研讨会提供的帮助，研讨会在该校高级研究中心举行。我们感谢昆士兰科技大学、卡迪夫大学、皇家墨尔本理工大学和科廷科技大学在本书撰写过程中不懈的物质支持。

我们感谢布鲁姆斯伯里出版社诸位编辑，尤其 Frances Pinter，该社学术部成立伊始，她就为本书叫好，那是她富有创建的眼光；感谢 Emily Drewe 拍板定题，感谢 Katie Gallof 和 Mary Al-Sayed 为本书印制付出的心血。

约翰·哈特利感谢 Gianpietro Mazzoleni, Kevin Barnhurst, Indrek Ibrus, Peeter Torop, Wiley and Sage 提供机会，让我们尝试本书的理念（在本书的得以修订、旧材新用、有所拓展），有些章节曾以论文的形式发表：

• 第三章部分内容，载 G.-P. Mazzoleni（ed.），*The International Encyclopedia of Political Communication*（"Narrative, Political"），Wiley；见 Hartley, J.（2013）"A Trojan Horse in the Citadel of Stories?"，载 *Cultural Science Journal* 6（1）：- 105。

• 第五章部分内容，见 Hartley, J.（2015）"Urban Semiosis: Creative Industries and the Clash of Systems"，载 *International Journal of Cultural Studies* 18（1）。

参考文献

Akerlof, G. and R. Kranton (2000), "Economics and Idenity". *Quarterly Journal of Economics* CXV (3), 715-753: http://public.econ.duke.edu/~rek8/economicsandidentity.pdf.

Ammerman, A. and L. Cavalli-Sforza (1984), *The Neolithic Transition and the Genetics of Populations in Europe*. Princeton, NJ: Princeton University Press.

Anderson, B. (1991), *Imagined Communities: Reflections on the Origins and Spread of Nationalism*, 2nd edn. London: Verso.

Anderson, C. (2008), *The Long Tail*, 2nd edn. New York: Hyperion.

— (2012), *Makers*. London: Random House Business.

Ansaldo, U. (2009), *Contact Languages: Ecology and Evolution in Asia*. Cambridge: Cambridge University Press.

Arnold, M. (1869), *Culture and Anarchy*. Accessible at: www.gutenberg.org/ebooks/4212.

Arrow, K. (1962), "The Economic Implications of Learning by Doing". *The Review of Economic Studies* 29 (3): 155-173.

Arthur, W. B. (2009), *The Nature of Technology: What it is and How it Evolves*. New York: Free Press.

Aspers, P. (2010), *Orderly Fashion: A Sociology of Markets*. Princeton, NJ: Princeton University Press.

Austin, J. L. (1962), *How to do Things with Words*. Oxford: Clarendon Press.

Bakhshi, H., I. Hargreaves and J. Mateos-Garcia (2013), *A Manifesto for the Creative Economy*. London: NESTA: www.nesta.org.uk/sites/default/files/a-manifesto-forthe-creative-economy-april13.pdf.

Banet-Weiser, S. (2011), "Convergence on the Street: Rethinking the Authentic/

Commercial Binary". *Cultural Studies* 27 (4/5): 641-658.

Barabási, A. -L. (2002), *Linked: The New Science of Networks*. Cambridge, MA: Perseus Books.

—— (2005), "Network theory—the emergence of creative enterprise". *Science* 308: 639-641: www. barabasilab. com/pubs/CCNR-ALB_ Publications/200504 - 29_ Science-Network Theory/2005-04-29_ Science-Network Theory. pdf.

Barringer, J. (1999), *Reading the Pre-Raphaelites*. New Haven, CT: Yale University Press.

Barthes, R. (1972), *Mythologies*. Trans. A. Lavers. London: Paladin (first published 1957).

Baym, N. (2010), *Personal Connections in a Digital Age*. Cambridge: Polity Press.

Bednar, J. and S. Page (2007), "Can Game (s) Theory Explain Culture? The Emergence of Cultural Behavior within Multiple Games". *Rationality and Society* 19 (1): 65-97.

Beinhocker, E. (2006), *The Origin of Wealth: Evolution, Complexity, and the Radical Remaking of Economics*. New York: Random House.

Benkler, Y. (2006), *The Wealth of Networks: How Social Production Transforms Markets and Freedom*. New Haven, CT: Yale University Press.

—— (2011), *The Penguin and the Leviathan: How Cooperation Triumphs over Self-Interest*. New York: Crown Business.

Bentley, R. A., M. Earls and M. O'Brien (2011), *I'll Have What She's Having: Mapping Social Behavior*. Cambridge, MA: MIT Press.

Bergstrom, T. (2003), *An Evolutionary View of Family Conflict and Cooperation*. University of California at Santa Barbara, Economics Working Paper Series. Online: http://escholarship. org/uc/item/4qc0q1gh.

Blacking, J. (1984), "Dance as Cultural System and Human Capability: An Anthropological Perspective". In J. Adshead-Lansdale (ed.), *Dance, A Multicultural Perspective*. Guildford: University of Surrey, 4-21.

Bloom, H. (1998), *Shakespeare: The Invention of the Human*. New York: Riverhead Press.

Boden, M. (1990), *The Creative Mind*. London: Weidenfeld & Nicholson.

—— (ed.) (1994), *Dimensions of Creativity*. Cambridge, MA: MIT Press.

Bollier, D. (2008), *Viral Spiral: How the Commoners Built a Digital Republic of Their*

Own. New York: The New Press.

Boltanski, L. and L. Thévenot (2006), *On Justification: The Economies of Worth.* Princeton, NJ: Princeton University Press.

Bono, E. de (1985), *Six Thinking Hats: An Essential Approach to Business Management*. New York: Little, Brown.

Booker, C. (2004), *Seven Basic Plots: Why We Tell Stories*. London: Bloomsbury.

Boulding, K. E. (1977), "Economic Development as an Evolutionary System", *Fifth World Congress of the International Economic Association.* Tokyo: International Economic Association.

Bowles, S. and H. Gintis (2011), *A Cooperative Species: Human Reciprocity and its Evolution.* Princeton, NJ: Princeton University Press.

Boyd, B. (2008), "The Art of Literature and the Science of Literature". *American Scholar*, Spring. Online: http://theamericanscholar.org/the-art-of-literature-and-the-scienceof-literature/#.UvwOO_aCbPA.

— (2009), *On the Origin of Stories: Evolution, Cognition, and Fiction.* Cambridge, MA: Harvard University Press.

Boyd, R. and P. Richerson (1985), *Culture and the Evolutionary Process.* Chicago: University of Chicago Press.

— (2005), *The Origin and Evolution of Cultures.* Oxford: Oxford University Press.

— (2009), "Culture and the Evolution of Human Cooperation". *Philosophical Transactions of the Royal Society B* 364: 3281–3288.

Boyd, B., J. Carroll, and J. Gottschall (eds) (2010), *Evolution, Literature and Film.* New York: Columbia University Press.

Boyd, R., H. Gintis, S. Bowles and P. Richerson (2003), "The evolution of altruistic punishment". *Proceedings of the National Academy of Sciences of the USA (PNAS)* 110 (6): 3531–3535: www.pnas.org/content/100/6/3531.long.

Bruns, A. (2008), *Blogs, Wikipedia, Second Life, and Beyond: From Production to Produsage*. New York: Peter Lang.

Buchanan, J. (1965), "An Economic Theory of Clubs". *Economica* 32: 1–14.

Buchanan, J. and G. Tullock (1962), *The Calculus of Consent: Logical Foundations of Constitutional Democracy.* Ann Arbor, MI: University of Michigan Press.

Buonanno, M. (2005), "The 'Sailor' and the 'Peasant': The Italian Police Series between Foreign and Domestic". *Media International Australia* 115: 48-59.

Burke, E. (1790), *Reflections on the French Revolution*. Accessible at: Bartleby.com (2001): www.bartleby.com/24/3/.

Campbell, D. (1960), "Blind variation and selective retention in creative thought as in other knowledge processes". *Psychological Review* 67: 380-400.

Carroll (2011), *Reading Human Nature: Literary Darwinism in Theory and Practice*. New York: SUNY Press.

Cavalli-Sforza, L. (2000), *Genes, Peoples, and Languages.* New York: North Point Press.

Cavalli-Sforza, L. and M. Feldman (1981), *Cultural Transmission and Evolution: A Quantitative Approach.* Princeton, NJ: Princeton University Press.

Caves, R. (2000), *Creative Industries: Contracts between Art and Commerce*. Cambridge, MA: Harvard University Press.

Cheshire, T. (2013), "Talent Tube: how Britain's new YouTube superstars built a global fanbase". www.wired.co.uk/magazine/archive/2013/02/features/talent-tube.

Chevedden, P. (2000), "The Invention of the Counterweight Trebuchet: A Study in Cultural Diffusion". Washington DC: Dumbarton Oaks Papers, No. 54. Accessible at: www.doaks.org/resources/publications/dumbarton-oaks-papers/dop54/dp54ch4.pdf.

Childe, V. G. (1925), *The Dawn of European Civilization.* London: Kegan Paul, Trench, Trubner.

— (1936), *Man Makes Himself.* London: Watts, rev. edn 1951.

Chouliaraki, L. (ed.) (2012), *Self-Mediation: New Media, Citizenship and Civil Selves.* London: Routledge.

Clark, G. (2007), *A Farewell to Alms: A Brief Economic History of the World*. Princeton, NJ: Princeton University Press.

Clemens, M. (2011), "Economics and emigration: Trillion dollar bills on the sidewalk". *Journal of Economic Perspectives* 25 (3): 83-106.

Coleman, S. (2003), *A Tale of Two Houses: The House of Commons, the Big Brother House and the People at Home.* London: Hansard Society. www.clubepublic.net/eve/030708/Hansardb_b.pdf.

Coleman, S. (2005), *Direct Representation: Towards a Conversational Democracy*. London: Institute for Public Policy Research (ippr exchange). Available online: www.ippr.org.uk/ecomm/files/Stephen_Coleman_Pamphlet.pdf.

Cooke, P. and L. Lazzeretti (eds) (2008), *Creative Cities, Cultural Clusters and Local Economic Development*. Cheltenham: Edward Elgar.

Cowen, T. (1998), *In Praise of Commercial Culture*. Cambridge, MA: Harvard University Press.

— (2004), *Creative Destruction: How Globalization is Changing the World's Cultures*. Princeton, NJ: Princeton University Press.

Csibra, G. and G. Gergely (2011), "Natural pedagogy as evolutionary adaptation". *Philosophical Transactions of the Royal Society B* 366: 1149–1157.

Csikszentmihalyi, M. (1996), *Creativity*. New York: Harper.

Currid, E. (2007), *The Warhol Economy: How Fashion, Art, and Music Drive New York City*. Princeton, NJ: Princeton University Press.

Dardanelles Commission (1917–1919), *The Final Report of the Dardanelles Commission*. London, HMSO. Online: http://nla.gov.au/nla.aus-vn2035864.

Darwin, C. (1859), *On the Origin of Species by Means of Natural Selection*. London: John Murray. Accessible at: http://darwin-online.org.uk/converted/pdf/1859_Origin_F373.pdf.

— (1871), *The Descent of Man*. Accessible at: www.gutenberg.org/ebooks/2300; and at: http://darwin-online.org.uk/content/frameset?viewtype=text&itemID=F955&pages eq=157.

Davidson, D. (1973), "Radical Interpretation". *Dialectica* 27 (3): 14–28.

Dawes, R. (1980), "Social dilemmas". *Annual Review of Psychology* 31: 163–193.

Dawkins, R. (1976), *The Selfish Gene*. 30th Anniversary Edition (2006). Oxford: Oxford University Press.

— (1982), *The Extended Phenotype: The Long Reach of the Gene*. Oxford: Oxford University Press.

Deacon, T. (1999), "The Trouble with Memes (and what to do about it)". *The Semiotic Review of Books*. 10 (3): http://projects.chass.utoronto.ca/semiotics/srb/10-3edit.html.

Derrida, J. (1976), *Of Grammatology*. Baltimore, MD: Johns Hopkins University Press.

Diderot, D., J. D'Alembert and J. Le Rond (eds) (1753), *Encyclopédie, ou Dictionnaire raisonné des sciences, des arts et des metiers*, Tome 3. Paris: chez Briasson.

Dopfer, K. and J. Potts (2008), *The General Theory of Economic Evolution*. London:

Routledge.

Dugdale, T. (2004 Spring), "Dick Hebdige: Unplugged and Greased Back". *Post-Identity*. 4 (1). Online: http: //hdl. handle. net/2027/spo. pid9999. 0004. 102.

Dunbar, R. (1998), *Grooming, Gossip, and the Evolution of Language*. Cambridge, MA: Harvard University Press.

Durant, W. (1939), *The Life of Greece*. New York: Simon & Schuster.

Dutton, D. (2009), *The Art Instinct: Beauty, Pleasure and Human Evolution*. London: Bloomsbury.

Dworkin, D. (1997), *Cultural Marxism in Post-War Britain: History, the New Left, and the Origins of Cultural Studies*. Durham, NC: Duke University Press.

Earls, M. (2009), *Herd: How to Change Mass Behaviour by Harnessing Our True Nature*. London: Wiley.

Eco, U. (1976), *A Theory of Semiotics*. Bloomington: Indiana University Press.

Edelman, G. (1987), *Neural Darwinism: The Theory of Neuronal Group Selection*. New York: Basic Books.

Edgerton, D. (2006), *Warfare State: Britain, 1920 – 1970*. Cambridge: Cambridge University Press.

Elias, N. (1939), *The Civilising Process: Sociogenetic and Psychogenetic Investigations.* Oxford: Blackwell, this edn 2000.

Eliot, T. S. (1920), *The Sacred Wood*. London: Methuen.

Ellis, L. (1991), "A synthesized (biosocial) theory of rape". *Journal of Consulting and Clinical Psychology* 59: 631–642.

Elyot, T. (1531), *The Boke Named the Governour*. Online (Dutton/Dent edn): http: // darkwing. uoregon. edu/ ~ rbear/gov/gov1. htm.

Fehr, E. and U. Fischbacher (2003), "The nature of human altruism". *Nature* 425: 785–791.

Fewster, K. (1982), "Ellis Ashmead Bartlett and the making of the Anzac legend". *Journal of Australian Studies* 6 (10): 17–30.

Findlay, C. S. (1992), "Phenotypic evolution under gene-culture transmission in structured populations". *Journal of The oretical Biology* 156 (3): 387–400.

Fisher, W. (1984), "Narration as a Human Communication Paradigm: The case of Public Moral Argument". *Communication Monographs* 51 (1): unpaginated.

Fitch, W. T. (2005), "Language Evolution: A Comparative Review". *Biology and Philosophy* 20: 193-230.

Flew, T. (2012), "Michel Foucault's *The Birth of Biopolitics* and contemporary neo-liberalism debates". *Thesis Eleven* 108 (1): 44-65.

Florida, R. (2002), *The Rise of the Creative Class*. New York: Basic Books.

— (2005), *Cities and the Creative Class*. New York: Basic Books.

Flowers, S. (2008), *The New Inventors: How users are changing the rules of innovation*. London: NESTA. www. nesta. org. uk/library/documents/Report% 2015% 20 -% 20 New%20Inventors%20v6. pdf.

Foster, K., T. Wenseleers and F. Ratnieks (2006), "Kin selection is the key to altruism". *Trends in Ecology and Evolution* 21 (2): 57-60.

Foucault, M. (2008), *The Birth of Biopolitics: Lectures at the Collège de France 1978-1979*. Basingstoke: Palgrave.

Frank, R., T. Gilovich and T. Regan (1996), "Do economists make bad citizens?" *Journal of Economic Perspectives* 10 (1): 183-192.

Frazer, N. (1992), "Sea Turtle Conservation and Halfway Technology". *Conservation Biology* 6: 179-184.

Frijters, P. with G. Foster (2012), *An Economic Theory of Greed, Love, Groups and Networks*. Cambridge: Cambridge University Press.

Fromm, H. (2003), "The New Darwinism in the Humanities, Part I: From Plato to Pinker", and "Part II: Back to Nature, Again". *The Hudson Review* Spring (Vol. LVI, No. 1) and Summer (Vol. LVI, No. 2): unpaginated.

Gans, J. (2012), *Information Wants to be Shared*. Cambridge, MA: Harvard Business Review Press.

Garnham, N. (1987), "Concepts of culture: Public policy and the cultural industries". *Cultural Studies* 1 (1): 21-36.

Georgescu-Roegen, N. (1971), *The Entropy Law and the Economic Process*. Cambridge, MA: Harvard University Press.

Geyer, F. (1994), "The Challenge of Sociocybernetics". Accessible at: http://uwacadweb. uwyo. edu/Red_ Feather/chaos/006challenges. html.

Gillies, M. (2013), "City state". *Times Higher Education*, 18 July.

Gintis, H. (2012), *Human Evolution: A Behavioral Synthesis*. New Mexico: Santa Fe

Institute. http：//tuvalu. santafe. edu/~bowles/HumanEvolution. pdf.

Gintis, H. and S. Bowles (2011), *A Cooperative Species*: *Human Reciprocity and Its Evolution*. Princeton, NJ: Princeton University Press.

Gintis, H. , E. A. Smith and S. Bowles (2001), "Costly Signaling and Cooperation". *Journal of Theoretical Biology* 213: 103-119.

Gitlin, T. (1983), *Inside Prime Time*. New York: Pantheon Books (Revised edn, Routledge, 1994) .

Glaeser, E. (2011), *The Triumph of the City* . London: Pan Macmillan.

Goggin, G. (2008), "Regulating Mobile Content: Convergences, Commons, Citizenship". *International Journal of Communications Law and Policy* 12: www. ijclp. net/12_2008/ pdf/goggin. pdf.

Goggin, G. and J. Clark (2009), "Mobile phones and community development: a contact zone between media and citizenship". *Development in Practice* 19 (4/5): 585-597.

Goody, J. (1986), *The Logic of Writing and the Organization of Society*. Cambridge: Cambridge University Press.

Gottschall, J. (2012), "Why Storytelling is the Ultimate Weapon". *Fastcocreate*. Online: http：//www. fastcocreate. com/1680581/why-storytelling-is-the-ultimate-weapon.

Gray, J. , J. Jones and E. Thompson (eds) (2009) , *Satire TV* . New York: NYU Press.

Greene, J. (2013), *Moral Tribes*: *Emotion*, *Reason*, *and the Gap Between Us and Them* . New York: Penguin Books.

Gregory, A. (2006), "The State We Are In: Insights from Autopoiesis and Complexity Theory". *Management Decision* 44 (7): 962-972.

Hacking I. (2000), *The Social Construction of What*? Cambridge, MA: Harvard University Press.

Hall, P. (1998), *Cities in Civilization*. New York: Pantheon.

Hamilton, W. D. (1964), "The Genetical Evolution of Social Behaviour. I/II". *Journal of Theoretical Biology* 7: 1-52.

Hardy, T. (1915), "The Convergence of the Twain: Lines on the loss of the ' Titanic ' ". *Collected Poems of Thomas Hardy*. London: Macmillan, this edition 1932.

Hargreaves, I. (2011), *Digital Opportunity*: *A Review of Intellectual Property and Growth*. London: Intellectual Property Office: www. ipo. gov. uk/ipreview. htm.

Harris, A. , J. Wyn and S. Younes (2010), "Beyond apathetic or activist youth:

'Ordinary' young people and contemporary forms of participation". *Young: Nordic Journal of Youth Research* 18 (1): 9–32.

Hartley, J. (1992a), *The Politics of Pictures: The Creation of the Public in the Era of Popular Media*. London & New York: Routledge.

— (1992b), *Tele-ology: Studies in Television*. London & New York: Routledge.

— (1996), *Popular Reality: Journalism, Modernity, Popular Culture*. London: Edward Arnold [Bloomsbury].

— (1999), *Uses of Television*. London & New York: Routledge.

— (2003), *A Short History of Cultural Studies*. London: Sage Publications.

— (2006), "The Best Propaganda: Humphrey Jennings". *The Silent Village* (1943). In A. McKee (ed.), *Beautiful Things in Popular Culture*. Malden MA and Oxford: Wiley-Blackwell, 144–163.

— (2008), *Television Truths: Forms of Knowledge in Popular Culture*. Malden, MA and Oxford: Wiley-Blackwell.

— (2009a), *The Uses of Digital Literacy*. St. Lucia: UQP; New Brunswick, NJ: Transaction Publishers (2010).

— (2009b), "TV Stories: From Representation to Productivity". In J. Hartley and K. McWilliam (eds), *Story Circle: Digital Storytelling Around the World*. Malden, MA and Oxford: Wiley-Blackwell, Chapter 2.

— (2012), *Digital Futures for Cultural and Media Studies*. Malden, MA and Oxford: Wiley-Blackwell.

— (2013), "Authorship and the Narrative of the Self". In J. Gray and D. Johnson (eds), *A Companion to Media Authorship*. Malden, MA and Oxford: Wiley-Blackwell, 23–47.

Hartley, J., J. Burgess and A. Bruns (eds) (2013), *A Companion to New Media Dynamics*. Malden, MA and Oxford: Wiley-Blackwell.

Hartley, J. and J. Green (2006), "The Public Sphere on the Beach". *European Journal of Cultural Studies* 9 (3): 341–362.

Hartley, J. and K. McWilliam (eds) (2009), *Story Circle: Digital Storytelling around the World*. Malden, MA and Oxford: Wiley-Blackwell.

Hartley, J., J. Potts, S. Cunningham, T. Flew, M. Keane and J. Banks (2013), *Key Concepts in Creative Industries*. London: Sage Publications.

Hartley, J., J. Potts and T. MacDonald, with C. Erkunt and C. Kufl eitner (2012),

Creative City Index. *Cultural Science* 5 (1): 110.

Hayek, F. A. (1945), "The Use of Knowledge in Society". *American Economic Review* 35 (4): 519-530. www. econlib. org/library/Essays/hykKnw1. html.

— (1952), *The Sensory Order: An Inquiry into the Foundations of Theoretical Psychology*. Chicago, IL: University of Chicago Press.

— (1973), *Law, Legislation, and Liberty, Vol. 1: Rules and Order*. Chicago, IL: University of Chicago Press.

Henrich, J. (2004), "Cultural group selection, coevolutionary processes and large-scale cooperation". *Journal of Economic Behavior & Organization* 53 (1): 3-35.

Herrmann-Pillath, C. (2009), *The Economics of Identity And Creativity: A Cultural Science Approach*. St Lucia: University of Queensland Press/ New Brunswick, NJ: Transaction Publishers (2010).

— (2013), *Foundations of Economic Evolution: A Treatise on the Natural Philosophy of Economics*. Cheltenham: Edward Elgar.

Hobbes, T. (1651), *Leviathan*. Edited with an introduction by C. B. Macpherson. Harmondsworth: Penguin (1968).

Hodgson, G. and T. Knudsen (2010), *Darwin's Conjecture: The Search for General Principles of Social and Economic Evolution*. Chicago, IL: University of Chicago Press.

Hoffmeyer, J. (1996), *Signs of Meaning in the Universe*. Bloomington, IN: Indiana University Press, 61.

Hofstadter, R. (1944), *Social Darwinism in American Thought*. Philadelphia, PA: University of Pennsylvania Press.

Hoggart, R. (1957), *The Uses of Literacy*. London: Chatto & Windus.

— (2004), *Mass Media in a Mass Society: Myth & Reality* . London: Continuum.

Hoppitt, W. and K. Laland (2013), *Social Learning: An Introduction to Mechanisms, Methods and Models*. Princeton, NJ: Princeton University Press.

Hornblower, S. and A. Spawforth (2005), *The Oxford Classical Dictionary*, 3rd edn. Oxford: Oxford University Press.

Howkins, J. (2009) *Creative Ecologies: Where Thinking Is A Proper Job*. St. Lucia: University of Queensland Press.

Hughes, R. (1991), *The Shock of the New: Art and the Century of Change* (updated and enlargededn). London: Th ames and Hudson.

Hutter, M. (2008), "Creating Artistic from Economic Value: Changing Input Prices and New Art". In M. Hutter and D. Throsby (eds), *Beyond Price*. Cambridge: Cambridge University Press, 60-74.

— (2010), "Familiar Surprises: Creating Value in the Creative Industries". In P. Aspers and J. Beckert (eds), *The Worth of Goods*. Cambridge: Cambridge University Press.

— (2012), "Experience goods". In R. Towse (ed.), *Handbook of Cultural Economics*, 2nd edn. Cheltenham: Edward Elgar.

Hutter, M., A. Berthoin Antal, I. Farías, L. Marz, J. Merkel, S. Mützel, M. Oppen, N. Schulte-Römer and H. Straßheim (2010), "Research Program of the Research Unit: 'Cultural sources of newness' ". *WZB Discussion Paper* (SP III 2010-2405): http://bibliothek.wzb.eu/pdf/2010/iii10-405.pdf.

Huxley, J. (1942), *Evolution: The Modern Synthesis*. London: Allen & Unwin.

— (1955), "Guest Editorial: Evolution, Cultural and Biological". *Yearbook of Anthropology* 2-5.

Hyde, L. (2008), *Trickster Makes This World: How Disruptive Imagination Creates Culture*. Edinburgh: Canongate Books (first published 1998).

Ibrus, I. and P. Torop (2014), "Remembering and Reinventing Juri Lotman for the Digital Age". *International Journal of Cultural Studies* 18 (1).

Jablonka, E. and M. Lamb (2005), *Evolution in Four Dimensions: Genetic, Epigenetic, Behavioral, and Symbolic Variation in the History of Life*. Cambridge, MA: MIT Press.

Jacobs, J. (1961), *The Death and Life of Great American Cities*. New York: Random House, new edn 1993.

— (1984), *Cities and the Wealth of Nations: Principles of Economic Life*. New York: Random House.

Jakobson, R. (1960), "Closing Statement: Linguistics and Poetics". In T. Sebeok (ed.), *Style in Language*. Cambridge MA: MIT Press.

Jenkins, H., S. Ford and J. Green (2013), *Spreadable Media: Creating Value and Meaning in a Networked Culture*. New York: NYU Press.

Kahneman, D. (2011), *Thinking, Fast and Slow*. New York: Farrar, Straus and Giroux; London: Macmillan.

Kauffman, S. (1995), *At Home in the Universe: The Search for Laws of Self-Organization and Complexity*. Oxford: Oxford University Press.

—（2000），*Investigations*. Oxford：Oxford University Press.

Keane, M. (2013), *Creative Industries in China：Art, Design and Media*. Cambridge：Polity Press.

Kelly, G. (1955), *The Psychology of Personal Constructs*, Volume 1：*A Theory of Personality*；Volume 2：*Clinical Diagnosis and Psychotherapy*. New York：W. W. Norton & Co.

Kelly, K. (2010), *What Technology Wants*. New York：Viking.

Kirzner, I. (1973), *Competition and Entrepreneurship*. Chicago, I L：University of Chicago Press.

Knightley, P. (1975), *The First Casualty-from Crimea to Vietnam：The War Correspondent as Hero, Propagandist, and Mythmaker*. New York：Harcourt Brace Jovanovich.

Konner, M. (2010), *The Evolution of Childhood：Relationships, Emotion, Mind*. Cambridge, MA：Harvard University Press.

Kotkin, J. (2005), *The City：A Global History*. New York：Modern Library.

Krueger, A. (1974), "The political economy of the rent-seeking society". *American Economic Review* 64 (3)：291–303.

Kuhn, T. (1962), *The Structure of Scientific Revolutions*. Chicago：University of Chicago Press.

Kull, K. (1999), "Biosemiotics in the 20th Century：A view from biology". *Semiotica* 127 (1)：385–414.

—（2000），"Copy versus translate, meme versus sign：development of biological textuality". *European Journal for Semiotic Studies* 12 (1)：101–120.

Kull, K., T. Deacon, C. Emmeche, J. Hoffemeyer and F. Stjernfelt (2010), "Theses on Biosemiotics：Prolegomena to a Theoretical Biology", *Biological Theory* 4 (2)：167–173.

Kurzweil, R. (2005), *The Singularity is Near*. New York：Viking.

Lakatos, I, (2001), *The Methodology of Scientific Research Programmes*. Cambridge：Cambridge University Press.

Laland, K., J. Kumm and M. Feldman (1995), "Gene-culture Coevolutionary Theory：A Test Case". *Current Anthropology* 36 (1)：131–156.

Lambert, J. (2006), *Digital Storytelling*, 2nd edn. Berkeley, CA：Digital Diner Press.

Lanham, R. (2006), *The Economics of Attention：Style and Substance in the Age of*

Information. Chicago: Chicago University Press.

Larsson, M. (2009), *Shattered Anzacs: Living with the Scars of War.* Sydney: UNSW Press.

Lash, S. (2007), "Power after Hegemony: Cultural Studies in Mutation?". *Theory, Culture & Society* 24 (3): 55–78.

Latour, B. (2005), *Reassembling the Social: An Introduction to Actor-Network Theory*. Oxford: Oxford University Press.

Laycock, S. (2012), *All the Countries We've Ever Invaded: And the Few We Never Got Round To.* UK: The History Press.

Leach, E. (1964), "Animal Categories and Verbal Abuse". In S. Hugh-Jones and J. Laidlaw (eds) (2000) *The Essential Edmund Leach.* New Haven, CT: Yale University Press, 322–343.

— (1965), "The Nature of War". In S. Hugh-Jones and J. Laidlaw (eds) (2000) *The Essential Edmund Leach*. New Haven, CT: Yale University Press, 343–357.

Leadbeater, C. (2008), *We Think: Mass Innovation not Mass Production*. London: Profile Books.

— (2010), *Cloud Culture: The Future of Global Cultural Relations.* London: Counterpoint.

Leadbeater, C. and P. Miller (2004), *The Pro-Am Revolution*. London: Demos.

Leadbeater, C. and A. Wong (2010), *Learning from the Extremes.* Online: Cisco: www.cisco.com/web/about/citizenship/socio-economic/docs/LearningfromExtremes_WhitePaper.pdf.

Leavis, F. R. and D. Thompson (1933), *Culture and Environment: The Training of Critical Awareness.* London: Chatto & Windus.

Lee, R. E. (2003), *Life and Times of Cultural Studies: The Politics and Transformation of the Structures of Knowledge.* Durham, NC: Duke University Press.

— (2010), *Knowledge Matters: The Structures of Knowledge and the Crisis of the Modern World-System.* St. Lucia: UQP; New Brunswick, NJ: Transaction Books (2011).

Lemke, J. (1999), "Typological and Topological Meaning in Diagnostic Discourse". *Discourse Processes* 27 (2): 173–185: http://academic.brooklyn.cuny.edu/education/jlemke/papers/topomed.htm.

Lepenies, W. (2006), *The Seduction of Culture in German History.* Princeton, NJ: Princeton University Press.

Lewis, J. (2002), *Cultural studies: The Basics* . London: Sage Publications.

Liu, H. , F. Prugnollea, A. Manicab and F. Ballouxa (2006), "A Geographically Explicit Genetic Model of Worldwide Human-Settlement History". *American Journal of Human Genetics* 79 (2): 230-237.

Lord, A. (1960), *The Singer of Tales.* Cambridge, M A: Harvard University Press.

Lotman, Y. (1990), *Universe of the Mind: A Semiotic Theory of Culture.* Bloomington and Indianapolis: University of Indiana Press.

— (2005), "On theSemiosphere". *Sign Systems Studies* 33 (1): (first published 1985). www. ut. ee/SOSE/sss/Lotman331. pdf.

Lotman, Y. [J.] (2009), *Culture and Explosion* . Berlin: Mouton De Gruyter.

Lotman, Y. and A. Shukman (1982), "The Text and the Structure of Its Audience". *New Literary History* 14 (1): 81-87.

Lucy, N. (2004), *A Derrida Dictionary.* Malden, MA and Oxford: Wiley-Blackwell.

Luhmann, N. (1986), "The Autopoeisis of Social Systems". In F. Geyer and J. van der Zouwen (eds), *Sociocybernetic Paradoxes-Observation, Control and Evolution of Self-steering Systems.* London: Sage Publications, 172-192.

— (1991), "What is Communication?" *Communication Theory* X: 251-259.

— (2000), *Art as a Social System* . Stanford, CA: Stanford University Press.

— (2013), *Theory of Society, Volume 1.* Stanford, CA: Stanford University Press.

Lundby, K. (ed.) (2009), *Digital Storytelling, Mediatized Stories* . New York: Peter Lang.

Lyell, C. (1863), *The Antiquity of Man.* Online : http: //en. wikisource. org/wiki/The_ Antiquity_ of_ Man.

MacGregor, N. (2011), *A History of the World in 100 Objects* . London: Viking.

Malešević, S. and K. Ryan (2013), "The Disfi gured Ontology of Figurational Sociology: Norbert Elias and the Question of Violence". *Critical Sociology* 39 (2): 165-181.

Mandela, N. (1994), *Long Walk to Freedom* . London: Little, Brown.

Maturana, H. and F. Varela (1980), *Autopoiesis and Cognition: The Realization of the Living.* Dordrecht/Boston: Reidel.

Mazower, M. (2012), *Governing the World: The History of an Idea.* New York: Penguin.

McCloskey, D. (2006), *The Bourgeois Virtues: Ethics for an Age of Commerce* . Chicago, IL: University of Chicago Press.

— (2010), *Bourgeois Dignity: Why Economics can't Explain the Modern World*. Chicago, IL: University of Chicago Press.

McLellan, D. (2006), *Karl Marx: His Life and Thought*, 4th edn (first published 1973). London. Palgrave Macmillan.

McLuhan, M. (1962), *The Gutenberg Galaxy: The Making of Typographic Man*. Toronto: University of Toronto Press.

McNair, B. (2006), *Cultural Chaos: Journalism, News and Power in a Globalised World*. London: Routledge.

Meadows, D. and J. Kidd (2009), "'Capture Wales.' The BBC Digital Storytelling project". In J. Hartley and K. McWilliam (eds), *Story Circle: Digital Storytelling around the World*. Malden, MA and Oxford: Wiley-Blackwell, 91-117.

Meadows, D., L. Heledd and C. Evans (2006), "How public broadcasting serves the public interest in the digital age". *First Person: International Digital Storytelling Conference*, Australian Centre for the Moving Image, 5 February: www.acmi.net.au/global/docs/first_person_meadows.pdf.

Mendelberg, T. (2002), "The deliberative citizen: Theory and evidence". *Political Decision Making, Deliberation and Participation* 6: 151-193.

Mesoudi, A. (2010), "Evolutionary Synthesis in the Social Sciences and Humanities". *Cultural Science* 3 (1).

— (2011), *Cultural Evolution: How Darwinian Theory can Explain Human Diversity and Synthesize the Social Sciences*. Chicago: University of Chicago Press.

Mesoudi, A. and M. O'Brien (2008), "The Cultural Transmission of Great Basin Projectile-point Technology: An Experimental Simulation". *American Antiquity* 73: 3-28.

Miller, G. (2009), *Spent: Sex, Evolution, and Consumer Behavior*. New York: Penguin Books.

Miller, T. (2006), *Cultural Citizenship*. Philadelphia, PA: Temple University Press.

Mokyr, J. (2009), *The Enlightened Economy: Britain and the Industrial Revolution 1700-1850*. London: Penguin.

Morgan, T., L. Rendell, M. Ehn, W. Hoppitt and K. Laland (2011), "The Evolutionary Basis of Human Social Learning". *Proceedings of Royal Society* B 279: 653-672.

Myers, F. (1991), *Pintupi Country, Pintupi Self: Sentiment, Place, and Politics Among*

Western Desert Aborigines. Berkeley, CA: University of California Press.

— (2002), *Painting Culture: The Making of an Aboriginal High Art*. Raleigh, NC: Duke University Press.

Nelson, O. (2013), "Dark undercurrents of teenage girls' selfies". *Sydney Morning Herald*, 11 July. Online: www. smh. com. au/comment/dark-undercurrents-of-teenage-girls selfies-20130710-2pqbl. html.

Nowak, M. (2011), *Supercooperators: The Mathematics of Evolution, Altruism and Human Behaviour (Or, Why We Need Each Other to Succeed)*. With R. Highfield. Edinburgh: Canongate Books.

Oakeshott, M. (1975), *On Human Conduct*. Oxford: Clarendon Press.

O'Connor, J. (2010), *The Cultural and Creative Industries: A Literature Review*. 2nd edn. Newcastle: Creativity, Culture and Education: http://www.creativitycultureeducation.org/the-cultural-and-creative-industries-a-literature-review.

Olson, M. (1965), *The Logic of Collective Action*. Harvard: Harvard University Press.

— (1982), *The Rise and Decline of Nations: Economic Growth, Stagflation, and Social Rigidities*. New Haven, CT: Yale University Press.

Ong, W. (1958), *Ramus and the Decay of Dialogue: From the Art of Discourse to the Art of Reason*. Cambridge, MA: Harvard University Press.

— (2012), *Orality and Literacy: Technologizing the Word*; 30th Anniversary Edition with Additional Chapters by John Hartley. London: Routledge (first published 1982).

Ormerod, P. (2005), *Why Most Things Fail: Evolution, Extinction and Economics*. London: Faber & Faber.

— (2012), *Positive Linking: How Networks and Incentives Can Revolutionise the World*. London: Faber & Faber.

O'Shannessy, C. (2005), "Light Warlpiri: A New Language". *Australian Journal of Linguistics* 25 (1): 31-57.

Ostrom, E. (1990), *Governing the Commons: The Evolution of Institutions for Collective Action*. Cambridge: Cambridge University Press.

Ostrom, E. and C. Hess (2011), *Understanding Knowledge as a Commons: From Theory to Practice*. Cambridge, MA: MIT Press.

Page, S. (2011), *Diversity and Complexity*. Princeton, NJ: Princeton University Press.

Pagel, M. (2012), *Wired for Culture: The Natural History of Human Cooperation*. London:

Allen Lane.

— (2012b), "The Culture Bandwagon". *New Humanist*. Accessible at: www. eurozine. com/articles/2012-02-21-pagel-en. html.

Paine, T. (1792), *Rights of Man*. Online: http: //ebooks. adelaide. edu. au/p/paine/thomas/p147r/.

Papacharissi, Z. (2010), *A Private Sphere: Democracy in a Digital Age*. Cambridge: Polity Press.

Parker Pearson, M. (2012), *Stonehenge: Exploring the Greatest Stone Age Mystery*. Great Britain: Simon & Schuster.

Patai, D. and W. Corral (2005), *Theory's Empire: An Anthology of Dissent*. New York: Columbia University Press.

Peirce, C. S. (1868-1977), *Semiotics and Significs*. Ed. C. Hardwick. Bloomington: Indiana University Press.

Pieterse, J. (2003), *Globalization and Culture*. New York: Rowman & Littlefield.

Pinker, S. (2011), *The Better Angels of our Nature: Why Violence has Declined*. New York: Viking.

Pocklington, R. and M. Best (1997), "Cultural Evolution and Units of Selection in Replicating Text". *Journal of Theoretical Biology* 188 (1): 79-87.

Popper, K. (1945), *The Open Society and its Enemies Vol 1: The Poverty of Historicism*. London: Routledge.

— (1963), *Conjectures and Refutations: The Growth of Scientific Knowledge*, 2nd edn. London: Routledge, this edn 2002.

— (1972), *Objective Knowledge: An Evolutionary Approach*. Oxford: Clarendon Press.

— (2002), *The Logic of Scientific Discovery*. London: Routledge.

Porter, M. (1990), "The Competitive Advantage of Nations". *Harvard Business Review*, March-April: 73-91. Accessible at: http: //kkozak. wz. cz/Porter. pdf.

Potts, J. (2000), *The New Evolutionary Microeconomics: Complexity, Competence and AdaptiveBehaviour*. Cheltenham: Edward Elgar.

— (2010), "Review of C. Shirky *Here comes everybody* and C. Leadbeater *We think* ". *Innovation: Management, Practice and Policy* 12 (1): 118-120.

— (2010), "Canbehavioural biases in choice under novelty explain innovation failures?" *Prometheus* 28 (2): 133-148.

—(2011), *Creative Industries and Economic Evolution*. Cheltenham: Edward Elgar.

Potts, J. (2012), "Novelty-Bundling Markets". In D. Andersson (ed.), *The Spatial Market Process* (*Advances in Austrian Economics*, *Volume 16*). UK: Emerald Group Publishing, 291–312.

—(2013), "Rules of spontaneous order". *Taxis + Cosmos* 1(1): 30–41: http://cosmosandtaxis.files.wordpress.com/2013/11/cosmostaxis_ nov18_ r1.pdf.

Potts, J., S. Cunningham, J. Hartley and P. Ormerod (2008), "Social network markets: a new definition of the creative industries". *Journal of Cultural Economics* 32(3): 166–185.

Potts, J., J. Hartley, J. Banks, J. Burgess, R. Cobcroft, S. Cunningham and L. Montgomery (2008), "Consumer co-creation and situated creativity". *Industry & Innovation* 15(5): 459–474.

Pultar, G. (ed.) (2014), *Imagined Identities: Identity Formation in the Age of Globalization*. Syracuse, NY: Syracuse University Press.

Quiggin, J. (2006), "Blogs, wikis and creative innovation". *International Journal of Cultural Studies* 9(4): 481–496.

Rabinow, P. and N. Rose (2006), "Biopower Today". *BioSocieties* 1: 195–217.

Rennie, E. (2006), *Community Media: A Global Introduction*. Lanham, MD: Rowman and Little field.

Richards, I. A. (1936), *The Philosophy of Rhetoric*. Oxford: Oxford University Press.

Richards, T. (1993), *The Imperial Archive: Knowledge and the Fantasy of Empire*. London: Verso.

Richey, S. (2013), *The Social Basis of the Rational Citizen: How Political Communication in Social Networks Improves Civic Competence*. New York: Lexington Books.

Ritchie, D. (1896), "Social Evolution". *International Journal of Ethics* 6(2): 165–181.

Roberts, M. D. (2008), *Does Meaning Evolve?* Accessible in ArXiv: http://arxiv.org/pdf/cs/9811004.pdf.

Romer, J. (2012), *A History of Ancient Egypt: From the First Farmers to the Great Pyramid*. London: Penguin.

Romer, P. (1990), "Endogenous technological change". *Journal of Political Economy* 98(5): 71–102.

Rose, F. (2012), *The Art of Immersion. How the Digital Generation is Remaking*

Hollywood, Madison Avenue, and the Way We Tell Stories. New York, NY: W. W. Norton.

Rose, N. (2006), *The Politics of Life Itself: Biomedicine, Power, and Subjectivity in the Twenty-First Century*. Princeton, NJ: Princeton University Press.

Rossi, A. (1977), "A Biosocial Perspective on Parenting". *Daedalus* 106 (2): 1–31.

Rothstein, E. (2009), "Darwin's Wake Splashed Artists, Too". *New York Times*, 2 March: www. nytimes. com/2009/03/03/arts/design/03muse. html.

Runciman, W. G. (2009), *The Theory of Cultural and Social Selection*. Cambridge: Cambridge University Press.

Ruskin, J. (1862), *Unto This Last: Four Essays on the First Principles of Political Economy*. Accessible at: http://web. archive. org/web/20081025033653/ http://etext. lib. virginia. edu/toc/modeng/public/RusLast. html.

Saada, E. (2012), *Empire's Children: Race, Filiation, and Citizenship in the French Colonies*. Chicago: University of Chicago Press.

Saatchi, C. (2013), *Babble*. London: Booth-Clibborn Editions.

Saussure, F. de (1974), *Course in General Linguistics*. London: Fontana.

Saxenian, A. (1994), *Regional Advantage*. Boston, MA: MIT Press.

Scammell, M. (2000), "The Internet and Civic Engagement: The Age of the Citizen Consumer". *Political Communication* 17: 351–355.

Schmidt, K. (2010), "Göbekli Tepe—the Stone Age Sanctuaries. New results of ongoing excavations with a special focus on sculptures and high reliefs". *Documenta Praehistorica* XXXVII: 239 – 256: http://arheologija. ff. uni-lj. si/documenta/authors37/37_ 21. pdf.

Schumpeter, J. (1942), *Capitalism, Socialism and Democracy*. New York: Harper Perennial, this edn 1975.

Seal, G. (2004), *Inventing Anzac: The Digger and National Mythology*. St Lucia: University of Queensland Press.

— (2013), *Great Anzac Stories: The Men and Women who Created the Digger Legend*. Sydney: Allen & Unwin.

Shackle, G. (1972), *Epistemics & Economics: A Critique of Economic Doctrines*. Cambridge: Cambridge University Press.

Shaw, G. B. (1937), *The Intelligent Woman's Guide to Socialism, Capitalism, Sovietism* and Fascism. 2 vols. London: Pelican Books [A1 and A2].

Shirky, C. (2008), *Here Comes Everybody: The Power of Organizing without Organizations*. New York: Penguin Press.

Şimşek, B. (2012), *Using Digital Storytellign as a Change Agent for Women's Participation in the Turkish Public Sphere*. PhD Thesis, Queensland University of Technology: http://eprints.qut.edu.au/50894/1/Burcu_ Simsek_ Th esis.pdf.

Simon, H. (1962), "The architecture of complexity". *Proceedings of the American Philosophical Society* 106 (6): 467-482: http://ecoplexity.org/fi les/uploads/Simon.pdf.

Simonton, D. (1999), *Origins of Genius*. Oxford: Oxford University Press.

Skeggs, B. (2005), "The Making of Class and Gender through Visualizing Moral Subject Formation". *Sociology* 39 (5): 965-982.

Smiles, S. (1859), *Self Help; with Illustrations of Conduct and Perseverance*. Project Gutenberg: www.gutenberg.org/ebooks/935.

Smith, A. (1759), *The Theory of Moral Sentiments*. Accessible at: www.excellentfuture.ca/sites/default/files/Theory%20of%20Moral%20Sentiments%20Adam%20Smith.pdf.

Smith, E. A. (2010), "Communication and collective action: language and the evolution of human cooperation". *Evolution and Human Behavior* 31: 231-245.

Sober, E. and D. S. Wilson (1998), *Unto Others: The Evolution and Psychology of Unselfish Behavior*. Cambridge, MA: Harvard University Press.

Sokal, R., N. Oden and C. Wilson (1991), "Genetic evidence for the spread of agriculture in Europe bydemic diffusion". *Nature* 351: 143-145.

Sowell, T. (1998), *Conquests and Cultures: An International History*. New York: Basic Books.

Sparrow, J. (2011), *Warfare State: World War II Americans and the Age of Big Government*. Oxford: Oxford University Press.

Spence, M. (1973), "Job Market Signaling". *Quarterly Journal of Economics* 87 (3): 355-374.

Stano, P. and P.-L. Luisi (2010), "Achievements and open questions in the selfreproduction of vesicles and synthetic minimal cells". *Chemical Communications* 46 (21): 3639-3653.

Stark, D. (2009), *The Sense of Dissonance: Accounts of Worth in Economic Life*. Princeton, NJ: Princeton University Press.

Stephenson, W. (1967), *The Play Theory of Mass Communication*. Chicago: Chicago University Press.

Stordeur, D. (1999), "New Discoveries in Architecture and Symbolism at Jerf el Ahmar (Syria), 1997–1999", *Neo-Lithics: A Newsletter of Southwest Asian Lithics Research* 1 (00): 1–4: http://www.exoriente.org/docs/00018.pdf.

Storey, J. (1996), *Cultural Studies and the Study of Popular Culture: Theories and Methods*. Athens GA: University of Georgia Press.

Sunstein, C. (2002), "The law of group polarization". *Journal of Political Philosophy* 10 (2): 175–195.

Swedberg, R. (2006), "The Cultural Entrepreneur and the Creative Industries: Beginning in Vienna". *Journal of Cultural Economics* 30: 243–261.

Tacchi, J. (2004), "Creative Applications of New Information and Communication Technologies". *International Journal of Cultural Studies* 7 (1): 91–103.

Tajfel, H. (1970), "Experiments in intergroup discrimination". *Scientific American* 223: 96–102.

—— (1974), "Social Identity and Intergroup Behavior". *Social Science Information* 13 (2): 65–93.

Taleb, N. (2012), *Anti-Fragile: Things that Gain from Disorder*. New York: Random House.

Tallis, R. (2011), *Aping Mankind: Neuromania, Darwinitis, and the Misrepresentation of Mankind*. Durham: Acumen.

Taylor-Gooby, P. (2008), *Reframing Social Citizenship*. Oxford: Oxford University Press.

Thomas, D. and J. Seely Brown (2011), *A New Culture of Learning: Cultivating the Imagination for a World of Constant Change*. Online: Create Space Independent Publishing Platform. Accessible at: www.newcultureoflearning.com/.

Thumim, N. (2012), *Self-Representation and Digital Culture*. London: Palgrave.

Tomlinson, J. (1996), "Culturalglobalisation: Placing and displacing the west". *European Journal of Development Research* 8 (2): 22–35.

Tooby, J. and L. Cosmides (1992), "The Psychological Foundations of Culture". In J. Barkow, L. Cosmides and J. Tooby (eds), *The Adapted Mind: Evolutionary*

Psychology and the Generation of Culture. Oxford: Oxford University Press, 19-136.

Twain, M. (1897), *Following the Equator*. Online: www. online-literature. com/twain/following-the-equator.

Tylor, E. (1871), *Primitive Culture: Researches Into the Development of Mythology, Philosophy, Religion, Art, and Custom*. 2 Vols. London: John Murray.

Uexkull, J. (1973), *Theoretische Biologie*. Frankfurt: Suhrkamp.

vanBeest, I., Williams, K. (2006), "When inclusion costs and ostracism pays; ostracism still hurts". *Journal of Personality and Social Psychology* 91 (5): 918-928.

van denBerghe, P. (1990), "From the Popocatepetl to the Limpopo". In B. Berger (ed.), *Authors of Their Own Lives: Intellectual Autobiographies by Twenty American Sociologists*. Berkeley: University of California Press, 410-431.

Veblen, T. (1898), "Why is economics not an evolutionary science?" *Quarterly Journal of Economics* 12. Accessible at: http://socserv. mcmaster. ca/econ/ugcm/3ll3/veblen/econevol. txt.

— (1899), *The Theory of the Leisure Class: An Economic Study of Institutions*. Accessible at: www. gutenberg. org/ebooks/833.

— (1918), *The Higher Learning in America*. New York: Cosimo Classics. First published 1918 by Hill and Wang; this edn 2006. Accessible at: http://socserv2. mcmaster. ca/~econ/ugcm/3ll3/veblen/higher.

Vedres, B. and D. Stark (2010), "Structural folds: Generative disruption in overlapping groups". *American Journal of Sociology* 115 (4): 1150-1190.

Vernadsky, V. I. (1938), "The Transition from the Biosphere to the Noösphere". Excerpts from *Scientific Thought as a Planetary Phenomenon*, trans. William Jones. *21st Century*, Spring-Summer 2012/04: (published 2012). www. 21stcenturyscien-cetech. com/Articles_ 2012/Spring-Summer_ 2012/04_ Biospere_ Noosphere. pdf.

— (1943), "Some Words about the Noösphere". *21st Century*, Spring 2005: 16-21. (published 2005). Online: https://www. 21stcenturysciencetech. com/translations/Th e_ Noosphere. pdf.

Vivienne, S. (2013), *Digital Storytelling as Everyday Activism: Queer Identity, Voice and Networked Publics*. PhD thesis, Queensland University of Technology: http://eprints. qut. edu. au/60660 /.

Vološinov, V. (1929—1973), *Marxism and the Philosophy of Language*. New York:

Seminar Press.

Warner, M. (2005), *Publics and Counterpublics*. New York: Zone Books.

Watson, P. (2010), *The German Genius: Europe's Third Renaissance, the Second Scientific Revolution, and the Twentieth Century.* London, etc.: Simon & Schuster.

Williams, R. (1958), "Culture is Ordinary". Reprinted in B. Highmore (ed.), (2002) *The Everyday Life Reader*. London: Routledge, 91–100.

— (1960), *Culture and Society: 1780-1950*. London: Penguin. Accessible at: http://archive.org/details/culturesociety17001850mbp.

— (1973), "Base and Superstructure in Marxist Cultural Theory". *New Left Review*, Series I, no. 82; reprinted in C. Mukerji and M. Schudson (eds) (1991) *Rethinking Popular Culture: Contemporary Perspectives in Cultural Studies.* Berkeley and LA, CA: California University Press, 407–423.

— (1977), *Marxism and Literature*. Oxford: Oxford University Press.

Willis, P. (1979), "Shop Floor Culture, Masculinity and the Wage Form". In J. Clarke, C. Critcher and R. Johnson (eds), *Working Class Culture: Studies in History and Theory*. London: Hutchinson, 185–198.

Wilson, E. O. (1975), *Sociobiology: The New Synthesis*, 2nd edn (2000). Cambridge, MA: The Belknap Press.

— (2012), *The Social Conquest of Earth*. New York: W. W. Norton & Co.

— (1998), *Consilience: The Unity of Knowledge*. New York: Vintage.

Wimsatt, W. (1999), "Genes, memes and cultural heredity". *Biology and Philosophy* 14: 279–310.

Wittgenstein, L. (1922), *Tractatus Logico-Philosophicus*. Online: Project Gutenberg: www.gutenberg.org/files/5740/5740-pdf.pdf.

Wolfe, C. (2009), *What Is Posthumanism?* Minneapolis MN: University of Minnesota Press.

Zahavi, A. (1977), "The cost of honesty (further remarks on the handicap principle)". *Journal of Theoretical Biology* 67 (3): 603–605.

Ziman, J. (ed.) (2000), *Technological Innovation as an Evolutionary Process*. Cambridge: Cambridge University Press.

Zittrain, J. (2008), *The Future of the Internet—And How to Stop it*. New Haven, CT: Yale University Press; London: Penguin.

译者后记

经过两三年的徘徊,我们还是决定把哈特利和波茨两人的《文化科学》纳入"荔园文创译丛"。之所以犹豫,那是因为它"不太对路":它固然有创意城市指数之类的论述,但那不过是匆匆一瞥。然而,就总体的创意而言,它远远超越坊间的"文化创意"图书。与其说它是文化书,不如说它是哲学书;与其说它是哲学书,不如说它是难归类的书。

我们发现,"不对路""难归类"的价值高于中不溜儿、四平八稳的书。它有创意,有棱角,反倒可以成为特立独行的"品牌书"。

《文化科学》嫁接自然科学与人文学科,跨度大、难度大、挑战多,然创新多、亮点多、值得读。但它是否就白璧无瑕呢?非也,它有瑕疵!其要者为:(1)最重要的关键词数以十计,解说分散而不详,很需要一个"关键词"附录;(2)许多最重要的关键词没有纳入索引;(3)许多重要的人物亦不见于索引;(4)索引和文献里的人物一律只标明姓氏,不给出名字,似乎不太规范。

为了化解困难、扫除阅读障碍,我们做了一些努力:(1)编制详尽目录,使原书只有十章骨架的目录血肉丰满,便于读者翻阅浏览、仔细检索;(2)在"译者前言"里破解主题、辨析关键词、勾勒各章题旨,彰否本书成就。

《文化科学》横空出世,振聋发聩。正所谓"无处是边缘,处处是中心"。在迅速全球化的时代,昔日学术边陲的学者正在走进世界学术中心。澳大利亚的学者在努力，中国学者也在努力。

"荔园文创译丛"诞生了，我们要走好第一步。

何 道 宽
于深圳大学文化产业研究院
深圳大学传媒与文化发展研究中心
2016 年 7 月 5 日

图书在版编目(CIP)数据

文化科学：故事、亚部落、知识与革新的自然历史 /
(澳)约翰·哈特利,(澳)贾森·波茨著；何道宽译.
-- 北京：商务印书馆,2017
ISBN 978-7-100-12728-8

Ⅰ.①文… Ⅱ.①约…②贾…③何… Ⅲ.①文化研究—研究方法 Ⅳ.①G0-3

中国版本图书馆 CIP 数据核字 (2016) 第 275495 号

权利保留，侵权必究。

文化科学：故事、亚部落、知识与革新的
自然历史
〔澳〕约翰·哈特利（John Hartley）
〔澳〕贾森·波茨（Jason Potts） 著
何道宽 译

商 务 印 书 馆 出 版
（北京王府井大街36号 邮政编码100710）
商 务 印 书 馆 发 行
北京冠中印刷厂印刷
ISBN 978-7-100-12728-8

2017年5月第1版　　　开本 787×960　1/16
2017年5月北京第1次印刷　印张 18¼
定价：48.00元